中国社会科学引文索引（CSSCI）来源集刊

制度经济学研究

总第六十辑（2018 年第 2 期）

黄少安　主编

中国财经出版传媒集团
经济科学出版社
Economic Science Press

图书在版编目（CIP）数据

制度经济学研究.2018年.第2期：总第六十辑/黄少安主编.—北京：经济科学出版社，2018.6

ISBN 978-7-5141-9464-7

Ⅰ.①制… Ⅱ.①黄… Ⅲ.①制度经济学-文集 Ⅳ.①F091.349-53

中国版本图书馆CIP数据核字（2018）第126179号

责任编辑：于海汛 段小青
责任校对：李淑敏
责任印制：李 鹏

制度经济学研究
总第六十辑（2018年第2期）
黄少安 主编
经济科学出版社出版、发行 新华书店经销
社址：北京市海淀区阜成路甲28号 邮编：100142
总编部电话：010-88191217 发行部电话：010-88191522
网址：www.esp.com.cn
电子邮件：esp@esp.com.cn
天猫网店：经济科学出版社旗舰店
网址：http://jjkxcbs.tmall.com
北京季蜂印刷有限公司印装
787×1092 16开 16.75印张 320000字
2018年6月第1版 2018年6月第1次印刷
ISBN 978-7-5141-9464-7 定价：48.00元

制 度 经 济 学 研 究

Journal of Research in Institutional Economics

目　　录

CONTENTS

数据资源的产权分析框架*

魏鲁彬　黄少安　孙圣民**

【摘　要】社会发展已经进入数据时代，但数据产权安排的缺失，直接限制了数据资源的正常交易和使用，并导致相关的知识产权和隐私权缺乏保护。本文认为，无论是隐私权、知识产权等权利的保护，还是数据资源的市场化，都要回归到数据产权的界定和保护上。数据资源本身具有排他性和非竞争性，使得数据资源具有多样化的经济类型。从而，依数据类型而定的数据产权，不仅可以是公共数据产权，也可以是私人数据产权、俱乐部数据产权等其他类型。数据资源具有伴生性和独立性，使其表现出不同于物质资源和人力资源的特征。因而，数据产权的初始界定，不应遵循占有原则，而应依据生成原则或伴随原则。在此基础上，数据产权的调整则通过数据市场进行。只要市场交易成本小于产权调整的潜在收益，价格机制将实现数据产权的动态配置，促进数据利用效率的提升。

【关键词】**数据资源　数据类型　数据市场　产权分析**

中图分类号：**F062.1　F062.5　F49**　文献标识码：**A**

一、引　言

信息技术的发展，记录了海量数据，创造出与物质世界对应的数据

---

* 感谢山东大学人文社科青年团队项目（IFYT17029）和山东省自然科学基金项目（ZR201702190179）的资助。

** 魏鲁彬，山东大学经济研究院博士生，地址：（250100）山东省济南市山大南路27号；E-mail：weilubin@ outlook. com；黄少安，山东大学经济研究院教授，博士生导师，地址：（250100）山东省济南市山大南路27号，E-mail：shaoanhuang@ sdu. edu. cn；孙圣民（通讯作者），山东大学经济研究院教授，博士生导师，地址：（250100）山东省济南市山大南路27号，E-mail：shengminsun@ sina. com。

世界。[①] 数据则已经渗透到经济的每个行业和职能领域，[②] 成为必不可少的生产要素（Manyika et al.，2011）。通过合理利用数据，决策者可以制定有依据的、而非直觉性的决策；同时，也得以有效测度资源分配的全过程，降低执行过程对决策结果的偏离程度。决策合理性的提升以及执行过程的优化，能够节约各项成本，最终提高资源配置的效率。因而，通过提升资源配置效率，数据将成为个人、企业和国家竞争优势的重要来源。

而且，随着物联网的普及和移动互联网的快速发展，数据的搜集、记录、整合、处理和分析，逐渐呈现出产业经济形态（李新社，2012）。作为以数据为基础的产业形态，数据经济正逐渐成为现实。[③] 但是，数据经济的发展，仍然面临诸多挑战。除却数据收集、存储、传输和分析等技术难题，[④] 数据资源自身的配置，即采用何种机制配置数据，已经成为亟须讨论的问题。[⑤]

作为资源配置的主要方式，市场机制是最具吸引力的选项。但是，产权的清晰界定，是市场经济有效运行的基础（Coase，1959，1960；Besley，1995；王亚华，2005）。在数据资源的配置中，为了让市场机制充分发挥作用，数据资源的产权安排不可避免。因此，数据产权的安排以及管理机制的设计，已经成为亟待研究的基础性理论问题（Bollier，2010；Danah & Kate，2012；Jagadish et al.，2014）。

鉴于此，本文依据新古典产权理论，通过归纳和分析数据资源的性质及类型，探讨数据产权的界定原则和具体产权安排，并分析数据市场的运行，为数据经济的深入研究和快速发展，提供必要的概念和框架基础。

数据资源具有伴生性，伴随现实世界而生成。现实世界由自然环境和人

---

① 数据是信息的记录。一切现实存在都伴随着信息。因而，并非是信息技术创造了信息，而是信息技术的发展大幅降低了信息记录、保存和传递的成本，使得许多原本注定遗失的数据得以留存和传播，大幅提高了可获得的数据总量。

② 数据不仅仅是指数字或者结构化数据，也包括半结构化数据和非结构化数据（详见下文“数据的类型”）。理论上，一切信息都能够以数据的形式存在。当然，由于存在数据的记录成本，数据并不能涵盖所有信息。

③ 数据经济与数字经济有所区别，但高度相关。其中，数字经济是指，以数字化的知识和信息为关键生产要素，以数字技术创新为核心驱动力，以现代信息网络为重要载体，通过数字技术与实体经济深度融合，不断提高传统产业数字化、智能化水平，加速重构经济发展与政府治理模式的新型经济形态。而“数字化的知识和信息”即为“数据”，因此，作为以数据资源为基础的经济形态，广义的数据经济与数字经济具有相同的外延。但是，狭义的数据经济，则强调数据资源的生成、配置和使用，仅仅是数字经济的核心部分。此时，机械设备的数字自动化，仍属于数字经济，但如果不涉及数据的采集、生成等，则不属于狭义的数据经济。据估计，截至2016年，中国的数字经济规模22.4万亿元，超过日本、英国，居世界第二，相当美国的34.5%（中国信息通信研究院，2017）。

④ 包括去冗降噪技术、高效存储技术、数据融合、非结构化和半结构化数据的高效处理、跨领域数据挖掘、节能技术等（李国杰、程学旗，2012）。

⑤ 数据资源的配置问题，包括数据所有权和控制机制、授权模式、定价机制、知识产权制度等，还有待进一步研究（李辉、汤琦、梁偲，2013）。

类社会组成，因而，不同于客观的物质资源，数据资源可能与人身权利有关。此外，数据资源又具有独立性，可以独立于指向对象。与之相比，物质资源无法独立于自身；人力资源则无法独立于人。

而且，数据资源具有排他性和非竞争性。[①] 排他性并不意味着采取排他行为；[②] 并且，合理设置的排他限制，能够使资源呈现出竞争性。[③] 所以，依据不同的限定条件，数据资源可以是私人数据、俱乐部数据、准公共数据、纯公共数据中的任何一种。进而，在多样化的具体情境中，数据产权不仅可以是公共数据产权，也可以是私人数据产权、俱乐部数据产权等其他类型。

至于产权界定的原则，数据资源同样具有特殊性。不同于一般物质资源，数据资源对经济效率的追求，必须在保护个人隐私、保护知识产权和维护公平的条件下进行。因此，数据产权的初始安排不应依据占有原则，而应依据生成或伴随原则。即来自人类社会以外的数据资源，由采集或记录数据的经济个体所有；来自人类社会的数据资源，由伴随对象或其所有者所有。[④] 其他采集、记录或持有数据资源的经济个体，也可以拥有特定范围的产权，但取决于对应所有者的授权。所以，个人数据和企业数据分别由个人和企业所有，公众数据和政府数据由政府管理。

在此基础上，数据资源的产权调整，则通过数据市场进行。在数据市场中，数据交易的实质，是相应数据产权内容的交易；市场中的价格，实际是数据产权的价格。[⑤] 通过市场化合约的形式，交易双方得以约定数据使用的权限及期限，并通过对数据产权的估值，以拍卖或谈判的形式达成交易。只要市场交易成本小于产权调整的潜在收益，数据市场将实现产权的动态调整，即数据产权交易会导致数据利用效率的提高。

本文其余内容安排如下：第二部分简述数据时代及其影响；第三部分归纳并分析数据资源的性质和类型；第四部分则讨论数据的产权类型和产权安排；对数据市场的分析将置于第五部分；第六部分指出亟待研究的若干问题；最后总结全文。

---

① 排他性是指，非公开数据资源具备的、排除其他个体使用的能力；非竞争性是指，特定个体使用数据资源，并不减少或妨碍其他个体的使用。

② 例如，数据资源的持有者将其公开，则完全放弃采取排他行为。

③ 例如，人为设定数据资源的在线访问限额。那么，当实际访问需求超过限额时，数据资源就表现出竞争性。

④ 伴随对象可能是人，也可能是由人所有的物。因此，当伴随对象为人时，数据资源由伴随对象所有；当伴随对象为由人所有的物时，数据资源由伴随对象的所有者所有。

⑤ 数据资源具有非竞争性；数据产权具有可分解性。因此，仅仅依靠纯粹的数据交易，即数据产权的全部让渡，将不利于数据资源的充分利用；反之，通过分解数据产权，并将其配置给多个经济主体，更有利于充分发挥数据资源的潜在价值。

二、数据时代及其影响

社会发展已经进入数据时代。各式各样的智能终端设备，使得数据生成无处不在。互联网、物联网、个人电脑、手机以及遍布全球的传感器，无一不是数据的来源或承载的方式。而且，持续产生的、大量且多样化的数据，已经成为重要的价值源泉，将对个人、企业、市场和政府等产生深远影响。

通过建立个人数据中心，个人可以记录自己的任何数据信息。比如，体温数据、心率数据、视力数据等生理监测数据；饮食数据、运动数据等健康保健数据；个人位置信息、旅行购物记录、社会关系网络等生活社交数据；收入数据、消费数据、投资数据等个人财务数据。

个人数据的有效分析，可以显著提升个人生活品质。个人可以授权诊所或医疗中心，通过使用个人生理监测数据，评价个人身体健康状况，进而制定有效的疾病防治计划；可以将健康保健数据，提供给运动健身机构，使其全面了解个人的身体运动机能，从而提供具有针对性的运动和饮食计划；也可以将生活社交数据，授权给生活服务提供商，进而获得个性化的服务建议；还可以将个人财务数据，提供给金融理财机构，从而制定专业的消费理财规划。

类似的，通过建立企业数据中心，并有效利用数据，企业可以显著提升自身决策、创新和运营的水平。通过构建企业核心数据资源，使其跨越多个行业和部门，覆盖研发、设计、生产、营销和售后服务等关键环节。那么，在构建产业或商业形态的过程中，就可以将持有的数据资源与其专项能力结合起来，充分拓展自身的核心竞争力。目前，以数据作为商务活动的决策基础，以数据分析结论驱动决策制定，以关键绩效指标指导具体业务开展，[①]已经成为众多企业的目标运行模式。

此外，数据已经成为企业重要的生产要素。海量信息、即时信息和互动信息，改变了企业和消费者的经济行为方式。市场主体的经济活动将更加依赖网络平台。企业核心业务的开展，将日益依赖有效的数据分析（Jagadish et al.，2014）。数据处理、数据挖掘和数据分析，将成为企业活动的重要构成。与之对应，数据成本也将成为企业交易成本的关键类型。[②]

---

① 关键绩效指标，即 KPI（Key Performance Indicator），是衡量流程绩效的、目标式的、量化管理的指标体系，是绩效规划的重要组成部分。通过将组织的战略目标，分解为可操作的工作目标，可以明确下级部门的主要责任，并以此为基础，明确具体人员的业绩目标。而且，通过 KPI 目标值与实际值的比较，可以监控组织运营的整个流程，并及时做出调整。

② 数据成本，包括数据收集成本、数据存储成本和数据分析成本等（涂永前、徐晋、郭岚，2015）。

而且，数据时代还将深刻地影响市场结构。海量数据的汇聚和交融，将信息壁垒和信息不对称推向另一种状态，促使信息不对称的表现形式、获取不对称地位的手段与解决信息不对称的途径，发生质的改变。信息不对称的主要来源，将不再是信息的匮乏和信息的不可得，而是市场主体在获取、传递和处理数据等能力上的差异，凸显为数据占有体量不对称、数据处理能力不对称和数据通讯渠道不对称。从信息本身的不对称，发展为数据能力的不对称，进而表现为数据成本的不对称，将深度影响交易成本，进而直接决定市场结构、企业形态与边界（徐晋，2014）。

最后，数据时代也对政府行为提出了要求。作为国家的管理者，政府持有大量社会基础数据，是数据的主要持有者。[①] 但是，以政府为代表的公共部门，未能充分挖掘数据的潜在价值（Bilbao - Osorio，Dutta & Lanvin，2014）。政府持有的数据往往由不同的公共机构所掌握。数据在单个部门里是静态的、单一的，公共机构自身难以全面地分析和利用。如果政府能够将数据关联起来，进行统一管理和有效分析，将极大增加数据资源的潜在价值。此外，如果政府将所持有的数据逐步开放，允许更多有能力的组织或个人加以分析和利用。不仅能够为个人或组织的决策提供更加充分的依据，也能够为提升政府运作效率，引入社会监督和智力支持。

数据资源具有巨大的潜在价值，通过服务人类生活，可以成为推动社会发展的重要因素。而且，数据资源的潜在价值，意味着巨大的经济潜力，并促使数据资源逐渐商品化，衍生出数据经济的产业形态。数据分析的巨大的期望收益，决定着对数据产品的客观需求，同时决定着数据经济的产业规模和产业链（李新社，2012）。那么，从数据的生成，数据的搜集，数据的整合加工，再到数据的存储，数据的销售以及数据的分析，每一个环节都可能成长为一个产业，产生巨大的经济效益。

三、数据资源：性质与类型

尽管数据的潜在价值逐渐受到重视，但作为一种资源，数据本身难以直接创造价值。只有进行数据挖掘，才能够发掘其潜在价值。[②] 而要实现这一目的，需要将数据资源以及数据分析能力，同时配置到有需要的个人或组织手中。

---

① 中国约有80%的数据由政府及相关部门控制（吕晓阳、谭共志，2010；武长海、常铮，2017）。需要说明的是，尽管持有者可以同时是所有者，但在概念上，持有者不同于所有者。

② 可以将数据资源比喻为蕴藏丰富的矿产。未开采的情形下，只是一种矿产储备；只有开采出来，价值才能得到发挥。

数据分析能力是人力资本与物质资本相结合的产物。人力资本和物质资本具有相对清晰的产权，因而，数据分析能力的配置，可以充分利用市场机制。但是，数据资源的产权，却没有明确规定（Berinato，2014）。数据经济的发展仍然依赖“数据资源属于数据收集者所有”的潜在假设。[①]

产权界定的缺失，直接限制了数据的正常交易和合理使用，并使得相应的知识产权和隐私权缺乏保护，产生诸多负面社会影响（Kaisler et al.，2013）。很多情况下，互联网领域的知识产权纠纷，都与尚未解决的数据产权问题有关（翁列恩、李幼芸，2016）。而且，侵犯隐私的风险，已经成为数据经济最大的社会弊端（Bollier，2010）。

应该认识到，数据隐私权和数据知识产权，仅仅是数据产权的特定方面（Jagadish et al.，2014）。无论是数据隐私的保护，还是数据资源的市场化，都要回归到数据产权的界定和保护上来。

（一）数据资源的性质

数据产权的安排，是数据资源市场化配置的基础。但是，构建合理的产权安排，需要依据资源的属性。因此，设置合理的数据产权，有必要分析数据资源的性质。

本文所称“数据资源”，是指可利用或可能被利用的数据集合。理论上讲，作为数据资源的数据集合，应当具有一定的数量和可用的质量，从而能够满足特定的用途。因此，数据资源的范围，不是一成不变的，而是动态可变的。数据利用能力的提升，数据用途的新发现，都将持续拓展数据资源的范围。

通常而言，经济资源可以划分为物质资源和人力资源，物质资源还可以进一步划分为自然资源和人造资源。[②] 与上述资源相比，数据资源除具有稀缺性等一般共性，也具有自身的特殊性，详见表1。

表1　　不同类型资源的性质比较

	数据资源	物质资源	人力资源
伴生性	具有	不具有	具有
客观性	具有/不具有	具有	不具有

① 数据收集者可以是个人或组织。目前，对于数据的潜在价值，数据生成者或者尚未意识到，或者已经意识到，但无法有效提取。因而，许多数据仍能够免费提供。但是，随着数据经济的深入发展，该情形将发生改变。进而，上述假设将难以继续成立。此外，获取数据的个人或组织，具有多样化的动机，因此，上述假设对数据提供者不利，无法保证其个人隐私或商业秘密。

② 所谓人造资源，是指含有人类劳动投入的物质资源。

续表

	数据资源	物质资源	人力资源
私密性	具有/不具有	不具有	具有/不具有
独立性	具有	不具有	不具有
记忆性	具有	不具有	不具有
同质性	具有/不具有	具有/不具有	不具有
排他性	具有	具有/不具有	具有
竞争性	不具有	具有/不具有	具有

第一，数据资源具有伴生性，伴随现实世界而生成。数据本质上是信息的记录，是信息的数字化表现形式。一切现实存在都伴随着信息。当信息指向现实世界时，数据就是对应客体的、时间的、空间的、状态的和属性的数字记录。相比较而言，物质资源本身就是现实存在，不具有伴随生成的特征。而人力资源则伴随作为其载体的人存在，具有一定程度的伴生性。但是，人力资源只能伴生于具有劳动能力的人，无法伴生于丧失劳动能力的人，更不能伴生于物。

现实世界由自然环境和人类社会组成。因而，数据资源与物质资源存在根本性的区别：物质资源是客观的物，而数据资源可能（至少部分）与人有关。由此，引申出数据资源在客观性和私密性上的差异。其中，客观性是指，资源是否与个人特征或主观意志相关；私密性是指，资源及其使用是否与个人隐私相关。基于指向对象的差异，数据资源可能具有客观性，也可能不具有客观性；[①] 可能具有私密性，也可能不具有私密性。与之相比，物质资源普遍具有客观性，不具有私密性。而人力资源与人身无法分割，不具有客观性；是否具有私密性，取决于人力资源的使用情境。

第二，数据资源具有独立性，可以独立于指向对象而存在。数据资源一旦形成，就可以单独存在，不再依附于记录对象。与之相比，物质资源无法独立于自身；人力资源无法独立于其载体。

此外，独立性也引申出数据资源的记忆性。可以从两方面来理解：一方面，数据资源可以指向变化的客观事物或现象，并记录其时间、空间、状态及属性的变化过程；另一方面，数据资源可以指向个人头脑中的主观想法，并予以记录。那么，即便客观对象或主观想法已经发生变化，甚至完全消失，数据资源仍然可以存在，并继续反映指向对象曾经的状态。因而，数据资源

① 例如，当指向对象为自然环境时，数据资源与个人特征或主观意志无关，故具有客观性；当指向对象为个人时，数据资源或者是个人特征或状态的记录，或者是个人主观意志的表达，故不再具有客观性。

与其他资源存在根本性区别：物质资源和人力资源只表现当下的状态和属性，而数据资源不仅可以记录客体当下的情形，而且可以反映客体过去的状态和属性，并随客体的变化而不断累积。

第三，数据资源具有非同质性。一方面，不同数据资源的“潜在价值密度”可以存在差异；[①] 另一方面，由于存在使用范围或方式的不同限制，同一数据资源的潜在价值也可以存在差异。[②] 当然，使用范围完全相同的、同一数据的拷贝具有同质性。在上述方面，物质资源与数据资源具有一定的相似性。但是，由于人力资源的质量取决于作为载体的人，而现实的人是不同质的，因而人力资源通常不具有同质性。[③]

第四，数据资源具有排他性。所谓排他性，是指非公开数据资源具备排除其他个体使用数据的能力。[④] 当然，具备排他性并不意味着采取排他行为。[⑤] 数据资源拥有在完全排他、限定性排他以及非排他之间选择的空间。[⑥] 对应地，物质资源是否具有排他性，取决于资源的技术特征。而人力资源与载体不可分离，使其具有显著的排他能力。

第五，数据资源具有非竞争性。所谓非竞争性，是指特定个体使用数据资源，不妨碍其他个体的使用（Mas－Colell，Whinston & Green，1995；李增刚，2008）。换言之，增加使用者的边际成本（几乎）为零。[⑦] 当然，数据资源的非竞争性，并不排除特定技术或制度条件下的竞争行为。[⑧] 与之相比，物质资源是否具有竞争性，取决于物质资源的类型。而人力资源的使用，必定伴随着时间的消耗，时间的竞争性导致人力资源具有竞争性。

---

① 潜在价值密度是指，单位数量数据资源的潜在经济价值量。许多不同类型的数据资源，都具有不同的潜在价值密度。例如，等容量的文本数据与视频数据。

② 例如，不同授权使用方式下的个人数据。

③ 当然，不排除特定情形下，特定类型的人力资源（如简单劳动），可以抽象简化为同质的。人力资源是否同质，取决于研究的具体问题。而且，事实上，完全相同的物质资源也不存在。但是，通常而言，功能和质量基本相同的设备，可以认为是同质的。

④ 有必要说明，数据资源的排他性，具体体现为：非公开数据资源具有极低的排除他人使用的成本；反之，数据资源一旦公开，则排除他人使用的成本急剧上升，甚至变成不可能排除他人使用，即表现为非排他性。因此，非公开数据具有很强的排他性，而公开数据具有很弱的排他性，甚至不具有排他性。

⑤ 即使数据资源具备排他使用的能力，也可以不采取排他行为。例如，可以将原本保密的数据公开。

⑥ 取决于数据资源的技术限制。例如，终端加密数据可完全排他；授权访问数据可限定性排他，可以限定访问数量，甚至可以限定访问身份；公开数据则不排他。

⑦ 根据资源是否因使用而减少，数据资源的非竞争性，意味着数据资源是不可耗竭的。不可耗竭的性质，构成了数据资源与一般物质资源的差异（盛洪，2017）。

⑧ 数据资源具有排他性，因此，即便其同时具备非竞争性，仍然可以通过设定排他限制，使其呈现出竞争性。例如，通过特定的技术或制度，限制数据资源仅供若干人使用，将使得数据资源表现出竞争性；当设定仅供一人使用时，则具备完全的竞争性。

因此，根据不同的限定使用条件，数据资源可以表现为私人数据、[①] 俱乐部数据、[②] 准公共数据或纯公共数据中的任何一种，[③] 详见表2。

表2　数据资源的经济类型

		排他性	
		具有	不具有
竞争性	具有	私人数据	准公共数据
	不具有	俱乐部数据	纯公共数据

（二）数据的类型

科学分类是建立共同的学术话语体系，提升分析的准确性，进而推动研究深化的前提。同时，通过尝试不同的数据资源分类标准，有助于甄选合理的产权界定依据，从而为数据资源的产权安排提供基础。

因此，在正式讨论数据资源的产权安排之前，本文尝试对数据作进一步的补充划分。数据是广泛存在于计算机或网络中的信息记录。除依据经济属性外，数据资源还可以采用以下划分标准：技术特征、产生来源、获取方式、产生或持有主体、记录位置、使用用途、数据真实性等，详见表3。

表3　数据资源的非经济类型

分类标准	数据资源类型
技术特征	结构化数据、半结构化数据、非结构化数据
产生来源	物理世界数据、人类社会数据（伴生记录数据、主观表达数据）
获取方式	抽样调查数据、大数据
产生或持有主体	个人数据、企业数据、公众数据、政府数据
数据记录位置	终端数据、互联网数据
数据用途	商业数据、公共服务数据、科研数据
数据真实性	真实数据、失真数据、虚假数据

① 私人数据是指，仅允许单个经济主体使用的，或一旦使用则丧失价值的数据，具有完全排他和完全竞争的特征。例如：软件授权使用码、折扣优惠券编码等。

② 俱乐部数据是指，允许特定范围内的经济个体使用，且不受访问容量限制的数据，具有部分排他和非竞争的特征。例如：非公开科研基金数据库等。

③ 纯公共数据是指，不受访问容量限制的公共数据，具有非排他和非竞争的特征。与之对应，准公共数据是指，存在访问容量限制的纯公共数据，具有部分竞争和非排他的特征。当公共数据的实际访问需求，超过最大在线容量时，数据访问将具有竞争性，即数据资源表现为准公共数据。

根据技术特征划分，数据可以分为结构化数据、半结构化数据与非结构化数据。通常情况下，结构化数据是指，能够以二维表形式，存储在数据库中的数据。半结构化数据是基于内容的，是可以被搜索的数据，包括电子邮件、办公处理文档，以及许多网页文本数据。非结构化数据，包括图像、音频和视频等，是可以被感知、但不易计算和检索的数据（黄贝拉、徐伟，2015）。

根据产生来源划分，数据大致可以区分成两大类：一类来自物理世界；另一类来自人类社会（李国杰、程学旗，2012）。前者主要是指自然观测数据和科学实验数据，包括天文数据、地理数据、物理数据等，该类数据的特点是内容的客观性。后者则与人类及其活动息息相关，是伴随人类自身以及人类的活动的数据，包括伴生记录数据和主观表达数据。① 根据具体内容的不同，该类数据可以具有客观性，也可以具有主观性，甚至可以具有强烈个人色彩和私密性。

根据获取方式划分，数据可以分为抽样调查数据与大数据。按照随机抽样原则，从总体中抽取部分样本，并进行样本观察所获得的数据，即为抽样调查数据。抽样调查数据的目的，是根据抽样结果推断总体状况，通常表现为结构化数据。而大数据是基于互联网、物联网以及感知技术，由多样化的终端或设备所采集、记录和存储的数据。② 虽然终端或设备的配备，通常具有一定的目标，但是，所采集、记录和存储的数据，往往超出配备主体所需要的范围（McAfee & Brynjolfsson，2012），甚至超出其所具备的处理能力，主要表现为数量众多的半结构化和非结构化数据。

由于获取方式存在差异，在内容和处理方式上，抽样调查数据与大数据具有相当程度的差异。但是，并非大数据一定优于抽样调查数据，反之亦然。大数据概念一度甚嚣尘上，与之形成鲜明反差的是如下事实：拥有正确的数据比拥有更多的数据更重要；小数据可能比大数据更有效；大数据经常是不可得的（Borgman，2015；Lemieux，2017）。因此，需要采用抽样调查数据的问题，留待抽样调查解决；能够利用大数据的问题，通过大数据解决。二者

---

① 伴生记录数据，即人类自身及人类社会活动的数据记录，可以不具有生成数据的目的性，包括：生理数据、行为活动数据、商业数据、经济运行数据等。主观表达数据，即技术上难以直接记录的思维或心理活动数据，通常由个人主动披露或表达，具有鲜明的主观目的性，例如科学理论、文艺作品、创新设想等。

② 一般意义上，在计算机科学领域，大数据是指，无法用传统的或主流的 IT 技术和软硬件工具，在可容忍的时间内，进行有效地获取、管理、处理和服务的数据集合，即大数据在获取、存储、管理和分析等方面，大大超出传统数据库和计算机的能力范围（Manyika et al.，2011）。该定义最初关注于结构化数据，但研究人员和实践人员逐渐意识到，世界上的大部分数据，是以文本、图片、音频和视频等形式存在的，是半结构化数据或非结构化数据，大数据涵盖的范围随之拓展（Kaisler et al.，2013）。根据 IBM 的分析，大数据的特点可以总结为 4 个 v，即 volume（体量巨大）、variety（模态繁多）、velocity（生成快速）和 value（价值巨大但密度低）。

具有各自的适用范围，而判断各自适用范围的依据，就是成本收益标准。

根据数据生成或持有主体划分，数据可以分为个人数据、企业数据、公众数据和政府数据等。个人数据是指，由个人产生、形成或与个人相关联的数据，包括个人采集或记录的自然数据。[①] 企业数据就是，由企业记录的、反映企业基本状况的数据，主要是指企业财务数据、运营数据以及人力资源数据，[②] 也包括企业采集或记录的自然数据。公众数据是指，由公众群体共同产生的数据，包括对公众群体的记录以及公众的群体创作。[③] 而政府数据主要是指，与政府机构、政府行为以及政府工作人员相关的数据，同时，也包括政府依法依规、直接或间接采集的个人的、企业的、公众的和自然的数据。[④]

根据数据记录位置划分，数据可以分为终端数据和互联网数据。终端数据是指，记录或存储在特定终端，仅供特定个人或组织使用的数据，其特点在于非公开性。而互联网数据是指，通过互联网记录、存储或发布的数据，通常由互联网企业持有，且部分数据具备公开性。作为信息技术的重要组成部分，互联网技术在数据记录和存储等方面，具有极大的经济性和便捷性。因而，互联网数据往往具有大数据的特征，是大数据的重要来源。[⑤]

根据数据用途划分，数据可分为商业数据、公共服务数据和科研数据等。商业数据是指，服务于商业活动开展的数据记录，通常表现为个人数据、企业数据以及其他经济数据。公共服务数据是指，为了满足公众的社会需要而提供的，具有公共性和基础性的数据，通常由政府或其他非盈利公益组织提供。科研数据则是作为科学研究的分析材料而存在的数据，通常由科研人员或组织来记录、持有和使用。

根据数据真实性划分，数据可以分为真实数据、失真数据和虚假数据。真实数据是指，数据质量足以反映客观测度对象的数据。失真数据是指，由于存在测量误差或样本选择偏误等客观因素，数据质量不足以正确反映测度对象的数据。虚假数据则是指，由于人为主观因素，虚假编造的、不能反映测度对象真实状态的数据。

---

① 经本人授权，个人数据可由其他经济个体采集、处理或使用，个人也可以据此获得相应的报酬或服务。

② 运营数据，包括研发、采购、生产和销售等数据。人力资源数据，是指通过合同授权而采集的、特定范围的员工个人数据。

③ 公众的群体记录，包括公共空间的监控数据等。公众的群体创作，包括网络平台上的公众互动所形成的数据等。

④ 一般而言，政府各个部门持有大量的、构成社会基础的原始数据，包括气象数据、道路交通数据、自来水数据、电力数据、煤气数据、教育数据、住房登记数据、安全刑事案件数据、海关数据、出入境数据等。

⑤ 典型的互联网大数据包括：用户行为数据、用户消费数据、用户地理位置数据、互联网金融数据、用户社交数据等。

四、数据产权：性质、内容、类型和安排

产权是指享有特定财产的权利（Alchian，1965；Alchian & Allen，1977），是由归属权、[1] 占有权、支配权和使用权等构成的权利集合（苏绍智，1962；黄少安，2004）。产权的权利集合，通常附着在产品或服务上。因而，市场交易的达成，实质上是两个权利集合的交换。正是权利的价值决定了所交换产品或服务的价值（Demsetz，1967）。

（一）数据产权的性质和内容

数据产权是产权概念的延伸。因而，所谓数据产权，即对数据资源的权利，是指由数据资源的归属权、占有权、支配权和使用权等构成的权利集合。数据产权本质上反映的是产权主体之间的经济权利关系。因此，产权主体之间的互动，可以导致权利关系的调整。故而，数据产权具有如下一般的产权性质：

第一，排他性。对所拥有的数据资源，数据产权主体具有特定权利的垄断性，即有权排除其他经济个体占有同样的权利。数据产权的排他性与数据资源的排他性紧密相关。未公开的数据资源，具有天然的排他优势，排除他人使用的成本相对较低。因而，针对未公开数据，发生侵权行为的可能性较低。但是，公开数据资源，具有天然的排他劣势，几乎不可能完全排除他人使用。因此，权利上排他与实际上难于排他的冲突，使得公开数据成为侵权行为的高发目标。[2]

第二，可分解性。数据产权是一个权利集合，而不是单项权利。数据产权的权利集合可以分解。因而，数据产权的各项权利，[3] 可以分属于不同经济主体。数据产权的分解，为数据资源的流转和再配置创造条件，有助于提升数据资源的使用效率。

第三，可交易性。数据产权可以在不同经济个体间让渡。而且，通过分割权利集合，可以实现部分权利的让渡或转移。排他性是数据产权具有可交易性的前提。可交易性是改善数据资源使用效率的基础。如果数据产权的初

---

① 即“狭义所有权”，通常也简称“所有权”。

② 水滴直播事件即属于此类情形。水滴直播事件是指奇虎360公司为幼儿园、商店、餐馆、工厂以及其他公众场所提供具有连接水滴直播平台功能的智能监控设备，导致监控视频在公众未知情的情况下被直播，引起关于隐私侵权的广泛争论。最终360公司宣布永久关闭水滴直播平台。

③ 包括数据所有权、占有权、使用权和支配权等。

始配置，制约了数据资源的有效利用，那么，只要产权交易的成本低于产权调整引致的价值增加，利益最大化动机将促使数据产权的再配置。最终，产权交易将带来数据利用效率的提升。

此外，对财产的任何一项权利，都由权利主体、权利客体和权利内容构成（于兴军，2002；沈满洪，2006）。因此，数据产权也是由产权主体、产权客体和产权内容所构成。

第一，关于数据产权主体。由于产权具有可分解性，因而不同类型的经济主体，都可能拥有部分数据产权。从而，数据产权主体具有多样性。按照数据产权主体的性质划分，数据产权主体可以是政府，[①] 也可以是企业，[②] 还可以是单个个体。[③] 理论上讲，拥有数据资源需求的经济主体，都可以通过法律授权、行政分配或市场交易等方式，成为数据产权主体。

第二，关于数据产权客体。不同类型的数据资源，构成了数据产权的指向对象。产权的根本目标，是协调经济个体之间的权利关系，而个人、企业、公众和政府是数据资源的生成主体。因此，数据产权客体的划分标准，应当依据数据产生或持有主体，即数据产权客体包括个人数据、企业数据、公众数据、政府数据等。

第三，关于数据产权内容。个人数据、企业数据、公众数据、政府数据是数据产权的客体。与之对应，数据产权可以区分为个人数据权、企业数据权、公众数据权和政府数据权。由于产权是一个权利集合，可以分解为所有权和使用权两部分。所以，数据产权也可以进一步分解为对应的数据所有权和数据使用权。而且，由于数据资源的使用具有非竞争性，同一数据资源可同时用于多种用途。[④] 所以，特定数据使用权，还可以继续分解为多种使用类型。各项权利之间的关联，可参见图 1。

其中，数据所有权的核心，在于权利人对数据的主导控制。因而，数据所有权的权能范围，需要涵盖积极、消极两方面，具体包括：知情权，知悉数据收集者的身份、收集内容、收集目的和用途、数据流转的途径、数据保存情况等；控制权，有权许可或禁止数据的收集或利用，有权决定提供多大范围的数据内容，有权允许或拒绝将该数据流转给第三方或与第三方交换数据、共同利用；选择权，有权选择将数据提供给特定使用人，有权选择数据使用的范围和限定的使用方式等；维护权，有权查阅收集人或保管人所保管

① 包括中央政府和地方政府。

② 不仅包括公司和其他法律认可的企业形式，也包括事业单位、社会团体、农村集体经济组织等。

③ 包括家庭和个人。

④ 例如：政府数据既可以用于公共服务，又可以用于科学研究；个人和企业数据既可以用于科学研究，又可以用于商业活动；而公众数据既可以用于公共服务，又可以用于商业活动，还可以用于科学研究。

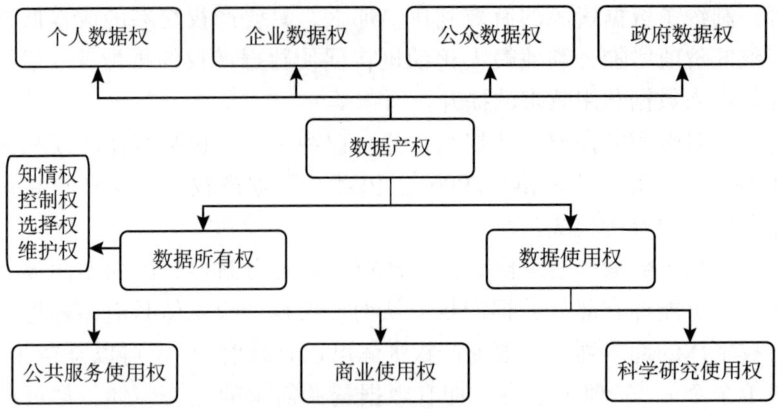

图1　数据产权的内容

的数据，有权要求数据收集人或保管人，更正、封存或删除其数据，其数据被侵权使用时，有权提出赔偿（王姗，2013）。

上述数据所有权，同时限定了数据使用者的义务。收集、利用或流转数据时，数据利用者必须履行必要义务：告知义务，即无论是数据的收集、利用，还是各种形式的流转，都必须事先告知数据所有权人，经其同意方可进行，否则承担一切后果；限制义务，即收集数据时，须明确限定用途或目的，在限定的范围内，收集、使用或流转数据，否则承担必要后果；合理使用义务，即数据操作必须在所有权人的授权范围内，且在不违背公序良俗条件下进行，否则承担相应后果；保护数据安全义务，即数据使用者，有义务保护其使用、保管的数据免于非法攻击，不被非法获取和利用；对敏感数据的特殊保护义务等。

（二）数据产权的类型

根据资源的经济属性，资源可以划分为三大类：一是私人性资源，二是公共性资源，三是介于私人性和公共性之间的俱乐部资源或准公共资源。

一般而言，具有私人物品属性的资源，① 如果要达到最佳的配置效率，既可单纯利用市场机制，也可采用组织内部的协调原则，具体形式取决于市场交易成本与企业管理成本的比较。在前一种情况下，明确界定的产权集合和相应的立法保障，是市场机制良好运行的基础（Knight，1924；Anderson & Lueck，1992；Heller & Eisenberg，1998；Bohn & Deacon，2000；Buchanan & Yoon，2000）。对于后一种情况，企业产权结构的安排和各种权利之间的有

① 即易于排他的且具有竞争性的资源。

机结合，是缓解组织内部的偷懒和道德风险，从而实行有效监督，提高内部协调效率的制度保障。单纯的市场交易，以产权的私人所有为基础。因为对于具有私人物品属性的资源，私人产权可能是使市场交易费用降到最低的唯一制度（张军，1991）。

由于“外部性”和“搭便车”等原因，公共性资源的产权通常不易私有。更确切地说，由于私有产权的履行和保护成本很高，根据资源配置的帕累托效率来看，公共产品理论认为，该类资源的公共产权安排是相对有效率的（Lueck，1995）。而且，具有非竞争性的资源，被消费者使用的边际成本几乎为零，理论上同样倾向于为该类资源设置公共产权。

但是，对于数据资源，仅凭抽象的理论边际成本，就断定数据资源属于公共资源，并将全部数据公共化，显然是非常武断的。数据资源的形成是需要成本的，数据资源的类型是多样化的，数据资源是无形的，而且，数据资源同时具有非竞争性和排他性。因而，至少部分数据资源，具有无形资产的性质。对于无形的知识产权，自然垄断理论主张，由政府赋予特许权或专利权，将无形资产界定为私有财产，并从法律上予以保护。

而且，通过分析数据资源的经济类型，已经发现：依据不同的限定条件，数据资源可以是私人数据、俱乐部数据、准公共数据、纯公共数据中的任何一类。因此，数据产权不仅可以是公共数据产权，而且，在多样化的具体情境中，也可以是私人数据产权、俱乐部数据产权等其他类型。

其中，公共数据产权是指，特定国家或地域范围内，所有居民都可以享有的数据产权。在该范围内，数据产权没有任何排他性和竞争性。[①] 该类型的数据产权，可由政府或其委托机构进行管理。当然，由于不同居民的数据使用需求和成本不同，实际上并非每个居民都会使用数据，更加不可能同时使用数据。因此，为节约技术或建设成本，赋予公共数据产权的数据资源，其访问容量通常具有上限。那么，当用户访问量超过该上限时，公共数据就表现出准公共数据的特征。

所谓私人数据产权，是指明确由单独个人或企业所有的数据产权。私人数据产权，可以具有排他性和竞争性。[②] 实际上，由于非竞争性是数据资源的自然属性，数据资源普遍是非竞争的。而且，非公开数据具有天然的排他性，但公开数据排他困难。因而，只有特定类型或特定范围内的数据资源，可以同时具有排他性和竞争性。

所谓俱乐部数据产权，是指满足特定条件的经济个体所构成的俱乐部，

① 为了消除数据资源的排他性和竞争性，要具有满足公开访问条件的技术设施，如数据服务器等。

② 私人数据产权的竞争性是指，数据资源被其他个体使用，会导致价值的损失，例如商业秘密等。

拥有数据资源的产权，俱乐部成员共同协商，确定单个成员的使用权利。一般而言，俱乐部产权排除非成员的数据使用，并满足成员的合理使用需求。

（三）数据产权的安排

随着数据资源的价值逐渐被认识，获取数据优势和开发数据价值，将成为企业活动的重点。然而，数据资源缺乏明确的产权界定，获取与开发数据，很可能面临知识产权和隐私保护问题。而且，有效的产权安排，是价格机制正常发挥作用的基础。只有确立数据产权制度，明确交易对象的权利边界、类型及归属，并使其能够被有关各方乃至社会识别和承认，数据交易才能顺利进行（蓝虹，2005）。因此，有必要探讨清晰合理的数据产权安排形式。

概括地说，产权安排分为两个层次：产权的初始界定和产权的调整规则。产权初始界定，通过直接规定产权主体对产权客体的权利，界定了产权主体之间的初始经济权利关系；与之对应，在初始产权界定的基础上，产权调整规则，规定了产权关系进一步调整的机制。① 因此，数据产权安排也可以分为两个层次：一是数据记录主体与数据记录客体之间的产权安排；② 二是数据交易主体间的产权安排。前者处于数据产权安排的基础性层次；后者则是数据资源市场化流转，所达成的契约性安排。契约性安排取决于交易双方的协商约定。所以，本文重点关注数据产权的初始安排，即围绕数据资源的、经济主体间的、初始经济权利关系。

任何产权都由权能和利益构成，权能的行使将带来经济收益（黄少安，2004）。因此，产权的初始界定，实际上将构成利益的分配。初始产权安排的不同，意味着利益分配格局的不同。所以，产权的初始界定，必然涉及利益分配的公平问题。

事实上，数据产权的初始界定，不仅涉及权利分配的公平问题，同样关乎数据利用的效率问题。科斯定理表明，③ 市场交易成本与交易发生时的产权类型有关。只要交易成本不为零，④ 产权安排就将对经济主体的行为和资

---

① 产权调整机制，可以是政治投票，也可以是市场交易，或者是司法判决等其他形式。共同认可的调整机制的决策结果，构成新的产权安排。

② 数据记录主体，是指拥有并使用数据记录的个体。数据记录客体，是指数据的指向对象。

③ 科斯定理可归纳为由三个定理组成的“定理组”（黄少安，2004）。科斯第一定理：在市场交易成本为零的条件下，产权的初始安排不会影响资源配置的效率，即市场机制会驱使人们谈判和交易，使资源配置实现帕累托最优；科斯第二定理：在市场交易成本大于零的情况下，不同的产权安排，会产生不同效率的资源配置，即为了优化资源配置效率，对产权的初始安排和重新安排的选择是重要的；科斯第三定理：由于制度本身的生产是有成本的，因此，生产什么制度以及怎样生产制度的选择，将导致不同的经济效率。

④ 现实经济中，交易成本一定是大于零的。

源配置的效率发生作用（Demsetz，1967）。

除此之外，数据资源本身具有特殊性。因而，其产权配置也随之具有不同于一般物质资源和人力资源的特征。

作为产权客体存在的物质资源，可以完全独立于个人特征或主观意志，即物质资源不具有伴生性，且具有明显的客观性。因而，物质资源的产权配置，相对而言更加易于处理。而且，由于实证分析相较规范分析，① 已经占据经济学研究的主导地位，因此，物质资源产权配置的研究主题是：在交易成本存在的情况下，如何设置产权，实现资源利用效率最大化。

而数据资源则具有鲜明的伴生性，甚至可能具有主观性和私密性。当数据资源指向自然环境时，数据是对客观物体的记录。数据资源与产生数据的物体可以完全分离，不受到被记录客体的约束，可以作为普通资源处理。但是，当数据资源指向人类社会时，数据涉及人类个体或群体的状态和属性记录。② 数据资源与产生数据的经济个体相互关联，其使用必然要受到被记录个体的约束，不得侵犯甚至危害被记录个体的合理权益。因而，数据资源的产权配置，与一般物质资源有很大的区别：物质资源的产权配置，可以直接追求利用有限资源，获得更多的收益；而数据资源的产权配置，必须关注公平性和社会文化的可接受性，强调寻求资源利用的帕累托改进，即在不损害经济主体合理利益的条件下，追求资源利用的效率。效率在数据资源产权配置中的从属地位，决定了数据资源的产权安排原则要不同于普通经济资源。

当然，人力资源也不同于物质资源，完全不具备客观性和独立性。因而，人力资源的产权配置，相对而言受到更多约束。但是，当人力资源所有权，赋予人力资源载体时，人力资源载体具有人力资源的直接控制力，能够自由地支配自身的人力资源，自由地选择职业和实现自身的价值，并拥有获得自身劳动成果的权利。从而可以在不完全信息和存在机会主义倾向的条件下，降低人力资源使用的监督成本和激励成本。因而，人力资源载体拥有自身的人力资源所有权，是一种有效的产权安排。

而且，在市场经济条件下，一旦确定人力资源所有权，属于人力资源载体。那么，在产权交易过程中，人力资源所有权将无法转移，交易的只能是人力资源的使用权。③ 这与物质资源的产权交易截然不同，物质资源可以一次性转移包括所有权在内的全部产权。人力资源不能离开其载体而独立存在。

① 实证分析主要是解释和预测，即：通过理论解释各种现象，并经受可观察事实的检验；或者通过理论预测可能的后果。实证分析已经成为经济学研究的主流。规范分析主要研究应该是怎样的问题。通常情况下，规范分析和价值判断联系在一起。

② 当数据指向人类社会中的财产时，同样可以视为对个体或群体的状态和属性的记录，即由谁（们）持有多少数量的不同类型的财产。

③ 人力资源所有权无法转移：一是因为人力资源与其载体天然结合；二是因为人力资源所有权一旦发生转移，就可能导致人身自由受到限制。

因而，载体的意志和行为等因素，对人力资源在何时、何地以及采取何种使用方式等具有重大影响。当人力资源载体，认为人力资源的使用不符合自身的意志时，将限制部分甚至全部人力资源的使用，使人力资源的实际使用效率大大降低。因此，人力资源使用权的持有者，在支配和使用人力资本时，将始终受到人力资本载体的影响和控制。

所以，尽管人力资源也具有伴生性，其使用也可能涉及个人隐私，但其不具有独立性，只能依附于人力资源载体存在。所以，个人可以及时判断是否涉及隐私，并对个人隐私予以直接控制：或者已经约定可能涉及的隐私处理，[①] 或者可以及时进行保护。[②] 而同样可能涉及个人隐私的数据资源，却具有独立于指向对象的性质。因而，对于数据资源的使用是否涉及个人隐私，难于及时得到判断；当隐私侵权行为发生时，难于及时得到制止。而且，数据资源使用涉及的知识产权问题，也面临同样的困境。

因此，数据产权的初始界定，应综合如下基本条件：保护隐私、保护知识产权、维护公平和促进效率。如果将保护隐私和知识产权，视为公平的一部分，那么，数据产权的初始界定，则需要满足“兼顾公平与效率，且公平优先”的要求。进而，意味着初始界定数据产权，不能直接应用波斯纳定理。[③] 对经济效率的追求，必须在保护隐私、保护知识产权和维护公平的条件下进行。否则，也难于实现真正的长期效率，必将付出巨大的社会成本。

按照上述要求，数据产权的初始安排，不应依据占有原则，而应依据生成或伴随原则。其中，占有原则是指，占有数据资源的经济个体，拥有所占有的数据资源；生成原则是指，来自人类社会以外的数据资源，[④] 由采集或记录的经济个体所有；伴随原则是指，来自人类社会的数据，由数据资源的伴随对象所有。[⑤] 当数据资源来自人类社会以外时，占有原则与生成原则具有一致性，即通过采集或记录而占有的数据资源，由占有者所有。但是，当数据资源来自人类社会时，占有原则与伴随原则具有根本性差异：除非采集或记录主体，同时也是数据资源的伴随对象，否则，即使通过采集或记录而占有数据资源，也不具有数据资源的所有权；而且，可获得的使用权范围，也取决于资源伴随对象的授权，超出授权范围即构成侵权。

所有权与占有原则挂钩，具有易于执行的优点，同时也具有激励经济参

① 即可能涉及的隐私范围和补偿方式，已经约定在劳动合同中。例如：对工作场所设置监控、采集特定范围的员工数据等约定。

② 即个人可以及时阻止隐私侵犯行为，或者及时提出法律赔偿。

③ 波斯纳定理：如果市场交易成本过高而抑制交易，那么权利应赋予那些最珍视它们的人（蒋兆康，1997）。

④ 例如：天文观测数据、地质考察数据、科学试验数据等。

⑤ 当数据资源的伴随对象，是财产或其他具有所有主体的资源时，数据资源为相应财产或资源的所有主体所有。

与者进行不经济投资的缺点；反之，所有权与占有脱节，则具有避免不经济投资的优点，却有花费执行代价的缺点。① 尽管如此，由于数据资源的特殊性，数据所有权的界定，不得不与占有原则脱钩，从而避免抢占数据资源的恶性竞争，避免隐私侵犯行为的泛滥。生成原则和伴随原则，将数据资源的所有权，赋予数据生成主体，有利于保护隐私和知识产权。并且，根据科斯定理，在市场机制正常发挥作用的情况下，该原则不影响数据资源配置的效率。②

进而，依照上述原则，可以对数据资源的初始产权做出如下安排：③

以个人为中心的数据，即个人数据，除法律明确规定的以外，由个人拥有本人数据的所有权，即个人数据权。个人有权占有、使用、处分个人数据，并据此获得收益。个人数据采集，应当明确分类处理，除了国家立法明确要求的数据外，④ 其他数据范围都由用户自主决定是否被采集。个人数据应留存在个人数据中心或个人数据账户，其他个人或单位只能被授权限期使用，且必须接受必要的监督管理。

与个人数据类似，企业数据同样属于私有数据。除特殊规定的范围，企业拥有自身数据的所有权，即企业数据权。需要注意的是，企业数据不同于企业持有的数据。因为企业持有的客户个人数据，并非由企业产生，企业不具有客户个人数据的所有权。在合同规定范围内，企业只可能拥有有限的客户数据使用权。例如，根据客户个人数据，为其提供具有针对性的、个性化的产品或服务。所以，企业数据和企业所持有数据的产权安排是不等同的。

不同于个人数据和企业数据，公众数据不属于私有数据。公众数据由公众生成。但是，公众并非明确主体，具有不特定性，无法承担产权主体的角色。因而，不便于将公众数据权直接赋予“公众”。所以，公众数据的管理，应当交由政府负责，由政府制定公众数据的管理规范。

此外，由于政府作为公共权力机关的属性，政府数据也不属于私有数据，而属于公共数据，由全体公众所有。但对应的政府数据权，由政府负责管理。除了依据相关法律规定、应该予以保密的数据，政府数据应作为

---

① 原文本为“先占原则”。但是，由于数据资源不具有竞争性，因而，“先占”并不排斥“后占”，故此处改为“占有原则”（Cooter & Ulen，2012）。

② 当然，事实上，由于存在市场交易成本，对特定的数据资源，生成原则和伴随原则可能并非效率最优的产权原则。但是，上述原则仍具有普适性，可以作为分析具体数据产权的基准。

③ 下述产权安排，已根据数据类型和经济参与主体，稍作调整。而且，产权的根本目标，是协调经济个体之间权利关系，而个人、企业和政府是数据经济的参与主体，自然也应成为对应的数据产权主体。因此，本文以数据生成或持有的主体为依据，分类设置产权的内容。

④ 部分个人数据无需个人授权，即可由国家相关部门进行采集，比如个人户籍数据、个人纳税数据等其他政府职权范围内的数据。

开放数据处理,[①] 以符合民主、公平和透明的原则（Ubaldi，2013）。那么，开放政府数据将包含两大要素：一是直接政府数据，即由公共机构生成或委托生成的任何（非保密）数据；二是间接政府数据，主要包括由政府直接或间接记录的、符合匿名性等开放要求的，个人、企业和公众数据，以及法律规定的需要自行公开的个人和企业数据。

通过上述数据产权初始界定的分析，可以发现，数据存在“私有数据”与“公共数据”之分。其中，在相关产权安排的基础上，“私有数据”可以充分利用市场机制，从而实现让渡和利用特定数据产权的目的。而公共数据具有非排他性和非竞争性，如果由私人提供会引起搭便车行为，导致公共数据供应不足。因而，公共数据由政府来提供更符合效率原则。政府可以通过税收进行转移支付，并同时履行其公共服务的职能（武长海、常铮，2017）。此外，某些特定范围内的数据，只有政府有权采集，并以公共数据的形式提供。因而，数据经济中，政府是公共数据的合理提供者。

应该说明，“私有数据”和“纯公共数据”是两个极端情况。大多数的具体数据集合，均处于中间状态，或者具有竞争性、不具有排他性；或者具有排他性、不具有竞争性；或者竞争性和排他性的程度有所不同。根据数据所有者制定的具体数据使用规则，数据集合也完全可以是其他数据产权类型。

最后，产权的交易过程，会导致资源利用效率的提高。如果通过产权交换，每个当事人都得到更多的福利，那么，产权交易带来的新的资源配置，就优于原来的配置。因此，如果要充分发挥经济资源的潜力，产权交易是必须的（张军，1991）。所以，数据资源的充分利用，也需要通过数据市场，从而实现数据产权的动态调整。

五、数据市场的运行：获取、存储、交易与分析

市场交换的实质，不是产品和服务本身的交换，而是依附于产品和服务的产权的转移（康芒斯，1997；Demsetz，1967），[②] 是经济主体之间对客体产权的让与和取得；所交易商品的价值，取决于交易中让渡的产权数量或产权

① 开放数据（open data）即只要满足特定使用要求，任何人均可免费使用、再利用和传播的数据。对于科学研究而言，通常只要研究人员允许所得研究成果共享，即可免费使用数据。开放数据的核心是原始的、未经处理的、允许个人分析并得出自己结论的信息（Yu & Robinson，2012）。开放数据收集者，享有所收集、加工、整理数据的使用权和收益权。开放数据收集者主要是科研机构以及数据公司。

② 产权的转移与商品（产品和服务）的提供，可以同时发生，也可以分别发生。例如：现货交易时，产权与商品同时转移；延期交货时，产权先于商品转移；融资租赁时，商品先于产权转移。

强度（蓝虹，2005）。在数据交易过程中，上述观点得到充分体现。数据资源具有非竞争性，因此，在产权划分明确的前提下，数据资源可以重复销售。[①] 那么，数据的交易实质，其实是对应产权内容的让渡；数据的市场价格，实际是数据产权的价格。[②] 同样的数据，如果权利限定范围不同，就会呈现出不同的市场价格。

权利限定范围的不同，意味着数据产权分解的不同。数据产权的分解，是数据资源市场化配置的基础，有助于显著提高数据资源的利用效率。数据产权的分解过程，通常就是数据资源的交易过程。因而，数据产权的分解，要求准确界定各市场主体之间的产权关系。在数据资源的交易过程中，完整的数据资源产权，可以分解为数据所有权和数据使用权：数据所有权由数据所有者所有，数据使用权由产权受让方拥有。数据使用权可以具有多样化的形式，并根据实际需求不断调整。因此，数据资源的交易过程，就是数据产权分解、让渡、重组等不断交织的过程。任何希望使用特定资源的经济个体，都可以通过不同方式向资源所有者付费，获得该资源的特定形式的使用权。因此，本文所称“数据交易”即“数据产权交易”，二者是等价的。

数据产权的初始界定，奠定了数据市场运行的产权基础。在不同个体间，数据资源具有不同的边际收益。因此，数据资源从边际收益低的个体，转移到边际收益高的个体，可以促使数据资源配置效率的提高。而且，市场机制允许个人或企业，通过让渡部分数据产权，获得相应的货币或服务回报。所以，理想情况下，[③] 在初始产权的基础上，市场机制将促进数据产权动态调整，直至达到最优效率。

此外，专业化分工是市场交易发生和发展的重要前提，也是提升经济效率、促进市场繁荣的重要途径（斯密，1983a；Yang & Ng，1993）。数据市场

① 数据资源只有在买断的情况下，才构成数据资源本身的买卖。即买卖双方明确约定，让渡的是数据资源的全部产权，原数据所有者不得重复销售数据。此时，数据资源的利用，往往不是最有效率的。例如，对于作为特殊格式化数据的软件，软件的重复销售，才有利于软件的充分利用。当然，对于数据资源的买方，数据买断可以保证自身的优先使用。但是，在目的达成之后，如果数据仍有价值，则可将数据再次出售，而且可以采用多样化的销售方式，并不必然采取卖断的形式。而简单商品的使用则具有竞争性，且用途单一，因而，多表现为商品本身的交易。所以，数据交易与简单商品的交易，存在重要区别。

② 因此，数据交易并不意味着数据存储位置的地理或物理转移，而只是数据使用权利的让渡。并且，在实际数据利用过程中，由于数据网络传输技术的限制，反而可能出现数据分析能力的地理转移，即由于数据量过大，网络传输时间过长，需要数据分析人员转移到数据存储设备所在地，才能进行数据的使用和分析。

③ 即市场经济满足如下条件：第一，明确界定的数据产权；第二，相对较小的交易成本。

的运行，也将依赖并促进数据价值链上的分工。① 从而，数据产生者、收集者、存储者、分析者和使用者等，将构成数据相关的利益主体（见图 2）。

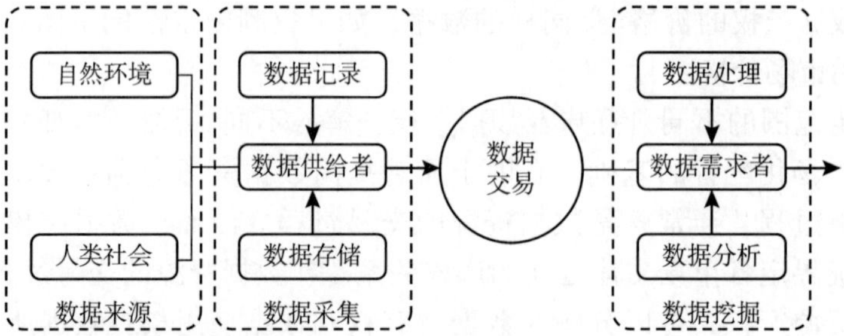

a.→代表价值传递方向；b.自然环境和人类社会，无时无刻都在产生信息；c.数据采集过程，将信息以数据形式，记录并存储下来；d.数据交易过程，将数据从供给者转移到需求者；e.数据挖掘过程，将数据处理成易于分析的形式，并进行分析；f.数据需求者，也可以作为新的数据供给者，参与新的数据交易过程。

图 2　数据价值链

（一）数据的获取与存储

数据的获取与存储，是数据资源累积并最终得以产生价值的前提。获取与存储数据，可以由组织和个人自主进行，也可以通过外部市场交易进行，具体选择取决于相对成本的比较（Coase，1937）。有必要说明，获取与存储数据，必须满足相关的数据产权规定。

当然，尽管获取数据与存储数据密切相关，二者却可以具有完全不同的交易内容。对交易内容的分析，有助于澄清如下问题：数据的获取与存储如何付费？即数据记录者是否需要向被记录者，以及数据持有者是否需要向数据存储者进行货币或其他形式的支付？还是相反？

数据获取过程，可以是产权交易过程，② 也可以是服务交易过程，③ 甚至可以是二者的结合。因为，权利是相对的、可分割的。所以，数据所有者和记录者之间，并不必然进行支付。即使支付，由谁支付也可以视情况而定。根据供求关系，可以由数据记录者向数据所有者付费，也可以由数据所有者

---

① 价值链是指，从原材料到最终用户间的增值链条，分为多个环节：原材料的获取和处理、中间产品的生产、采购、组装，最终产品的生产和销售等。图 2 所示“数据价值链”可以不断延续下去。通过数据处理和分析，原来的数据需求者可以使数据增值，因而，可重新作为新的数据供给者出现在新的数据交易中。那么，通过不同阶段的数据交易和数据处理，将形成完整的价值增值链条，直至最终使用。

② 即数据所有者向数据记录者或第三方，让渡数据产权的过程。

③ 即数据所有者向数据记录者，购买记录服务的过程。当数据资源的客体是自然环境时，数据获取过程，可以是自主获取过程，也可以是服务交易过程。

向数据记录者付费，也可以不付费。具体情形取决于数据记录的目的、数据记录的需求方或双方对数据的需求程度、双方利用数据的能力以及相关权利界定。因此，数据获取行为本身，并不必然需要支付。

与之对应，数据存储过程，则主要是服务交易过程。[①] 因而，主要由数据持有者向数据存储者支付。但是，随着数据经济的深入发展，数据利用价值的进一步提升，数据行业可能展现出，与早期存款货币银行类似的发展历程。

存款货币银行发展的早期，“存款”不仅没有利息，而且需要缴纳服务费。原因在于，银行或钱庄提供了货币的保管服务，服务费是对货币安全性的补偿。而随着银行放贷业务的兴起，在贷款业务中，银行或钱庄能够获取更大的收益，不仅足以抵偿应缴纳的服务费，还能够通过支付利息吸收存款（黄达，2012）。

上述发展历程，对数据经济具有重要借鉴意义。随着数据利用价值的提升，存储数据是收费还是付费，将取决于双方权利的具体界定，以及市场对相关数据资源的供给和需求。当然，不同于货币价值的同质化，数据资源的潜在价值具有异质性。因而，数据存储行业的发展，将具有自身的特殊性。

综上所述，数据所有者可以自行记录数据，也可以授权其他个人或组织记录；数据持有者可以自行存储数据，也可以使用相关存储服务。在授权记录以及使用存储服务的过程中，付费与否以及由谁付费，则取决于交易的内容以及数据权利的分割。

（二）数据的交易

政府数据的公共数据特征，限制了政府参与数据市场的资格。[②] 因而，数据交易市场的主要参与者是企业和个人。按交易主体以及买卖方向的不同，可以将数据交易分为：个人（卖方）与个人（买方）的交易、个人（卖方）与企业（买方）的交易、企业（卖方）与个人（买方）的交易、企业（卖方）与企业（买方）的交易等，详见表4。

---

① 即数据持有者向数据存储者，购买存储服务的过程。此时，数据持有者并非一定是数据所有者，也可以是受让数据产权的第三方。

② 现实中，数据交易也可能发生在政府与政府、政府与企业、政府与个人之间。但是，在数据交易中，上述形式的占比可能不高。实际上，政府数据的公共数据特征，限制了政府参与数据交易的能力，政府数据完全可以成为开放公共数据，即政府数据的利用，可以通过非市场化途径。

表 4　　数据市场参与主体的交易关系

		买方	
		个人	企业
卖方	个人	A：个人与个人	B：个人与企业
	企业	C：企业与个人	D：企业与企业

A 交易发生在两个个体之间，交易的数据可以是卖方的个人数据，也可以是卖方有权出售的其他数据。① B 交易发生在个人与企业之间，主要是企业记录个人数据的过程，也可以是企业购买自然数据的过程；补偿形式可以是货币，也可以是其他形式。② C 交易发生在企业与个人之间，个人以付费形式向企业购买数据；交易的可以是原始数据，也可以是数据的分析结果；可以是结构化数据，也可以是半结构化和非结构化数据。③ D 交易发生在企业与企业之间，可以是可交易数据的购买，也可以是企业之间的数据共享。④

当然，数据的有效分析和使用，需要特定水平的工具和技术，很可能超出单个个人的能力范围。因而，各种类型的企业，将成为数据市场的核心主体。进而，在数据合约的制定以及数据市场的运行中，企业将发挥关键作用。

数据资源的使用，必须依据拥有的产权内容。因此，数据资源的充分利用，需要合理的产权配置。而数据产权交易，即产权合约的自由选择，就是数据产权合理配置的有效途径。稀缺资源的初始产权分配，往往不是最具经济效率的；或者，由于市场条件的变化，不再是最具经济效率的。从而，导致数据产权的市场价格与实际价值偏离。但是，产权具有可交易性，通过产权交易，市场主体可以重新配置产权。因而，产权交易过程，就是市场重新配置产权的过程，也是数据市场价格重新调整的过程。正是基于自由竞争、自由选择的原则，才能通过多次交易、重复博弈，不断地修正产权合约，动态调整数据价格。最终，选择出具有竞争优势的产权合约，形成具有合理性的市场价格。

所以，数据市场的运行和定价，将通过如下机制进行：交易双方以市场化合约的形式，约定数据使用的权限及期限，并通过对数据产权的估值，以

① 一定程度上，可以将个人网络直播看作借助网络直播平台开展的、个人与个人间的视频数据交易。此外，个人与个人之间，也可以交易采集的自然数据，例如：自然风光的照片、视频等。

② 例如，科研或调查机构，通常以货币或实物报酬，作为对个人数据和参与时间的补偿；互联网服务提供商，则通常以更有针对性的服务或会员权益，作为用户个人数据的补偿。

③ 例如，以万得资讯（Wind）为代表的数据服务提供商，既可以提供宏观经济统计数据和股票等金融产品的交易数据，也可以提供数据分析报告；以起点中文网为代表的文本数据提供商，可以提供文本类的半结构化数据；以优酷网为代表的视频数据提供商，可以提供视频类的非结构化数据。

④ 例如，普通企业向数据企业购买数据；或供应链管理中，关联企业共享运营数据。

拍卖或谈判的形式达成交易。而且，随着数据经济的发展，数据交易的深入，将逐渐形成相对规范的数据产权交易体系。

（三）数据分析：数据处理服务的交易

数据经济作为一种产业形态，不仅表现为数据资源本身的交易，还表现为数据处理能力的交易。而且，对数据的“处理加工”是数据资源创造价值的关键。在数据处理的价值链上，只有通过不断“加工”，才能够持续提高数据使用的便利性，逐步实现数据的“增值”，并最终提取出有价值的分析结论。

目前，根据数据处理的价值链分工，数据利用存在三种类型：持有数据，但缺乏高效利用的能力，典型的是传统金融机构、电信行业、政府机构等；没有数据，但具备有效分析的能力，典型的是 IT 咨询和服务企业等；既有数据，又有数据利用能力，比较典型的是高科技互联网企业等。数据资源与数据分析能力的不平衡，为数据分析服务的交易提供了可能。

当然，数据处理能力的交易，① 既可以是数据处理服务的市场交易，② 也可以是企业雇佣技术员工和购置处理设备的交易。③ 企业的选择，取决于相对成本的高低。由于技术员工和处理设备的固定成本高昂，超出大部分中小企业的承担范围，因此，企业通过购买专业数据处理服务，实现技术员工和处理设备的共享，将成为数据市场资源利用的重要形式。

当前，如果企业委托专业数据咨询公司，提取并分析企业内部运营数据，通常要为之付费。而如果数据咨询公司，将获取的数据用于其他用途，则需征求企业的同意，并对其进行经济补偿。因此，随着数据分析能力或企业数据价值的提升，通过合理的产权让渡，数据处理服务的付费方向也可以发生逆转。

六、有待深入研究的若干问题

产权分析是数据经济分析的基础。本文从数据资源的性质和分类出发，探讨了数据产权的类型和安排，并初步分析了数据市场的运行。但是，上述

① 交易可以区分为买卖的交易、管理的交易和限额的交易。买卖的交易，即法律上平等的主体间，自愿达成的、转移财富所有权的交易，对应于市场；管理的交易，即依据法律上的上级命令创造财富，对应于企业；限额的交易，即由法律上的上级指定，分派财富创造的负担和利益，对应于政府（康芒斯，1983；王亚华，2005；沈满洪，2006）。

② 即买卖的交易。

③ 在此基础上，企业内部使用数据处理能力即管理的交易。

分析仅仅涵盖了数据经济领域的基本产权问题，提供的是进一步深入探讨的概念和理论框架。数据经济涉及的范围十分广泛，下述若干问题，仍值得深入研究和继续探讨。

（一）数据产权的保护

产权安排对市场机制的运行具有基础性作用：产权的明确界定，有助于消除达成合作的障碍；产权的市场化调整，可以带来效率的改善。但是，产权安排发挥上述作用，需要对产权的保护。因此，数据市场的运行，也离不开数据产权的保护。

数据产权的保护，需要数据技术的开发以及交易制度的构建。在数据交易的链条中，可以通过技术手段以及制度约束，明确记录所发生的每笔交易，从而实现对数据的追踪和管理，保护数据的知识产权。但是，技术手段与制度约束具体怎样结合，仍需要深入探讨。

此外，保护数据产权，也需要有效惩治数据侵权。对于受到侵犯或损害的产权所有者，通常有两种赔偿原则（Cooter & Ulen，2012）。一种是法律赔偿原则，或称“损害赔偿原则”，即谁侵犯和损害了他人产权，谁就应进行赔偿。另一种被称为衡平赔偿原则，即通过法令指导或限制侵害者的行动。对于数据侵权，两种原则的适用范围，仍需厘定。

（二）隐私权的保护与数据的有效利用

数据资源的特殊性，在于数据资源可能（至少部分）与人有关。当数据资源来自人类社会时，可以具有强烈个人色彩和私密性。因而，数据资源的产权保护，不仅涉及财产权利的保护，还可能涉及隐私权利的保护。对于涉及个人隐私的数据资源，应该采取怎样的保护原则，仍有待讨论。

目前，对于个人数据，法律法规遵循以个人为中心的保护思想（翁列恩、李幼芸，2016），即：数据收集者必须明示收集和使用数据的目的、方式和范围，并经被收集者同意（全国人民代表大会常务委员会，2012，2016）。然而，在数据时代，个人的任何举动，都可能暴露在监测和记录之下。法律法规强调的保护原则，已经难于执行。此外，尽管在被收集时，许多数据往往无意于特殊用途，但未征得个人同意的数据利用，很有可能会侵犯公民的隐私。①

而且，为充分发掘数据资源的潜在价值，数据挖掘技术强调不断整合、

① 隐私的范围是相对模糊的，很大程度上取决于当事人的个人观念。因此，未经当事人的判断或允许，就可能造成隐私侵犯。

反复利用特定数据集合，并将其应用于多种目标。在这一数据利用模式下，数据资源的使用形式和使用目的，均无法先验确知，而是需要逐渐发现并不断调整和完善。这也与以个人为中心的隐私保护相冲突：数据的最终用途是无法确知的，因而，也就无法针对特定用途，提前征得个人同意。

公民享有的隐私权，是基本的人格权利。而且，相对政府部门和商业部门而言，公民个人处于弱势地位，因此，其隐私权保护，尤其需要得到关注。然而，数据时代的数据记录与价值发掘模式，又使得“告知与许可规则”难以起到应有的作用。因此，需要重新设计隐私保护模式。是强调数据使用者为其行为承担责任，还是继续强调收集数据应取得个人同意？而且，应该采取怎样的配套执行措施？都有待深入研究。

此外，对具有较大潜在侵权风险的项目，管理者应如何进行数据合规监管？是否有必要引入“数据审计制度”（Bollier，2010）？“数据审计制度”应该如何执行？数据使用者应如何评估风险？如何规避或减轻潜在伤害？也都有待回答。

（三）具体数据资源的产权分析

本文已经提供了数据产权安排的框架和基本原则，但分析的仅仅是普遍意义上的数据资源。数据资源具有非同质性，不是特定某种资源，而是一类资源的统称，只是具有共同的数据形态。因此，对于具体情形下的数据资源，仍有必要进行具体分析。

在具体数据类型中，互联网公开数据与科学研究数据，是两种非常重要且产权关系相对复杂的数据类型，亟待具有针对性的分析。

原则上，互联网公开数据，[①] 仍可以根据数据生成来源，分为个人数据、企业数据、公众数据和政府数据等。从而，可以依据对应的数据成分，遵循相关的数据产权规定。但是，互联网公开数据，具有不同于一般数据资源的特殊性：互联网公开数据的形成，离不开数据生成来源，但也需要数据公开平台；而且，作为公开数据，其已经基本丧失排他性，但直接使用，又缺乏数据生成者的明确授权，甚至可能涉及隐私。因而，互联网公开数据，是将产权界定给数据生成来源，还是界定给数据公开平台，或者界定为公共产权，尚难以得出直接的结论。而且，无论产权如何界定，必然涉及个人、平台和公众的权利分割以及个人隐私保护，如何构建保护隐私和知识产权的、激励相容的产权实施规则，仍需要深入分析。

与互联网公开数据类似，科学研究数据的构成，也相当混杂。部分科学

---

① 互联网公开数据，只是互联网大数据的一部分。在互联网大数据中，相当一部分数据存储在互联网企业后台，并不对外公开。

研究数据，本身就是互联网公开数据。因而，其使用可以按照对应的产权安排。[①] 当然，除互联网公开数据外，科学研究数据还包括自然观测数据、科学实验数据，以及受权采集的个人或企业数据。[②] 问题在于，科学研究本身，具有公共性和基础性，科学研究数据的使用，是否应具有特别的产权安排？而且，科学研究数据普遍处于非公开状态，并不利于科研工作的开展，应如何设计共享研究数据的激励机制？仍有一系列的问题等待解决。

（四）数据市场中的市场失灵

数据市场也面临市场失灵的潜在风险。原因在于：第一，不充分的数据产权界定，可能导致数据使用存在外部性；第二，数据利用存在规模效应，可能导致数据的自然垄断或者数据卡特尔；[③] 第三，由于信息不完全所导致的市场扭曲。[④]

因而，除了通过明确界定数据产权，摆脱依据“自然势力”界定产权的状态，[⑤] 缓解数据使用的外部性。数据垄断的规制以及数据市场信息不对称的解决，仍有待采取具有针对性的措施。

（五）数据产权的定价模型

充足的数据资源，可以成为企业的重要资产。数据产权的使用，可以为企业带来价值。但是，作为数据使用的特定形式，数据交易的核心问题就是数据产权的定价。[⑥] 那么，如何计算数据产权的价格？数据交易的供给和需求具有怎样的特征？数据类型、数据数量、数据质量、产权范围等因素如何

---

① 为确保相关研究顺利开展，研究者与数据持有者必须采取预防措施，包括数据内容的匿名化处理；签订数据使用保密协议；由数据持有者控制数据登录权限（Butler，2007）。

② 同时，也需要满足匿名性以及其他学术规范要求。

③ 由于数据分享复制的成本几乎为零，且能重复销售和使用。因此，其定价机制将不再由成本和供求关系主导，而是依据用户的价值评估和价格敏感程度来决定，即具有了垄断定价的性质（涂永前、徐晋、郭岚，2015）。

④ 理论上，一切信息都能够以数据的形式存在。但是，由于数据记录存在成本，数据并不能涵盖所有信息。因此，信息不对称仍然存在。而且，企业也可以通过技术投入，获取数据不对称地位，甚至谋求“数据霸主”地位，制造另一种形式的信息不对称。进而，通过对数据的占有和控制，以部分或有限让渡数据产权的方式获取收益，从而实现数据寻租。

⑤ 依据“自然势力”界定权利，可以归纳为“近水楼台先得月”。在“自然势力”下，各决策实体的数据产权，主要受到自身技术和经济条件约束，而不存在外部制度约束，表现为数据的实际控制者决定数据产权安排。由于，数据资源很可能涉及知识产权和隐私权。因而，“自然势力”决定的数据产权，很容易导致数据使用混乱和权利纠纷。

⑥ 数据资源具有非竞争性，数据交易的客体是约定的数据产权。因此，数据市场的价格，反映的是数据产权的价格；数据交易的定价，不仅仅涉及数据资源本身的定价，更是数据产权的定价。

影响数据产权价格？能否构建具有普适意义的数据产权定价公式？

此外，数据产权定价不仅需要概念模型，更加需要数理模型和计量模型。因此，数据产权定价模型的构建，亟须数据产权交易的实证研究。而且，数据产权定价研究，还需要分析模型的适用条件，使理论模型对实际操作具有指导意义。

（六）降低数据交易成本的措施

无论是商品、要素的交易，还是产权的交易，都必然涉及交易成本，数据交易也不例外。交易成本是影响资源配置效率的重要因素。因此，有必要分析数据交易中的交易成本类型及其决定因素，并寻求降低数据交易成本的措施。

数据产权交易，不仅涉及制度问题，而且涉及技术问题；不仅涉及经济学理论，而且涉及计算机理论，是一个十分综合的问题。因而，交易成本的降低，不仅要依靠制度创新，也要依靠技术创新，需要制度与技术的紧密结合。

（七）数据产权制度中的市场与政府

上述分析中，潜在的假设是政府扮演“守夜人”的角色（斯密，1983b）：政府所要做的，仅仅是界定初始数据产权、制定交易规则、维持交易秩序和处置交易纠纷，其他事务均由市场自发运作。但事实上，数据市场也面临“市场失灵”，对数据资源垄断的管制，离不开政府的介入。

数据市场的运作，需要政府的参与。但是，政府干预也可能面临“政府失灵”。[①] 因而，在数据产权市场中，如何权衡“政府失灵”和“市场失灵”？怎样协调市场与政府的关系？是否存在其他可能的机制？都是重要研究内容。

（八）数据交易的案例分析

精心寻找的实例，往往能够提供比任何理论模型都丰富的内容，从而引导制度经济学研究者深入思考。在数据资源配置方面，实践创新已经比理论先行一步。

---

① 比如政府干预的错位或公共投资的无效率。而且，许多数据只有政府有权采集，或政府具有的获取天然优势，导致政府本身也可能成为数据垄断者，例如公共数据平台的垄断收费。

数据交易或数据共享已经有不少案例,① 正好为数据产权的案例分析提供材料。因而，有必要通过对具体的案例分析，使数据产权安排的研究持续深入下去。

七、结　语

本文尝试界定清晰的数据产权，利用市场配置数据资源，从而建立规范有效的数据资源配置机制。在此过程中，本文首先归纳并分析了数据资源的性质，揭示出数据产权类型的多样性。其次，本文对数据资源进行了多角度的分类，选择出适合产权界定的分类依据。再其次，本文探讨了数据产权界定的基本原则，并做出初步的数据产权安排。最后，本文提供了数据市场的基本分析框架。

数据资源具有排他性和非竞争性。从而不同的限定使用条件可以使数据资源表现出多样化的类型，可以成为私人数据、俱乐部数据、准公共数据、纯公共数据中的任何一种。进而，数据产权不仅可以是公共数据产权，也可以是私人数据产权、俱乐部数据产权等其他类型。

此外，产权的根本目标，是协调经济个体间的权利关系，而数据资源则伴随个人、企业、公众和政府生成。因此，数据产权的客体，应当依据数据生成或持有标准，划分为个人数据、企业数据、公众数据和政府数据等。

数据资源具有伴生性，伴随现实世界而生成。因此，不同于客观的物质资源，数据资源可能与人有关。同时，数据资源又具有独立性，可以独立于指向对象。因而，不同于依附性的人力资源，数据资源可以脱离伴生对象的控制。数据资源的特殊性，使得数据产权的界定原则，同样具备特殊性。

数据资源的产权界定，必须关注公平性和社会文化的可接受性，保护隐私，保护知识产权，强调资源利用的帕累托改进。在不损害经济主体合理利益的前提下，追求资源利用的效率。故而，数据产权的初始安排，不应依据占有原则，而应依据生成原则或伴随原则。来自人类社会以外的数据资源，由采集或记录的经济个体所有；而来自人类社会的数据资源，由数据的伴随对象所有。因此，个人数据和企业数据，应分别由个人和企业所有；公众数据和政府数据，则应由政府管理。其中，数据所有权的核心，在于权利主体对于自身数据的主导控制，可具体表现为知情权、控制权、选择权、维护权等权利。

---

① 典型案例包括：以阿里巴巴（Alibaba Group）和京东（JD）为代表的电子商务公司，与快递企业共享数据；以万得资讯（Wind）等为代表的数据提供商，向企业和个人销售经济金融数据；以斗鱼、水滴为代表的网络直播平台，向消费者提供内容数据等。

数据产权安排，分为两个层次：产权的初始界定和产权的重新调整。在初始产权界定的基础上，数据资源的产权调整，可通过数据市场进行。交易双方通过市场化合约，约定数据使用的权限及期限，以拍卖或谈判的形式，实现数据产权的重新配置。因而，只要市场交易成本小于产权调整的潜在收益，价格机制将实现数据产权的动态调整，即数据产权交易过程，将实现数据利用效率的提升。

在数据产权界定良好的情况下，市场机制将促进数据资源的合理配置。政府应当维护数据市场的交易秩序，保护数据知识产权，保护个人隐私以及企业秘密。那么，数据资源的市场化配置，以及数据资源潜在价值的发掘，将成为数据时代经济发展的重要推动力量。

参考文献

1. 黄贝拉、徐伟：《大数据经济学简评》，载于《农村经济与科技》2015年第11期。

2. 黄达：《货币银行学（第五版)》，中国人民大学出版社2012年版。

3. 黄少安：《产权经济学导论》，经济科学出版社2004年版。

4. 蒋兆康：《中文版译者序言》，转引自理查德·A. 波斯纳：《法律的经济分析》，中国大百科全书出版社1997年版。

5. 康芒斯：《制度经济学（上册)》，于树生译，商务印书馆1997年版。

6. 蓝虹：《环境产权经济学》，中国人民大学出版社2005年版。

7. 李国杰、程学旗：《大数据研究：未来科技及经济社会发展的重大战略领域——大数据的研究现状与科学思考》，载于《中国科学院院刊》2012年第6期。

8. 李辉、汤琦、梁偲：《数据驱动的创新——大数据时代经济社会动力分析》，载于《文汇报》2013年7月10日。

9. 李新社：《数据经济》，载于《中国信息化》2012年第10期。

10. 李增刚：《新政治经济学导论》，上海人民出版社2008年版。

11. 吕晓阳、谭共志：《电子政务理论与应用》，清华大学出版社2010年版。

12. 《全国人民代表大会常务委员会关于加强网络信息保护的决定》，http：//www.gov.cn/jrzg/2012-12/28/content_2301231.htm，2012年12月28日。

13. 《中华人民共和国网络安全法》，http：//www.npc.gov.cn/npc/xinwen/2016-11/07/content_2001605.htm，2016年11月7日。

14. 盛洪：《为大数据建立产权制度》，http：//mp.weixin.qq.com/s/vX7sXx0hRtQVZvrM3xasUw，2017年12月15日。

15. 沈满洪：《水权交易制度研究》，浙江大学出版社2006年版。

16. 苏绍智:《试论生产资料的所有权、占有权、支配权和使用权——对社会主义生产资料所有制的具体分析》,载于《学术月刊》1962 年第 6 期。

17. 涂永前、徐晋、郭岚:《大数据经济、数据成本与企业边界》,载于《中国社会科学院研究生院学报》2015 年第 5 期。

18. 王姗:《个人数据经济时代我国个人资料隐私权私法保护之完善》,载于《法制与经济》2013 年第 9 期。

19. 王亚华:《水权解释》,上海人民出版社 2005 年版。

20. 翁列恩、李幼芸:《政务大数据的开放与共享:条件、障碍与基本准则研究》,载于《经济社会体制比较》2016 年第 2 期。

21. 武长海、常铮:《大数据经济背景下公共数据获取与开放探究》,载于《经济体制改革》2017 年第 1 期。

22. 徐晋:《大数据经济学》,上海交通大学出版社 2014 年版。

23. 亚当·斯密:《国民财富的性质和原因的研究》(上卷),郭大力、王亚南译,商务印书馆 1983 年版。

24. 亚当·斯密:《国民财富的性质和原因的研究》(下卷),郭大力、王亚南译,商务印书馆,1983 年版。

25. 于兴军:《论水权构成》,载于《经济师》2002 年第 1 期。

26. 张军:《现代产权经济学》,上海人民出版社 1991 年版。

27. 中国信息通信研究院:《中国数字经济发展白皮书》,中国信息通信研究院 2017 年版。

28. Alchian, Armen A., 1965, "Some economics of property rights", *Il Politico*, Vol. 30, No. 4, pp. 816 – 829.

29. Alchian, Armen A. & Allen, William R., 1977, *Exchange and production, second edition*, Belmont, Calif.: Wadsworth.

30. Anderson, Terry L. & Hill, P. J., 1975, "The Evolution of Property Rights: A Study of the American West", *The Journal of Law & Economics*, Vol. 18, No. 1, pp. 163 – 179.

31. Barzel, Yoram, 1997, *Economic Analysis of Property Rights, second edition*, New York: Cambridge University Press.

32. Bilbao – Osorio, Beñat, Dutta, Soumitra & Lanvin, Bruno, 2014, "The Global Information Technology Report 2014: Rewards and Risks of Big Data", Geneva: World Economic Forum.

33. Berinato, Scott, 2014, "With big data comes big responsibility", *Harvard Business Review*, No. 11.

34. Besley, Timothy, 1995, "Property Rights and Investment Incentives: Theory and Evidence from Ghana", *Journal of Political Economy*, Vol. 103, No.

5, pp. 903 – 937.

35. Bohn, Henning & Deacon, Robert T., 2000, "Ownership Risk, Investment, and the Use of Natural Resources", *American Economic Review*, Vol. 90, No. 3, pp. 526 – 549.

36. Bollier, David, 2010, "The Promise and Peril of Big Data", Washington, DC: The Aspen Institute.

37. Borgman, Christine L., 2015, *Big Data, Little Data, No Data: Scholarship in the Networked World*, Cambridge, London: The MIT Press.

38. Buchanan, James M. & Yoon, Yong J., 2000, "Symmetric Tragedies: Commons and Anticommons", *Journal of Law & Economics*, Vol. 43, No. 1, pp. 1 – 14.

39. Butler, Declan, 2007, "Data sharing threatens privacy", *Nature*, Vol. 449, No. 7163, pp. 644 – 645.

40. Coase, R. H., 1937, "The Nature of the Firm", *Economica*, Vol. 4, No. 16, pp. 386 – 405.

41. Coase, R. H., 1959, "The Federal Communications Commission", *Journal of Law & Economics*, Vol. 2, pp. 1 – 40.

42. Coase, R. H., 1960, "The Problem of Social Cost", *Journal of Law & Economics*, Vol. 3, pp. 1 – 44.

43. Cooter, Robert & Ulen, Thomas, 2012, *Law and Economics*, 6*th edition*, New York: Addison – Wesley

44. Danah, Boyd & Kate, Crawford, 2012, "Critical questions for big data", *Information Communication & Society*, Vol. 15, No. 5, pp. 662 – 679.

45. Demsetz, Harold, 1967, "Toward a Theory of Property Rights", *American Economic Review*, Vol. 57, No. 2, pp. 347 – 359.

46. Heller, M. A. & Eisenberg, R. S., 1998, "Can patents deter innovation? The anticommons in biomedical research", *Science*, Vol. 280, No. 5364, pp. 698 – 701.

47. Jagadish, H. V., et al, 2014, "Big Data and Its Technical Challenges", *Communications of the Acm*, Vol. 57, No. 7, pp. 86 – 94.

48. Kaisler, Stephen, et al, 2013, "Big Data: Issues and Challenges Moving Forward", 201346*th Hawaii International Conference on System Sciences*, Wailea, Maui, HI USA, pp. 995 – 1004.

49. Knight, F. H., 1924, "Some Fallacies in the Interpretation of Social Cost", *Quarterly Journal of Economics*, Vol. 38, No. 4, pp. 582 – 606.

50. Lemieux, Thomas Mayer, 2017, "Big Data, Little Data, No Data:

Scholarship in the Networked World", *Canadian Journal of Communication*, Vol. 42, No. 1.

51. Lueck, Dean, 1995, "Property rights and the economic logic of wildlife institutions", *Natural Resources Journal*, Vol. 35, pp. 625 – 670.

52. Manyika, James, et al, 2011, "Big data: The next frontier for innovation, competition, and productivity", McKinsey Global Institute Report.

53. Mas – Colell, Andreu, Whinston, Michael D. & Green, Jerry R., 1995, *Microeconomic Theory*, New York: Oxford University Press.

54. McAfee, A. & Brynjolfsson, E., 2012, "Big data: the management revolution", *Harvard Business Review*, Vol. 90, No. 10, pp. 61 – 68.

55. Ubaldi, Barbara, 2013, "Open Government Data: Towards Empirical Analysis of Open Government Data Initiatives", *OECD Working Papers on Public Governance*, Paris, pp. 1 – 60.

56. Yang, Xiaokai & Ng, Yew – Kwang, 1993, *Specialization and Economic Organization: A New Classical Microeconomic Framework*, Amsterdam: Elsevier/North Holland.

57. Yu, Harlan & Robinson, David G., 2012, "The New Ambiguity of 'Open Government'", *UCLA Law Review Discourse*, Vol. 59, No. 1, pp. 178 – 208.

Data Resources: A Property-rights Analytical Framework

WEI Lubin　HUANG Shaoan　SUN Shengmin

(Center for Economic Research, Shandong University, 250100)

[**Abstract**] The society has developed into the era of data. However, the lack of property rights arrangement, restricts the normal trading and use of data resources directly, and lead to the lack of protection of related intellectual property rights and privacy. This paper argues that whether it is right to privacy and intellectual property protection, or the data resources marketization, both need to rely on the delimitation and protection of data property rights. Data resources are excludable and non-rivalry, that makes them show diversity. Thus, data property not only can be public data property, but also can be private data property, club data property, and other types. Data resources are concomitant and independent, which makes them have characteristics different from material resources' and human resources'. Therefore, the initial definition of data property rights, should not adhere to the principle of possession, but should be based on the principles of generating or concomitant. On the basis of initial demarcation, data property rights adjust through data market. Then, as long as the market transaction costs less than the potential benefits of property rights adjustment, the price mechanism would realize the dynamic configuration of data property, promoting data utilization efficiency.

[**Key Words**] Data Resources　Data Type　Data Market　Property-rights Analysis

JEL Classifications: K11　K23　M15

财政分权是否强化了“资源诅咒”效应？*

邓　明　张思敏**

【摘　要】“资源诅咒”现象被证实存在于中国的地区经济发展中，因此，寻找影响“资源诅咒”效应的因素对于资源充裕但经济落后地区的经济发展具有重要意义。本文从理论上探讨了财政分权这一制度变量对“资源诅咒”效应的影响，并基于1993～2007年的中国省级面板数据模型对该影响进行了实证检验。本文的研究结果表明：财政分权强化了资源禀赋对于经济增长的抑制作用；究其原因，我们发现，在“中国式分权”的制度背景下，为GDP而竞争的地方政府在能源开发上的投资挤出了人力资本投资，从而抑制了经济增长，因此，人力资本投资是财政分权对“资源诅咒”效应产生影响的中介变量之一。

【关键词】**财政分权　资源诅咒　人力资本　中介效应**

中图分类号：**F224.0**　文献标识码：**A**

一、引　言

自然资源作为物质生产活动的必要投入品，是经济赖以发展的重要物质基础。但自然资源究竟是经济发展的“神赐天粮（manna from heaven）”还是对经济发展存在“资源诅咒（resource curse）”？对此，经济学界争论不一。

---

* 国家自然科学基金青年项目“人口老龄化下的技术进步方向与要素收入份额”（71503220）；教育部人文社会科学重点研究基地重大项目“集聚经济下的中国地方政府财税行为研究”（15JJD790029）；厦门大学校长基金“要素市场扭曲、偏向性技术进步与要素收入份额”（20720171028）。

** 邓明，厦门大学经济学院副教授，博士生导师，经济学博士；研究方向：公共经济、数量经济。电话：15860721967；E-mail：dengming@xmu.edu.cn；地址：厦门大学经济学院；邮编：361005。张思敏，中国人民大学财政金融学院硕士研究生。

罗森斯坦·罗丹(Rosenstein - Rodan, 1943)、墨菲等(Murphy et al., 1989)、德费兰蒂等(De Feranti et al., 2002)、布鲁奇维尔(Brunnschweiler, 2008)的研究结果都显示自然资源对一国经济增长存在积极作用。但是“二战”后,绝大多数资源丰富的发展中国家或地区并没有因为这些“神赐天粮”飞速发展起来,尤其是经历石油危机前的资源繁荣(resource boom)后,其发展速度显著低于很多缺乏自然资源的国家和地区,例如自然资源丰富的印度尼西亚、委内瑞拉、塞拉利昂、中非、赞比亚等国与资源贫瘠的“亚洲四小龙”、日本、卢森堡、瑞士之间的经济增长就存在巨大差距。因此一些经济学家对资源禀赋与经济发展之间的正相关性提出了质疑,奥蒂(Auty, 1993)在研究产矿国经济发展问题时第一次提出“资源诅咒”这个概念,认为自然资源对经济增长产生了限制作用,萨克斯和华纳(Sachs & Warner, 1995)首次对“资源诅咒”假说进行了开创性的实证检验,他们选取95个发展中国家作为样本,测算了自1970~1989年这些国家的GDP年增长率与以初级产品出口占GDP的比重为代表的资源禀赋之间的关系,结果表明自然资源与经济增长存在显著负相关关系,“资源诅咒”在国家层面上得到验证。此后,萨克斯和华纳(1997, 2001)、吉尔法松等(Gylfason et al., 1999; Gylfason, 2000, 2001)、雷特和魏特曼(Leite & Weidmann, 1999)、萨拉·伊·马丁和萨布拉马尼安(Sala-i - Martin & Subramanian, 2003)等学者的实证研究都支持了“资源诅咒”这一假说在国别上是成立的。帕皮拉克斯和格拉夫(Papyrakis & Gerlagh, 2004; 2006)则利用美国州际截面数据进行实证研究,发现“资源诅咒”在美国的州际层面也成立。国内研究者在近几年也纷纷研究我国区域经济发展中是否存在“资源诅咒”现象,徐康宁和韩剑(2005)、徐康宁和王剑(2006)、胡援成和肖德勇(2007)、邵帅和齐中英(2008)以中国的省际数据为样本进行实证研究,发现“资源诅咒”假说在我国的省际层面同样成立。

既然“资源诅咒”效应被大量文献证实广泛存在于国家以及地区的经济发展过程中,那么,寻找影响“资源诅咒”效应的因素及其传导途径就显得尤为重要。吉尔法松(2001)最早提出了“资源诅咒”传导机制这个概念,他认为丰富的资源可以通过“荷兰病”、寻租、政府决策失误以及忽视人力资源投资这四条传导途径影响经济发展。奥蒂(2001)把“资源诅咒”传导机制分为两类:内生原因和外在原因。内生原因包括结构主义政策、“荷兰病”和出口导向理论。外在原因有两方面:政策失误和无效投资,寻租和政治经济。帕皮拉克斯和格拉夫(2004)对“资源诅咒”传导机制作了实证分析,结果说明了腐败、投资、经济开放度、贸易条件和教育都是“资源诅咒”的传导渠道,而且投资是其中最重要的一条传导途径。此后,不断有学者对此进行补充和完善,主要可以分为经济学传导机制和政治学传导机制两大类，其中经济学传导机制包括收入波动和“荷兰病”，而政治学传导机制包括制度质量和政府决策失误，其中制度质量又包括体制类型、寻租、国内战争等方面。

财税体制是我国重要的制度之一，在我国纷繁错杂的市场化经济体制改革历程中，财政体制改革是贯穿始终的少数几个最重要的变革领域之一；此外，中国是一个地区差异巨大的大国，财政分权存在显著的地区差异。那么，这种制度差异是否会影响“资源诅咒”效应？进一步，如果这种影响是显著的，财政分权“资源诅咒”效应产生影响的途径又是什么？已有文献对该问题无法做出回答。因此，本文从理论上探讨了在“中国式分权”的背景下，财政分权对“资源诅咒”效应的影响及其影响途径，并基于1993～2007年的中国省际面板数据检验了文中所提出的理论假说。本文研究结果表明，中国的财政分权显著地加深了“资源诅咒”效应，究其原因，我们认为，在“中国式分权”的制度背景下，为GDP而竞争的地方政府在能源开发上的投资挤出了人力资本投资，从而抑制了经济增长，因此，人力资本投资是财政分权对“资源诅咒”效应产生影响的中介变量之一；此外，我们发现，作为协调地区经济发展重要手段的转移支付，不但没有弱化分权对“资源诅咒”效应的作用，反而强化了分权对于“资源诅咒”效应的影响。

本文余下内容安排如下：第二部分对相关文献进行梳理并提出理论假说；第三部分介绍实证研究的计量模型以及变量、数据来源；第四部分对实证结果进行分析；最后是本文的结束语。

二、文献回顾与理论假说

20世纪80年代中期以来，新的内生增长理论对于索洛增长理论的“趋同过程”和“赶超假说”提出了质疑，一些经济学家发现自然资源丰裕的国家经济增长速度却令人失望，开始探求其中原因。1993年，奥蒂在研究产矿国经济发展问题时第一次提出了“资源诅咒”这个概念，即丰裕的资源对一些国家的经济增长并不是充分的有利条件，反而是一种限制。在此之后，萨克斯和华纳（1995，1997，2001）连续发表了三篇文章，对“资源诅咒”这一假说进行开创性的实证检验。他们选取95个发展中国家作为样本，测算了1970～1989年这些国家GDP的年增长率，结果发现仅有两个资源丰裕型国家年增长速度超过2%。回归检验表明，自然资源禀赋与经济增长之间有着显著的负相关性，即使将更多的解释变量纳入回归方程，比如制度安排、区域效果、价格波动性等，负相关性依然存在。

国外大多数研究都支持这样一个命题：自然资源如果对其他要素产生挤

出效应，就会间接地对经济增长产生负面影响。吉尔法松（2001）称之为“资源诅咒”的传导机制（transmission mechanisms）。关于资源诅咒的挤出效应，吉尔法松通过梳理前人的文献认为自然资源禀赋会通过四个渠道负面影响经济增长：首先，自然资源富集会通过引起国内货币的流动性过剩，导致“荷兰病”。其次，自然资源富集会滋生破坏性寻租行为，政府通过采取有利于本国生产者的税收保护以及其他特权，扭曲资源配置。再有，自然资源富集也会使人们滋生安全的错觉，诱使政府忽略对有利于经济增长的管理方式和产品的改进。并且，资源富集的国家可能会忽视或者故意忽略发展人力资源的重要性，对教育的关注和支出不足，减缓经济增长的步伐。由于诅咒的发生往往源于几条传导路径同时作用，加上各渠道之间的交叉影响，从而增加了对传导渠道进行准确论述和分析的难度。尽管如此，一些学者从生产要素角度，用资本、劳动力、技术创新、制度等代替完整的传导链条，对各渠道的作用和效果进行了简化分析，丰富了研究的内容，并为政策制定提供了重要的依据。如帕皮拉克斯和格拉夫（2004，2006）通过对代表性传导指标（投资、教育、开放度、腐败、研发）的实证分析，发现投资和教育是最重要的传导途径。资源富足还会通过吸引潜在创新者和企业家去从事初级产品生产而挤出企业家行为和创新行为，企业家的才能在一定程度上被限制而使对创新的挤出效应潜在性地增强（Sachs & Warner，2001；Papyrakis & Gerlagh，2006）。

而关于制度弱化这一传导机制，现有研究认为，一方面，资源与经济增长的关系取决于已有制度，即先存的制度决定了资源丰裕的作用（Moore，2002；Robinson et al.，2005；Mehlum et al.，2006）。另一方面，资源影响制度，改变国家发展路径，即资源丰裕或资源禀赋通过影响制度间接影响增长，例如，阿泰金森和汉密尔顿（Atkinson & Hamilton，2003）、萨拉·伊·马丁和萨布拉马尼安（2003）的研究显示制度弱化效应是“资源诅咒”发生的根源。能源、矿产等自然资源的丰富将会诱发经纪人贪婪的寻租行为而不致力于经济的发展，弱化了一国内部相应制度的质量，进而对该国的经济增长施加负面影响。巴特查里亚和霍德勒（Bhattacharyya & Hodler，2010）的研究表明，在民主制度相对较差的国家，自然资源倾向于诱发腐败，从而拖累经济增长。另外，制度弱化的传导途径亦包括资源收入诱发专政、内战、不平等及产权不完善等。国内学者也对“资源诅咒”在中国的传导机制进行了探讨，张景华（2008）在实证模型中引入了制度因素，使用了非公有经济固定资产投资占全社会固定资产比重指标来表示制度变量，结果辨明不同倾向（强占者或生产者）的制度质量对经济增长的影响显著。徐康宁和王剑（2006）验证了制度质量的提高对区域经济增长明显的促进作用，制度质量的指标越高，自然资源诅咒效应越小。陈仲常等（2012）研究了由于中国的资源诅咒形成的机理中具有中国特有的体制因素而形成的“中国式的资源诅咒”问题，结果表明体制双轨制是导致地区自然资源富集程度与经济发展负相关的重要原因。但是，财政体制这一重要制度是否同样以制度弱化的机制影响“资源诅咒”效应呢？现有研究并未涉及。

事实上，中国30多年来的改革开放不仅是一个市场化的过程，而且也是一个被称之为“中国式分权”的政府间分权的过程。在布兰查德和施莱费尔（Blanchard & Shleifer，2001）看来，“中国式分权”核心内涵是经济分权与垂直的政治治理体制相结合而产生的激励制度。经济分权的积极意义在于向地方政府和企业提供了经济发展的激励，在分散的财政体制下，由于要素流动下的财政竞争增加了政府援助国有企业的机会成本，地方政府不再有激励向经营绩效不佳的国有企业提供援助，结果是所谓“市场维持型联邦主义”的确立（Weingast，1995；McKinnon，1997；Qian & Roland，1998），这一结论得到了基于1982～1992年省级面板数据实证研究的支持（Jin et al.，2005）。但经济上的分权还不足以构成中国式分权的全部内涵，中国的财政分权是在垂直的政治管理体制下演绎出的财政分权。布兰查德和施莱费尔认为，在中国，中央政府有足够的能量来对地方进行奖惩，地方政府官员因而不得不追随中央政府的政策导向。经济分权与垂直的政治治理体制相结合而产生的激励制度，再加上20世纪80年代初期实施的领导干部选拔和晋升标准的重大改革，使得地方政府致力于当地经济发展以获得政治上的晋升，形成围绕GDP增长而进行的“晋升锦标赛”（周黎安，2004）。

在晋升激励机制下，地区政府官员将采取其能力范围内的所有对策来迎合中央政府的晋升激励标准，这种对策可能是有利于区域长期经济可持续发展的，也可能是不利于区域长期经济可持续发展的。刘瑞明和白永秀（2010）将前者称为地方政府的可持续发展努力，将后者称为地方政府的非可持续发展努力。政府经济发展战略的实施在一定的经济成本下实现一定的经济收益。总体来看，可持续发展的净收益高于非可持续发展战略。按照目前的核算体系，经济发展成本难以计量，因此，对于经济发展成本的考核在经济考核指标中的比重较小。而经济发展收益可以利用现有统计指标中的GDP很好地加以度量，因此在考核指标中所占比重较大。这种重收益而轻成本的绩效考核体系构成了政府主导型经济中非可持续发展的重要源泉。因为，在这种考核体系下，区域政府官员并不对地区经济发展成本负有责任，但却间接享有经济发展的收益。这是因为一方面，区域政府官员制定和执行经济发展战略、政策的成本必然附加在某区域内全体人民身上；另一方面，区域政府官员执行经济发展战略、政策的收益却构成了其在晋升博弈中的筹码。而地方政府官员的选择总是从自身利益出发，在这种机制下，非可持续发展战略成为必然。而这种非可持续发展的发展战略成为“资源诅咒”的重要源泉。因为在既定的激励机制下，地方政府有强大的动力对地区资源进行短期掠夺而不考虑由此带来的环境成本和自然资源配置的机会成本。其所图谋的不过是在下一次晋升博弈中顺利胜出，或者在任期间不断地扩展其控制权收益。这种激励体制并不能使其关心自然资源在未来和现在之间的合理配置，也不能保证先进开采技术的积极引进，甚至可能诱使其成为经济进步的障碍，因为技术上的变革可能形成对既定利益集团的损害。而绩效考核的偏向也使其无动力改善那些影响地区长期经济发展的因素，如教育、科技、人力资本培育、制度创新等。由此，我们提出本文的第一个理论假说：

H_1：财政分权加深了“资源诅咒”效应。

此外，从政府竞争的具体内容来看，在“中国式分权”的背景下，中国的公共产品存在严重的结构偏向。地方政府公共支出结构存在“重基本建设、轻人力资本投资和公共服务”的明显扭曲。为了在晋升中取得胜利，地方官员往往会将公共支出投入到更易于取得经济增长和更易于度量的公共物品供给中去，而忽略那些在经济增长中见效较慢和不易度量的公共物品供给，这构成了政府公共物品供给不合理的重要原因。尤其是在资源充裕的地区，将公共产品投向于同资源开发相关的领域能迅速提高本地方的短期经济增长，从而提高地方政府官员的晋升概率，但这样带来的负面影响就是教育、医疗等服务性支出的减少，而这些支出构成了长期经济增长的基石。总的来说，在“中国式分权”背景下，财政分权导致晋升激励在提高了基础设施投资效率的同时却恶化了公共健康服务与基础教育的供给效率，从而挤出人力资本投资。

综上所述，我们可以看到财政分权作为一种特有的制度对“资源诅咒”可能存在的影响，并且可以发现其影响机制在于分权使得资源进一步挤出了人力资本。因此，我们得出如下的第二个理论假说：

H_2：财政分权通过挤出人力资本而加深了“资源诅咒”效应。

三、计量模型、变量和数据说明

我们建立如下面板数据回归模型来检验前文的理论分析结论：

$$y_{it} = \alpha_0 + \alpha_1 nat_{it} + \alpha_2 fd_{it} + \alpha_3 (nat \times fd)_{it} + \beta Z_{it} + \varepsilon_{it} \tag{1}$$

式中，y 表示人均 GDP，本文对人均 GDP 的绝对值取对数，nat 表示资源丰裕度，nat × fd 为资源丰裕度与财政分权度的交叉项，Z 为其他控制变量所组成的向量集，ε 为随机扰动项，下标 i 表征截面单位，下标 t 表征时期。

资源丰裕度和财政分权度是本文最重要的两个解释变量。本文用能源开发强度来衡量地区能源丰裕与否，一般认为，自然能源越丰裕，对能源的开发强度越强。而对于能源开发强度的度量有多种指标：邵帅和齐中英（2007）使用能源工业产值占工业总产值的比重来度量；徐康宁和王剑（2006）则使用采掘业部门的投入水平代表自然资源的总体禀赋状况，包括采掘业资本投入水平及劳动投入水平。本文则采用能源工业固定资产投资占全社会固定资产投资的比重来度量，能源工业也称为燃料动力工业，是指对能源资源进行开发，加工和利用的生产部门，它包括煤炭、石油和电力工业三大部门，因此能源工业的固定资产投资比重可间接反映地区的能源储量，即能源开发强度。

虽然自蒂伯特（Tiebout，1956）首次展开对财政分权的系统研究以来，该领域研究成果已是汗牛充栋，但现有研究对如何度量财政分权却没有得到一致意见。目前使用最多的是如下几类指标：一类指标是奥兹（Oates，1985）首次使用的收支指标，该指标用下级政府的财政收支份额来刻画分权程度，因此又可以分为收入法计算的财政分权和支出法计算的财政分权，达乌迪和邹恒甫（Davoodi & Zou，1998）、谢丹阳等（Xie et al.，1999）、张涛和邹恒甫（Zhang & Zou，1998）、沈坤荣和付文林（2005）、傅勇和张晏（2007）、贾俊雪和郭庆旺（2008）、郭庆旺和贾俊雪（2010）、王文剑（2010）等都沿用了奥兹的指标。第二类指标是从政治学的角度来定义分权程度，政治学上的分权定义要求充分的地方自治（autonomy），但地方自治程度很难用具体的指标度量。埃贝尔和伊尔马兹（Ebel & Yilmaz，2002）用地方政府依靠自有收入为其支出融资的能力来度量财政分权，具体计算方式为地方政府自有收入占本级政府总支出的比重，因此，该指标也称为“财政自给率（self-reliance ratio）”。采用“财政自给率”度量分权程度的文献包括陈硕（2010）、龚锋和卢洪友（2009）等。第三种是采用自有收入的边际增量。伯德（Bird，1986）认为发展中国家财政数据的正确性尚有疑问，数据的覆盖面和可比性存在问题；因此收支法计算的财政分权存在一定的问题；此外，伯德认为要保证地方官员自主财政决策、需要满足一些特定条件，例如地方财源的独立性以及地方自有收入的性质等，因此财政自给率计算的财政分权在理论依据上也有一定的缺陷。伯德认为可以利用自有收入的边际增量来度量财政分权程度，林毅夫和刘志强（Lin & Liu，2000）也采用了这种做法。但是这种做法也存在一定的缺陷：因为在大多数包干类型安排下，以自有收入的边际增量度量的地方政府财政分权指数都为100%。这样，经济条件和财政实力差别显著的各省，如吉林、四川、江苏、广东和宁夏，都有相同的分权指数，因此不能准确度量地方政府在财政分权上的差异（张晏和龚六堂，2005；陈硕和高琳，2012）。本文采用第一种方法来度量财政分权，即以省级预算内财政支出占全国预算内财政总支出的比重来衡量财政分权度，而这一变量在模型中作为影响经济发展水平的经济制度条件。

此外，本文在模型加入了能源开发强度与财政分权度的交叉项，这一变量正是论证本文理论假说的关键所在，通过验证交叉项系数的显著性和符号来检验财政分权度是否作用于能源对经济的“诅咒”，以及这一作用的方向。

我们在控制变量集合 Z 中引入了物质资本投资、人力资本投入、科技创新及经济制度条件等变量。和大多数文献相同，我们选取全社会固定资产总投资占 GDP 比重度量物质资本投资这一变量，记为 inv。对于人力资本投入指标，我们选取平均每千人口高等学校在校生人数这一存量性指标，记为 edu，对于科技创新的度量我们选取研究与开发机构从业人数占总从业人数的比重这一存量性指标，记为 rd。对于经济制度条件的描述，常见的变量有非国有化水平、对外开放度和市场化程度等。根据邵帅和齐中英（2008），对外开放政策在我国近 20 多年来的经济发展中发挥了非常重要的作用，而且对外开放度是“荷兰病”效应的主要考察点之一，因此我们选择对外开放度作为描述经济制度条件的变量。而对外开放程度直接反映在进出口贸易水平上，因此，我们使用人民币表示的进出口贸易总额与 GDP 的比值作为对外开放度的度量指标，进而来表明一个地区的经济制度条件，记为 open。

基于数据的可得性及时间跨度包含我国重要制度和政策这两个原则，我们选取 1993～2007 年共 15 年样本，这一时间段包含了 1994 年分税制改革，1998 年经济体制改革以及 2000 年的西部大开发。由于 2007 年后我国财政支出口径与统计项目发生较大改变，2007 年前后的数据变得不可比，因此我们以 2007 年为样本的终止年度。在截面水平，我们选择中国大陆 31 个省份作为截面单位，由于缺乏重庆 1997 年之前的单独统计数据，因此我们将重庆的数据并入四川。最终，研究的整体面板数据集包含 1993～2007 年 15 年间 30 个截面单位的 450 个样本观察值。数据来源于《中国统计年鉴》《中国固定资产投资统计年鉴》《中国劳动统计年鉴》《中国能源统计年鉴》和各省统计年鉴，及《新中国五十年统计资料汇编》、中经网统计数据库以及 CEIC 中国经济数据库。

由于各省份在截面水平存在经济发展水平，人口规模，地域面积等差异，绝对值指标不适合地区间的横向比较，由于我国经济发展水平自改革开放以来一直处于上升趋势，绝对值指标易使各变量存在趋势，为模型分析带来困扰，使各变量的时间序列不平稳，所以综合上述原因，我们对部分变量运用相对指标，对部分变量取对数值。表 1 和表 2 分别给出了上述变量的描述统计和相关系数矩阵。

表 1　　变量的描述统计

变量	均值	标准差	极小值	极大值
y	8. 8606	0. 7629	6. 9992	11. 0631
nat	0. 1043	0. 0798	0. 0077	0. 4648
fd	0. 0237	0. 0143	0. 0033	0. 0770
inv	0. 4081	0. 1230	0. 2064	0. 8252
edu	7	7	1	36
rd	0. 0019	0. 0038	0. 0003	0. 0281
open	0. 3210	0. 4402	0. 0316	2. 8530
nat × fd	0. 00207	0. 00156	0. 00005	0. 00970

表 2　　变量的相关系数矩阵

	nat	fd	inv	edu	rd	open	nat × fd
nat	1. 0000						
fd	−0. 3537	1. 0000					
inv	−0. 1016	0. 2304	1. 0000				
edu	−0. 3799	0. 1578	0. 3197	1. 0000			
rd	−0. 0605	0. 0365	0. 2126	0. 4136	1. 0000		
open	−0. 3132	0. 4956	0. 1464	0. 5297	0. 5426	1. 0000	
nat × fd	0. 5787	0. 3496	−0. 3923	−0. 2797	−0. 0326	−0. 0901	1. 0000

在此基础上，我们首先不考虑时间序列，对主要变量，即经济发展水平（y），能源开发强度（nat）以及能源开发强度与财政分权度的交叉项变量（nat × fd）算术平均，从截面水平上直观的观察这些变量的相关关系，如图 1 所示。从能源开发强度与经济发展水平的散点图中可以看出两者的负相关水平，我们可以发现位于坐标右下方的省份是资源丰裕而经济落后的西部地区，如青海、新疆、西藏、内蒙古等，而位于左上方的自然是东南沿海省份即北京等经济高度发达的地区。在交叉项与经济发展水平的散点图中，我们同样可以相同的规律，进一步引人注意即财政分权确实与能源开放强度相互作用影响经济发展。

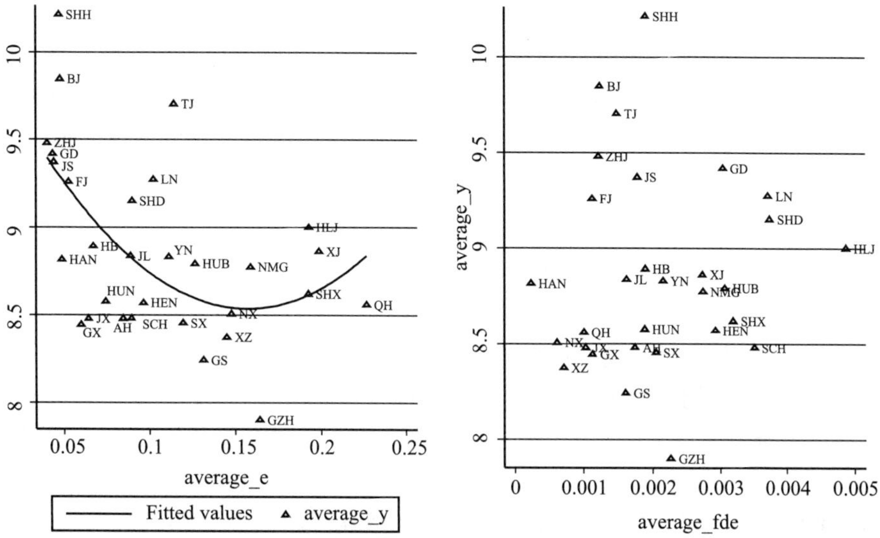

图1　能源开发强度、交叉项与经济发展水平

四、实证分析

在实证分析过程中，本文采用 Hausman 检验来选定模型估计方法，并运用 Modified Wald 检验和 Wooldridge 检验分别对残差是否存在异方差性和自相关性进行检验。对于固定效应模型，我们同时纠正了固定效应模型的异方差和自相关问题；对于随机效应模型，我们采用广义最小二乘法（FGLS）进行估计。

（一）初步回归结果

首先，我们以 1993～2007 年的整体数据集为研究样本，从整体上探究财政分权度对“资源诅咒”效应的影响和作用。具体的回归模型如下：

$$y_{it} = \alpha_0 + \alpha_1 nat_{it} + \alpha_2 fd_{it} + \alpha_3 (nat \times fd)_{it} + \alpha_4 inv_{it} + \alpha_5 edu_{it} + \alpha_6 rd_{it} + \alpha_7 open_{it} + \varepsilon_{it} \qquad (2)$$

在分析中，我们逐渐添加解释变量和向量集所包含的控制变量，探究各个变量尤其是财政分权度这一指标对能源开发强度与经济发展水平关联效应的影响。分析结果见表 3。

首先，我们只估计能源开发强度对经济发展水平的影响，结果见表 3 第一列。能源开发强度变量的系数约为 4.4707，在 1% 显著水平上与经济增长负相关，这一结果与“资源诅咒”假说相符，但据此判断存在“资源诅咒”效应为时尚早，更重要的是探究财政分权度对能源开发与经济发展水平的关系有何种作用。因此在第（2）列中我们加入财政分权度这一变量，财政分权度的系数约为31.88939，在5%的水平上与经济发展水平正相关，说明用一般性预算内支出衡量的财政分权程度的提高促进了经济增长，根据传统财政分权理论，在我国财政分权与政治集权并存的体制下造成了地方政府间的晋升激励，各地区以GDP为目标进行标尺竞争，通过增加基本建设支出，为经济活动创造良好的经济发展环境来吸引外资和劳动力要素流动，从而实现经济增长。再来看能源开发强度变量的系数仍然在1%显著水平上与经济增长负相关，但系数有少许下降，说明财政分权对经济发展水平的效应一定程度上削减了能源开发强度对经济发展水平的负效应。在此基础上，我们加入能源开发强度和财政分权度的交叉项，进一步探究财政分权度对“资源诅咒”效应的影响，结果见表3第（3）列，可以看到能源开发强度系数依旧显著为负，而财政分权度一如既往显著为正，而二者的交叉项的系数在1%的显著水平上为负，说明在能源开发强度对经济增长的负效应中，一部分来自于能源对经济增长的直接效应，另外能源通过财政分权加深了这一负效应。

表3　　初步估计结果

变量	(1)	(2)	(3)	(4)	(5)	(6)	(7)
nat	4.4707 *** (−96.37)	4.81678 *** (−4.62)	2.33679 *** (−3.97)	2.31421 *** (−28.52)	1.49558 *** (−5.29)	1.55471 *** (−5.61)	1.41943 *** (−5.82)
fd		31.88939 ** (2.14)	39.34392 *** (2.97)	20.04237 *** (70.9)	−7.30101 * (−1.61)	−5.70995 (−1.19)	−2.02645 (−0.41)
nat × fd			157.8694 *** (−3.75)	50.05251 *** (−18.53)	10.09635 (0.33)	12.87157 (0.43)	7.81477 (0.26)
inv				1.97298 *** (65.36)	0.74496 *** (2.85)	0.63314 ** (2.25)	0.62490 *** (2.80)
edu					0.08732 *** (7.40)	0.09115 ** (7.44)	0.09431 *** (8.85)
rd						18.4265 (1.42)	19.55455 (1.26)
open							−0.29991 ** (−2.56)
常数项	9.34298 *** (45.53)	8.60780 *** (42.72)	8.49892 *** (52.47)	7.91557 *** (394.4)	8.25278 *** (42.57)	8.198664 *** (39.26)	8.18305 *** (37.87)
模型设定	re	fe	fe	re	fe	fe	fe
R^2		0.3088	0.3407		0.7473	0.7484	0.7550
样本数量	450	450	450	450	450	450	450

注：（1）模型设定中的re表示随机效应模型，fe表示固定效应模型；（2）估计值下方括号中的数值为t统计量，下同；（3）*、**和***分别表示在10%、5%和1%的显著性水平下显著。

接下来，根据内生增长理论，物质资本，人力资本和技术创新都是经济增长的主要因素，其中人力资本和创新更是作为关键因素促进经济增长。因此，我们在回归方程中依次引入这三个变量。第（4）列结果显示，物质资本与经济增长显著正相关，显然符合一般经济理论，而能源开发强度系数绝对值有所下降，说明物质资本对经济增长的正效应一定程度上缓解和遮盖了能源对经济增长的负效应。在第（5）列中，我们在回归方程中加入人力资本这一影响经济增长的重要变量，发现回归结果与之前结果出现很大不同，当然能源开发强度仍旧副作用于经济，而人力资本则显著促进经济增长，但是财政分权度和财政分权度与能源开发强度的交叉项的系数及其显著性发生了明显的变化，系数正负变化，并且对经济增长的影响不再显著，说明财政分权度与人力资本存在高度相关关系，回归中的不完美多重共线性造成了系数正负与显著性的改变。从理论上来说，财政分权程度确实影响着地方政府的公共服务支出，从而影响到这一地区人力资本存量，而在能源开发强度有差异的地区，财政分权对公共服务支出的影响进而对人力资本的影响也存在差异（伍文中，2010），因此有必要探究财政分权程度在能源对经济增长影响的传导机制中的作用做进一步研究。在第（6）列中我们将技术创先这一变量引入回归方程，出现与人力资本相同的效应。

纵观以上整体分析，首先，在回归模型逐步加入变量的过程中，每一回归都得出能源开发强度与经济发展水平显著负相关，因此可以证明 20 世纪 90 年代以来，"资源诅咒"效应在我国省际层面确实存在，一定程度上导致西部地区"富饶而落后"，而东部地区"贫瘠而发达"。其次，财政分权度与能源开发强度交叉项对经济发展水平的显著负效应以及加入人力资本指标后财政分权度与交叉项的截然不同的表现都在提醒我们财政分权度对"资源诅咒"效应有"加深"作用。那么是什么原因导致了财政分权度的这一"加深"作用呢，我们将进一步通过中介效应模型来找出答案。

（二）基于中介效应模型的传导机制分析

根据前文的理论分析，我们认为财政分权可能通过挤出人力资本投资来强化"资源诅咒"效应，因此本文运用中介效应模型来对该结论进行检验。假设所有变量都已经中心化（即均值为零），可以用下列方程来描述变量之间的关系（相应的路径见图 2）：

$$Y = cX + e_1 \tag{3}$$

$$M = aX + e_2 \tag{4}$$

$$Y = c'X + bM + e_3 \tag{5}$$

假设 Y 和 X 的相关显著，意味着回归系数 c 显著（即 H_0：c = 0 的假设被拒绝），在这个前提下考虑中介变量 M。基于传统做法——依次检验回归系数，如果（i）自变量显著影响因变量；（ii）在因果链中任一个变量，当控制了前面的变量（包括自变量）后，显著影响它的后续变量，这两个条件成立，则中介效应显著，这是巴伦和肯尼（Baron & Kenny，1986）定义的（部分）中介过程。上述条件相当于：（i）系数 c 显著（即 H_0：b = 0 的假设被拒绝）；（ii）系数 a 显著（即 H_0：a = 0 的假设被拒绝），且系数 b 显著（即 H_0：c = 0 的假设被拒绝）（见图 2）。

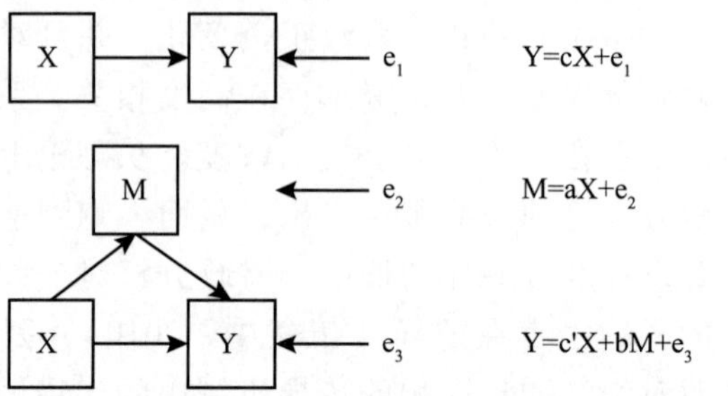

图 2　中介变量示意图

为此，我们建立如下回归方程，通过依次检验回归系数法判定财政分权与能源开发强度对经济增长的中介效应是否存在以及如何作用（温忠麟等，2004）。

$$y_{it} = \alpha_0 + \alpha_1 nat_{it} + \alpha_2 fd_{it} + \alpha_3 (nat \times fd)_{it} + \varepsilon_{it} \tag{6}$$

$$edu_{it} = \beta_0 + \beta_1 nat_{it} + \beta_2 fd_{it} + \beta_3 (nat \times fd)_{it} + \varepsilon_{it} \tag{7}$$

$$y_{it} = \gamma_0 + \gamma_1 nat_{it} + \gamma_2 fd_{it} + \gamma_3 (nat \times fd)_{it} + \gamma_4 edu_{it} + \varepsilon_{it} \tag{8}$$

依次检验回归系数法的步骤及结果如表 4 所示。

表 4　依次检验回归系数法

	步骤一		步骤二		步骤三	
	经济增长（y）		人力资本（edu）		经济增长（y）	
	系数（t 统计量）	P 值	系数（t 统计量）	P 值	系数（t 统计量）	P 值
能源开发强度（nat）	−2.33679*** （−3.97）	0.001	−5.52142* （−1.67）	0.117	−1.827142*** （−5.63）	0.000
财政分权度（fd）	39.34392*** （2.97）	0.010	476.1165*** （3.75）	0.002	−4.603224 （−1.01）	0.328

续表

	步骤一		步骤二		步骤三	
	经济增长（y）		人力资本（edu）		经济增长（y）	
	系数（t统计量）	P值	系数（t统计量）	P值	系数（t统计量）	P值
交叉项（nat × fd）	−157.8694***（−3.75）	0.002	−1 888.8***（−7.88）	0.000	16.47321（0.57）	0.575
人力资本（edu）	—	—	—	—	0.09230***（8.53）	0.000

在依次检验回归系数后，可以推断如果通过依次检验回归系数，则存在中介效应的假设第一类错误率很小，为了使中介效应检验结果更令人信服，接着进行联合检验（原假设是 H_0：a = 0 且 b = 0，即同时检验 a 和 b 的显著性），若通过检验，则说明检验的第二类错误率亦很小。

在表 4 中，首先，能源开发强度与人力资本约在 10% 的显著水平上负相关，而人力资本与经济发展水平在 1% 的显著水平上正相关，表明能源开发强度通过人力资本影响经济增长的中介效应通过依次检验回归系数法的检验，表 5 中，能源开发强度的 Z 统计量的绝对值为 1.63766，大于显著水平为 0.05 的临界值 0.97，因此中介效应亦通过联合效应，至此证明能源开发强度通过人力资本影响经济增长的中介效应确实存在。其次，我们关注财政分权与能源开发强度的交叉项与人力资本在 1% 的显著水平上负相关，在人力资本与经济发展水平显著正相关的前提下，可以说明正是因为财政分权与能源相互作用挤出人力资本，导致财政分权加深了能源的“诅咒”效应，表 5 中交叉项的 Z 统计量的绝对值大于 0.97 也表明这一结论的可靠性。

表 5　　Sobel 检验

变量	Z 统计量
能源开发强度（nat）	−1.63766**
交叉项（nat × fd）	−5.787872**

我们识别出来的能源的经济“诅咒”效应的中介效应和财政分权作用于“诅咒”效应的中介效应可以在现实情况及相关文献中找到证据。

首先，如前文所述，国内外许多文献（邵帅、齐中英，2008；徐康宁、王剑，2006；Gylfason，2001）均证明能源对经济的“诅咒”效应以挤出人力资本为传导途径之一，并给出理论的分析和证明，这里我们不再赘述。

本文的重点在于财政分权对于“资源诅咒”效应的作用以及如何作用。财政分权作为影响经济发展的重要制度条件，许多学者通过研究其与经济发展的关系得出了其影响经济发展的正负效应，即财政分权同时促进与扭曲经济。正如前文所示，中国式分权的特点造就了其特殊的激励机制和政府竞争，政府竞争是指国家内部不同行政区域地方政府之间提供公共物品，吸引资本、技术等等生产要素，而在投资环境、法律制度、政府效率等方面开展的跨区域政府间的竞争。而地方政府间的竞争直接反映在地方政府的财政行为上，即通过财政支出来达到竞争目的——吸引要素流入。要素包括资本，劳动，技术等，这里我们主要论述在政府竞争前提下政府如何通过财政支出竞争吸引外商直接投资和劳动人口流入。

在能源丰裕地区如我国西部地区，能源开发强度相对较高，在财政分权的前提下，政府受到晋升激励而展开竞争。研究表明，影响外商直接投资的因素具有地区差异，在经济高度发展的东部地区，外商直接投资更关注外资的集聚效应，技术承受力，人力资源深度化、市场容量和市场化程度这些指标；然而在西部地区，外商直接投资在乎的是西部地区的资源，尤其是技术含量不高的资源产业，无须过高的人力资本需求，无须西部本地市场的容量，是一种资源掠夺性战略投资（伍文中，2010）。基于此，作为西部地区政府为了投其所好，自然而然地加大基础设施建设支出，为吸引外商，资本积累于能源工业，促进了能源工业的发展，然而能源工业的特点最终却导致人力资本挤出。

另一方面，对于劳动要素流入，东部地区已经完成了依靠基础设施来吸引人才流入的原始阶段，开始步入依靠社会福利吸引资本和人才流入的高级阶段。而广大的中西部地区仍然停留在依赖基础设施硬件来吸引要素流入的“筑巢引凤”阶段。而中西部地区发达的能源工业为这些劳动要素带来大量就业，却没有提升这些劳动人口的素质的企业环境和社会环境。数据表明，我国西部一直以来人口受教育程度普遍偏低，文盲人口比重较高，人才流失和断层情况严重，趋富避穷和“进政退企”现象普遍，绝大部分人力资源依附于第一产业，依附率高达 61.7%，高于全国平均水平 11.7 个百分点。而能源工业的大幅度发展，吸引了更多包括文盲、半文盲在内的低文化水平劳动力进入煤炭采选业等初级产业部门，这虽然从一定程度上缓解了西部低素质劳动力的就业压力，但从另一个角度来看，同时也会降低当地人民接受教育和技能培训的动力，挤出高技术人才，使其流向其他产业部门和更适合其发挥自身价值的地区，从而进一步延缓了西部人力资本积累的步伐，加剧了西部人力资本不足的局面。

人力资本作为经济增长的关键性因素，却在政府的财政支出竞争中被忽视或被基础，因此尽管拥有丰富的能源，却得不偿失，丧失了更为重要的人力资本，因此才会出现资源“诅咒”，也才会出现财政分权对“诅咒”的“推波助澜”。最后，本文给出影响程度的中介效应影响程度大小，如表6所示，由于本文只研究了人力资本这一中介效应变量，并未对其他变量做深入探讨，因此这里只给出结果，我们暂时无法看出中介效应的相对大小，有待后续深入全面的研究。

表6　　　　中介效应

中介变量	中介效应大小
能源开发强度 (nat)	-0.50965
交叉项 (nat×fd)	-174.34247

（三）转移支付弱化了分权对“资源诅咒”的影响吗?

如果说财政分权强化了“资源诅咒”效应是地方政府为GDP而竞争所导致的，那么作为平衡地区经济差距的转移支付是否能弱化分权对“资源诅咒”的影响呢？中国现行的转移支付制度源于1994年的分税制改革，在分税制的改革方案中，事权下放与财权上收是同步进行的，中央政府掌握了全国一半以上的财政收入，却只负担1/4的财政支出责任，也正是这种事权与财权在纵向上的不对称，使得中央政府可以将转移支付与地区经济发展联系起来（范子英，2011）。

当前，中央财政对地方的转移支付包括税收返还及原体制补助、专项转移支付和财力性转移支付三种形式。随着中央财力的不断增强，中央对地方转移支付不断增加，并且这一增加的趋势依旧十分明确。西部大开发政策出台以来，中央逐年加大了对西部地区的转移支付的规模。以2011年为例，中央财政转移支付总额达到4万亿元，对西部均衡性转移支付比2010年同比增加26个百分点，预算内投资达1 415亿元，其中用于公路建设投资达1 299亿元；用于水利建设的预算内投资达326亿元。在基础设施建设方面，国家投资共计2 079亿元。由此我们可以发现，我国西部大开发的转移支付集中于基础设施建设，对于西部来说，激励地方政府进一步进行能源开发，因此我们把各地区中央补助收入比各地区预算内财政收入作为转移支付变量，表示为tp。由于数据来源有限，本文基于1995~2007年省级面板数据建立以下面板模型探究转移支付对“资源诅咒”的影响以及其作用于财政分权对“资源诅咒”影响的效应。

$$y_{it} = \alpha_0 + \alpha_1 nat_{it} + \alpha_2 fd_{it} + \alpha_3 (nat \times fd)_{it} + \alpha_4 (nat \times tp)_{it} + \varepsilon_{it} \tag{9}$$

$$y_{it} = \alpha_0 + \alpha_1 nat_{it} + \alpha_2 fd_{it} + \alpha_3 (nat \times fd)_{it} + \alpha_4 (nat \times fd \times tp)_{it} + \varepsilon_{it} \tag{10}$$

其中，式（6）加入转移支付与能源开发强度的交叉项，以探究转移支付对“资源诅咒”效应的影响，式（7）则探究转移支付对财政分权对“资源诅咒”的影响的作用，结果如表 7 所示。

表 7　　　　转移支付影响的实证结果

变量	(1)	(2)
nat	-1.06373 *** (-10.39)	-1.22595 *** (-13.79)
fd	20.5275 *** (65.18)	19.55311 *** (39.94)
nat × fd	-128.9988 *** (-38.83)	-99.18599 *** (-19.68)
nat × tp	-0.1812446 *** (-11.94)	—
nat × fd × tp	—	-41.27915 *** (-16.12)
常数项	8.89599 *** (339.51)	8.91122 *** (299.61)
模型设定	re	re
样本数量	390	390

基于上述结果，首先，我们发现表 7（1）中的转移支付与能源开发强度的交叉项系数显著为负，可以说明转移支付的基础建设支出偏向进一步加深了“资源诅咒”效应，这一效应类似于财政分权加深“资源诅咒”的作用机制；其次，表 7（2）中 nat × fd × tp 的系数显著为负，我们认为转移支付的增加会使财政分权加深“诅咒”的效应增强。

综上所述，我们发现转移支付在“资源诅咒”中的作用不可忽视。在西部大开发中，我们知道中央主要通过增加财政转移支付来支持西部的开发和建设，现阶段大部分转移支付主要投入于基础设施建设，忽略了对公共服务的加强，这一做法通过直接作用于能源开发或间接作用于财政分权均导致加深“资源诅咒”的结果。

五、结论与政策启示

本文在“资源诅咒”假说的基础上，实证考察了作为制度条件影响因素之一的财政分权如何影响这一假说，并建立中介效应模型进一步对财政分权作用于“资源诅咒”效应的作用机制进行了定量分析。我们的研究结果表明，财政分权度对资源的“诅咒”效应具有加深作用；进一步，我们基于中介效应模型检验了财政分权对“资源诅咒”的作用机制，我们发现在“中国式分权”的制度背景下，分权与资源禀赋相结合会进一步挤出人力资本投资，从而抑制了资源充裕地区的经济增长。如何抑制分权这一制度设计对“资源诅咒”的强化作用？结合本文的研究结论，我们认为应该在以下几个方面有所作为：

第一，推动政府职能改革。应当转变政府职能，促使地方政府由生产型政府向服务型政府转变，减少政府对微观市场的直接干预，减少公共部门控制的社会经济资源，降低公共部门在资源配置中的作用。根据本文的研究结论，财政分权之所以强化了“资源诅咒”效应是因为在 GDP 竞争的激励下，地方政府往往会选择一种“非持续性”的发展方式，对地区资源进行短期掠夺开发，忽略了自然资源配置的机会成本，而且在政府支出上也出现了支出结构偏向生产性公共支出的倾向，忽略了人力资本投资。由于这种“非持续性”的发展方式在很大程度上是由于地方政府官员的短期目标与中央政府的长期目标不一致导致的，由于中央政府现在通过干部的异地交流来带动较落后地区的发展，防止地方力量过强，但其代价是地方官员的任期只有短短几年，只要地方政府干预经济的力量不削弱，地方政府就会始终只追求短期目标，而弱化地方政府干预经济的能力是实现地方政府目标与中央政府目标相一致的重要手段。十八届三中全会审议通过的《中共中央关于全面深化改革若干重大问题的决定》（以下简称《决定》）中也明确指出，“市场决定资源配置是市场经济的一般规律，健全社会主义市场经济体制必须遵循这条规律，着力解决市场体系不完善、政府干预过多和监管不到位问题”。

第二，改进当前的激励机制，“做对激励”。必须改进当前对地方政府政府的绩效评估和考核机制，破除唯 GDP 的政绩观，更多地引入其他目标的权重，如社会发展、环境保护、降低收入差距等等。事实上，中央政府也一直高度重视唯 GDP 政绩观的危害性，《决定》就明确指出，“完善发展成果考核评价体系，纠正单纯以经济增长速度评定政绩的偏向，加大资源消耗、环境损害、生态效益、产能过剩、科技创新、安全生产、新增债务等指标的权重，更加重视劳动就业、居民收入、社会保障、人民健康状况。”当前的问题是，在中央政府和地方政府信息不对称的情况下，如何更坚定和彻底地促使地方政府贯彻执行科学的考核评价体系？我们认为，一方面，要进一步明确各级人大的问责权力，通过规范性文件界定其对同级政府的问责原则、范围和程序，使宪法赋予人大的权力在监督基层政府“治事”过程中切实可行；另一方面，进一步发挥和完善新闻媒体在监督地方政府治理中的作用。在国家主流媒体的基础上，充分利用网络媒体等宣传资源；建立健全基层地方政府对舆论监督的公开回应制度和新闻发言人制度，逐步形成地方政府高效响应新闻舆论监督的长效机制。

第三，在“做对激励”的同时，还要“做对协调”。本文的研究结果表明，转移支付作为协调手段非但未能有效弱化分权对“资源诅咒”效应的强化作用，反而进一步强化了分权对于“资源诅咒”的影响，究其原因，我们认为，这是由于我国当前财政转移支付的资金分配制度导致的。中国的转移支付制度是从1994年分税制改革时设立的“过渡期转移支付”演变而来的，2002年中央政府实施所得税分享改革，并将因分享改革增加的收入用于对落后地区该类转移支付上。与此同时，“过渡期转移支付”更名为一般性转移支付。[①] 虽然这种转移支付的制度目标在于地区间的财力均等化和区域平衡发展，但事实并非如此，虽然当前转移支付的资金分配向财力较弱的省发生了倾斜，但是这一倾斜主要由于北京、上海等6个财力最强省市没有得到转移支付资金带来的，仅就得到转移支付资金的省份而言，转移支付资金与财力水平之间呈现明显的正相关，也就是财力越强的省份，得到转移支付资金人均值也越多，资金的分配反而向财力较强的地区发生了倾斜（贾晓俊和岳希明，2012）。这种转移支付制度与不恰当的约束和考核机制下相结合，进一步强化了分权对“资源诅咒”效应的影响。因此，我们建议应当进一步调整中央对地方财政转移支付的资金分配制度，降低专项转移的份额，减少转移支付中的地方配套程度，同时增加均衡性转移支付比例，充分发挥转移支付协调地区发展的调控作用。

第四，根据人力资本这一“中介变量”所得到的研究发现，我们建议，一方面，加快西部地区能源工业的产业升级，推动人力资本的发展；另一方面，在财税体制与地区实情相适应的基础上，有意识地加大公共服务方面的财政支出力度，为人才产生和成长提供良好的社会环境，从根本上增加人力资本，改变能源丰裕地区的经济发展结构和现状。

参考文献

1. 陈仲常、谢波、丁从明：《体质双轨制视角下的“中国式资源诅咒”

① 2009年一般性转移支付改称为均衡性转移支付。

研究》，载于《科研管理》2012 年第 8 期。

2. 范子英：《中国的财政转移支付制度：目标、效果及遗留问题》，载于《南方经济》2011 年第 6 期。

3. 傅勇、张晏：《中国式分权与财政支出结构偏向：为增长竞争的代价》，载于《管理世界》2007 年第 3 期。

4. 郭庆旺、贾俊雪：《财政分权、政府组织结构与地方政府支出规模》，载于《经济研究》2010 年第 11 期。

5. 胡援成、肖德勇：《经济发展门槛与自然资源诅咒——基于我国省际层面的面板数据实证研究》，载于《管理世界》2007 年第 4 期。

6. 贾俊雪、郭庆旺：《政府间收支责任安排的地区经济增长效应：实证研究》，载于《经济研究》2008 年第 6 期。

7. 贾晓俊、岳希明：《我国均衡性转移支付资金分配机制研究》，载于《经济研究》，2012 年第 1 期。

8. 刘瑞明、白永秀：《晋升激励与经济发展》，载于《南方经济》2010 年第 1 期。

9. 邵帅、齐中英：《西部地区的能源开发与经济增长——基于“资源诅咒”假说的实证分析》，载于《经济研究》2008 年第 4 期。

10. 邵帅、齐中英：《基于“资源诅咒”学说的能源输出型城市 R&D 行为研究》，载于《财经研究》2009 年第 1 期。

11. 沈坤荣、付文林：《中国的财政分权制度与地区经济增长》，载于《管理世界》2005 年第 1 期。

12. 温忠麟、张雷、侯泰杰、刘红云：《中介效应检验程序及其运用》，载于《心理学报》2004 年第 5 期。

13. 伍文中：《政府间财政支出竞争的经济效应研究》，工作论文，2010 年。

14. 徐康宁、韩剑：《中国区域经济的“资源诅咒”效应：地区差距的另一种解释》，载于《经济学家》2005 年第 6 期。

15. 徐康宁、王剑：《自然资源丰裕程度与经济发展水平关系的研究》，载于《经济研究》2006 年第 1 期。

16. 张景华：《自然资源是“福音”还是“诅咒”，基于制度的分析》，载于《上海经济研究》2008 年第 1 期。

17. 张晏、龚六堂：《分税制改革、财政分权与中国经济增长》，载于《经济学（季刊）》2005 年第 1 期。

18. 周黎安：《晋升博弈中政府官员的激励与合作——兼论我国地方保护主义和重复建设问题长期存在的原因》，载于《经济研究》2004 年第 6 期。

19. Auty R. M.，1993，*Sustaining Development in Mineral Economies*：*The Resource Curse Thesis*，London：Routledge，1993.

20. Baron R. M. and Kenny D. A. , 1986, "The Moderator – Mediator Variable Distinction in Social Psychological Research: Conceptual, Strategic, and Statistical Considerations", *Journal of Personality and Social Psychology*, 51, pp. 1173 – 1182.

21. Bhattacharyya S. and Hodler R. , 2010, "Natural Resources, Democracy and Corruption", *European Economic Review*, 54 (4), pp. 608 – 621.

22. Blanchard O. and Shleifer A. , 2001, "Federalism with and without Political Centralization: China versus Russia", *IMF Staff Papers*, 48, pp. 171 – 179.

23. Brunnschweiler C. N. , 2008, "Cursing the Blessings? Natural Resource Abundance, Institutions, and Economic Growth", *World Development*, 36 (3), pp. 399 – 419.

24. Davoodi H. and Zou Heng-fu, 1997, "Fiscal Decentralization and Economic Growth: A Cross – Country Study", *Journal of Urban Economics*, 43 (2), pp. 244 – 257.

25. De Feranti D. , Perry D. G. , Lederman D. and Maloney W. , 2002, "From Natural Resources to the Knowledge Economy" *World Bank Latin American and Caribbean Studies*, The World Bank, Washington, DC.

26. Gylfason T. , 2000, "Resources, Agriculture, and Economic Growth in Transition Economies", *Kyklos*, 53 (4), pp. 545 – 580.

27. Gylfason T. , 2001, "Natural Resources, Education and Economic Development", *European Economic Review*, 45 (4 – 6), pp. 847 – 859.

28. Leite C. and Weidmann J. , 1999, "Does Mother Nature Corrupt? Natural Resources, Corruption and Economic Growth", *IMF Working Paper*, No. 99P85.

29. Lin Justin Yifu and Liu Zhi-qiang, 2000, "Fiscal Decentralization and Economic Growth in China", *Economic Development and Cultural Change*, 49 (1), pp. 1 – 21.

30. McKinnon R. , 1997, "Market – Preserving Fiscal Federalism in the American Monetary Union", In Mairo B. and Ter – Minassian T. (eds.), *Macroeconomics Dimensions of Public Finance*, Routledge.

31. Murphy K. M. , Shleifer A. and Vishny R. W. , 1989, "Industrialization and the Big Push", *Journal of Political Economy*, 97 (5), pp. 1003 – 1026.

32. Oates W. E. , 1985, "Searching for Leviathan: An Empirical Study", *American Economic Review*, 75 (4), pp. 748 – 757.

33. Papyrakis E. and Gerlagh R. , 2004, "The Resource Curse Hypothesis and its Transmission Channels", *Journal of Comparative Economics*, 32 (1), pp.

181 - 193.

34. Papyrakis E. and Gerlagh R. , 2006, “Resource Abundance and Economic Growth in the United States”, *European Economic Review*, 51 (4), pp. 253 - 282.

35. Qian Yingyi, and Roland G. , 1998, “Federalism and the Soft Budget Constraint”, *American Economic Review*, 88 (5), pp. 265 - 284.

36. Robinson J. A, Torvik R and Verdier T. , 2006, “Political Foundations of the Resource Curse”, *Journal of Development Economics*, 79 (2), pp. 447 - 468.

37. Rosenstein - Rodan P. N. , 1943, “Problems of Industrialization of Eastern and South - Eastern Europe”, *Economic Journal*, 53 (210 - 211), pp. 202 - 211.

38. Sachs J. D. and Warner A. , 1995, “Natural Resource Abundance and Economic Growth”, *NBER Working Paper*, No. 5398.

39. Sachs J. D. and Warner A. , 1997, “Fundamental Sources of Long-run Growth”, *American Economic Review*, 87 (2), pp. 184 - 188.

40. Sachs J. D. and Warner A. , 2001, “The Curse of Natural Resources”, *European Economic Review*, 45 (4 - 6), pp. 827 - 838.

41. Sala-i - Martin X. X. and Subramanian A. , 2003, Addressing the Natural Resource Curse: An Illustration from Nigeria”, *NBER Working Paper*, No. 9804.

42. Weingast B. , 1995, “The Economic Role of Political Institutions: Market - Preserving Federalism and Economic Development”, *Journal of Law and Economic Organization*, 1995, 11 (1), pp. 1 - 31.

43. Xie Danyang, Zou Heng-fu and Davoodi H. , 1999, “Fiscal Decentralization and Economic Growth in the United States”, Journal of Urban Economics, 45 (2), pp. 228 - 239.

44. Zhang tao and Zou Heng-fu, 1998, “Fiscal Decentralization, Public Spending and Economic Growth in China”, *Journal of Public Economics*, 67 (2), pp. 221 - 240.

Does Fiscal Decentralization Strengthen the "Resource Curse" Effect?

DENG Ming

(School of Economics, Xiamen University, Fujian Xiamen 361005)

ZHANG Simin

(School of Finance, Renmin University of China, Beijing 100872)

[**Abstract**] Since the "resource curse" has been confirmed that it existed in the economic development of different regions in China, it's of important significance for the regions which are rich in natural resource but fall behind in economics to explore the factors which influence the "resource curse". This paper carries out an econometric analysis on how the institutional variable-fiscal decentralization exerts impact on the "resource curse", and does empirical study based on the model of cross-province panel data over 1993 - 2007. Results reveal that the fiscal decentralization has strengthened the inhibitory effect of resource endowment on economic growth; the reason, we find out, is that in the institutional background of Chinese style decentralization, the investments in energy development local governments who compete for GDP have an crowding-out effect on human capital input so that curb the economic growth. So the human capital investment is one of the mediators of the effect of fiscal decentralization on "resource curse".

[**Key Words**] Fiscal Decentralization Natural Curse Human Capital Intermediary Effect

JEL Classifications: H11 H71 P28

政府竞争视角下环境规制的污染物脱钩效应研究*

张为杰　唐　琤　王　询**

【摘　要】在绿色发展背景下，经济增长与污染物脱钩是我国经济发展方式转变的重要标志。中国的环境规制深受其政治经济结构影响。文章首先探讨了政府环境规制强度影响企业绿色技术创新的微观机制，并在政府竞争视角下分析环境规制影响经济增长与污染物脱钩的作用机制及其路径。在理论分析基础上，本文实证检验环境规制的污染物脱钩效应。研究表明：环境规制类型对污染物脱钩的影响会有所差异，并存在空间效应，一个地区的脱钩状态不仅受本地区环境规制的影响，还会受到邻近地区环境规制及其脱钩状态的影响。

【关键词】**环境规制　污染物脱钩　政府竞争**

中图分类号：**F062.6　F205**　文献标识码：**A**

一、引言与文献综述

在绿色发展背景下，经济增长与污染物脱钩是我国经济发展方式转变的重要标志。长期以来，我国经济增长与环境污染并存。近年来，为了实现节

* 本文为国家自然科学基金青年项目“城镇化进程中‘碳锁定’的形成机理、风险测度与解锁策略研究”（71403041）、教育部人文社科研究基金青年项目“政府直控模式下公众诉求表达对环境治理绩效的动态影响机制研究”（15YJC790146）、2016年中国博士后科学基金面上项目“减排约束下公众环境诉求对政府环境规制的影响机制研究”（2016M591440）。感谢东北财经大学杂志社巴红静编辑以及研究生孔如萍在论文写作过程中的建设性意见。

** 张为杰，东北财经大学经济学院讲师，博士后，硕士生导师；唐琤，东北财经大学经济学院硕士研究生；王询，东北财经大学经济学院教授，博士生导师。地址：辽宁省大连市尖山街217号东北财经大学经济学院（116025），E-mail：zwjjilin@163.com。

能减排目标，弱化经济增长与污染物排放之间的关系，我国各级政府采取了相应的环境规制政策，出台了一系列的法律法规。例如，《中华人民共和国环境保护法》自2015年起施行，该法律对环境污染做出了更加严格的规定，加大了污染处罚力度。2016年，我国正式实施新版《中华人民共和国大气污染防治法》，规定国务院将对各地区改善大气环境质量的目标以及防治重点任务的完成情况进行考核，加强了地方政府在大气环境保护中的责任。除法律法规外，征收排污费、实行污染排放许可制度等环境规制措施也在不断推行。从排污费征收看，2005～2014年我国排污费的征收数额迅速增长，由2005年的123.2亿元增加到2014年的194.8亿元；污染治理投资总额由2005年的2 565.2亿元增长为2014年的9 575.5亿元。由此可见，我国环境规制的强度不断提高，但对污染物脱钩的效果方面如何，仍是理论界比较关注的领域。

经济增长与污染物脱钩与经济增长方式转变密切相关。尽管以往研究对于环境规制影响污染物脱钩的研究较少，但环境规制影响经济增长方式转变的研究并不少见。比如，李斌、彭星、欧阳铭珂（2013）基于我国36个工业行业的面板数据，采用门槛模型研究了环境规制强度与经济发展方式转变之间的关系。环境规制强度在不同的范围内影响经济发展方式转变的效果存在差异。张胜利、俞海山（2015）持有类似的研究，非正式环境规制有效推动了经济增长方式的转变，而不同期的正式环境规制对经济增长方式有不同的影响，滞后一期的正式环境规制促进了经济增长方式的转变，即期和滞后二期的正式环境规制阻碍了增长方式的转变。黄清煌（2016）的研究表明，环境规制可以促使经济增长质量的提升。在环境规制影响污染物脱钩方面，已有文献相对较少。王书斌、徐盈之（2015）研究认为，不同环境规制类型影响雾霾脱钩的路径并不相同。夏勇、钟茂初（2016）基于Tapio脱钩弹性系数法，分析了环境规制影响经济增长与工业二氧化硫脱钩的作用途径。其研究认为，环境规制有利于经济增长与污染物脱钩，且主要是通过促使企业转变生产方式实现的。

上述研究大都忽视了中国政府竞争背景下环境规制的空间效应。在政府竞争下，环境政策制定的具有策略行为（Fredriksson & Millimet，2001）。环境规制的实质是一个公共选择过程，环境规制过程及其效率受所处的政治结构影响（张为杰、郑尚植，2015；张为杰，2017）。在中国制度背景下，地方政府之间的“横向竞争”同样对污染减排具有深远影响（Woods，2006；李胜兰、初善冰、申晨，2014）。作为环境规制政策的执行者，地方政府具有“政治人”与“经济人”双重特质。在地区增长压力下，地方政府特别是欠发达地区的地方政府具有发展经济、忽略环境规制的倾向。对于经济相对发达地区，随着公众环境诉求日益提高，环境考核的“一票否决制”与领导干部生态环境破坏的终身追责制使地方政府对环境治理的重视程度不断加大。然而，各地区的环境规制政策是否或者多大程度上影响区经济增长与污染物排放脱钩？地区间的环境规制和脱钩状态是否存在空间效应？这仍是一个不确定的问题。一方面，不同环境规制类型所对应的减排效果差异性；另一方面，在政府竞争视角下环境规制影响污染物脱钩可能存在空间效应。

基于此，本文在将环境规制分为费用型和投资型环境规制的基础上，通过引入空间矩阵，采用空间杜宾模型检验环境规制对污染物脱钩的空间效应。这更有助于评估我国现行环境规制措施的有效性，进而为优化环境治理体系提供理论依据。

二、理论模型与研究假设的提出

（一）理论模型

本文借鉴并采用克雷夏克（Krysiak，2011）和尤济红、王鹏（2016）的分析框架与理论模型，分析环境规制影响经济增长与污染物脱钩的微观机制。上述理论模型的特点：一是将政府规制政策作为外生变量。在既定的环境规制强度下，生产部门排污越多，其治污成本也越高；二是生产部门的策略是选择绿色技术还是非绿色技术进行生产。现将理论模型简述如下。

1. 生产部门

生产企业从研发部门购买绿色技术和非绿色技术进行生产。假定不同技术的生产成本为 F，但购买价格不同，设为 b_i。企业产出分为期望产出（目标产品）和非期望产出（污染物）。在环境规制压力下，企业须对污染物进行治理，设单位污染物的治理成本为 β，由环境规制强度决定。环境规制强度越大，治污成本越高。绿色技术和非绿色技术所生产单位产品的排污量分别为 λ_g 和 λ_n，且 $\lambda_g < \lambda_n$，g 为绿色技术，n 表示非绿色技术，则两种技术下的治污成本分别为 $\beta\lambda_g q_g$、$\beta\lambda_n q_n$，q_i 表示 i 技术下企业的产出量。两种技术的生产效率分别为 A_g、A_n，在生产成本为 F 时，企业使用两种技术的产出量不同。假设 Q 表示正常产量，因此，企业使用两种生产技术的产出量分别为 A_gQ、A_nQ。

在不同技术时，生产企业的技术购买成本与治污成本不同。在产销平衡与完全竞争假设下，使用技术 i 的收入为 pA_iQ，p 表示产品价格。因此，生产企业采用技术 i 时的利润为：

$$R^P = pA_iQ - \beta\lambda_iA_iQ - b_i - F \tag{1}$$

2. 研发部门

研发部门生产绿色技术和非绿色技术两种产品，出售给生产企业。假设技术的研发成本为 $C_i(E_{i,t})$，$E_{i,t}$ 表示研发努力程度。为便于分析，研发成本可简写为：

$$C_i(E_{i,t}) = \alpha E_{i,t}^2 \quad (2)$$

研发部门面临两步决策：首先决定是否进行绿色技术的研发；然后如何为绿色生产技术定价。首先考虑第二阶段，研发部门将其研发成果以价格 b_i 出售给生产企业。生产企业会考虑技术 i 的排污水平、生产效率，因此，本文假定技术价格取决于生产效率和排污水平，即 $b_{i,t} = \delta A_{i,t} + \phi\lambda_{i,t}$，δ、φ 表示技术 i 的价格与生产效率、排污水平之间的系数，$\delta > 0$，$\phi < 0$。新技术的生产效率取决于周期 t 内的研发努力程度和已有技术的外溢效应，即：

$$A_{i.t} = A_{i.t-1}(1 + E_{i,t})(1 + \varphi) \quad (3)$$

φ 为技术外溢系数。

那么，技术 i 的售价表示为：

$$b_i = \delta A_{i,t-1}(1 + E_{i.t})(1 + \varphi) + \phi\lambda_{i,t} \quad (4)$$

得到研发部门的利润：

$$R^{RD} = [\delta A_{i,t-1}(1 + E_{i,t})(1 + \varphi) + \phi\lambda_{i,t}]d_i(b_i, A_i, \lambda_i) - \alpha E_{i,t}^2 \quad (5)$$

上式中，$d_i(b_i, A_i, \lambda_i)$ 表示生产企业对技术 i 的需求量。

基于上述两部门的分析，在环境规制压力下，生产企业决定采用何种类型生产技术实现自身利润的最大化。当生产企业使用绿色技术所获利润减去使用非绿色技术所获利润大于零时，生产企业会选择绿色技术，即：

$$\beta > \frac{\left(p - \frac{\delta}{Q}\right)(A_n - A_g) - \frac{\phi}{Q}(\lambda_n - \lambda_g)}{A_n\lambda_n - A_g\lambda_g} \quad (6)$$

由此可见，环境规制强度是生产企业决定是否选择绿色技术的重要因素。若生产企业倾向于采用绿色技术生产，则会增加对研发部门绿色技术需求，则研发部门研发激励增强，并生产更多满足市场需求的绿色技术。因此，在较高环境规制强度下，更多绿色生产技术的采用在一定程度有助于促进经济增长与污染物脱钩，实现绿色发展。

（二）研究假设的提出

上述克雷夏克（2011）和尤济红、王鹏（2016）的两部门模型表明，环境规制的趋紧会使研发部门的资本、人力等要素由非绿色技术向绿色生产进行转移。这从理论上进一步表明，环境规制可以通过诱导 R&D 投入激励企业进行绿色技术创新。环境规制在很大程度上成为影响污染物脱钩的关键性因素。这与袁等（Yuan et al.，2017）的观点相类似，环境规制提高能够增强产业技术进步及其生态效率。

以上两部门模型的观点总体上符合环境规制具有“倒逼”减排效应的分析结论。环境规制倒逼减排效应观点认为，一方面政府加大环境规制强度，提高了企业的生产成本，限制了污染行业的利润水平，抑制了污染物的排放。另一方面，环境规制也会倒逼企业采用绿色生产技术、转变生产方式，以及对企业内部结构进行治理以减少甚至消除环境规制强度提高所带来的不利影响。先进技术的使用、生产方式的转变、企业内部结构的治理能够促使企业提高资源利用效率，减少污染物的排放。

然而，以上理论模型在分析中国环境规制问题时仍然有一定的不足。一是对环境规制的发生作用的途径未具体细化；二是对不同环境规制类型产生的效果未进行区分；三是对中国制度背景下政府间环境规制策略所产生的空间效应未予以考虑。基于此，本文将基于环境规制的直接影响、间接影响及其空间效应提出五个研究假设：

1. 直接影响

从环境规制对污染物脱钩的直接影响看，实施环境规制一方面由于“倒逼”减排效应可能抑制了污染物的排放，另一方面由于绿色悖论效应也有可能增加了污染物排放。但根据中国实际情况看，环境规制的绿色悖论效应并不明显，减排效应处于主导。因此，环境规制对污染减排的直接影响是正向的。与此同时，环境规制强度的增加促使污染物密集型产业在地区之间进行转移。基于成本考虑，污染企业从环境规制强度较高的地区转移到较低的地区。这种地区间的产业转移最终形成了环境规制强度高的地区以绿色环保型产业为主，环境规制强度低的地区以污染密集型产业为主。

研究假设 1：经济型环境规制强度的提高有利于促使经济增长与污染物排放脱钩。

2. 间接影响

（1）环境规制通过技术创新路径影响污染物脱钩。环境规制对技术创新既有抵消效应，又有补偿效应。一方面，环境规制强度的提高会增加企业的生产成本，挤占了一部分企业资金。企业会将有限的资金投入到生产中，降低研发投入。由此，环境规制对技术创新产生了抵消效应。另一方面，为了减少环境规制带来的成本，企业会通过绿色技术创新减少污染物的排放，先进技术带来的经济效益将远远超过环境规制的成本，提高了企业技术创新的动力，表现为环境规制对技术创新的补偿效应。（2）环境规制通过产业结构路径影响污染物脱钩。对于一些污染密集型产业，环境规制强度的提高会大大增加企业的生产成本，这类企业的污染物排放量并不会因为技术创新等因素而大幅度下降。为避免高额的排污费和污染治理投资，一些企业的竞争力下降，会退出污染产业的生产转而投入第三产业，这会降低地区污染水平。

研究假设2：费用型环境规制通过技术创新未实现经济增长与污染物排放脱钩。

研究假设3：投资型环境规制通过技术创新推动了经济增长与污染物排放脱钩。

研究假设4：费用型环境规制与投资型环境规制都能够通过产业结构路径促进经济增长与污染物排放脱钩。

3. 空间效应

在中国制度背景下，地方政府作为环境规制政策执行者具有“政治人”与“经济人”双重特质，对环境偏好取决于既定制度结构下的激励模式，存在着动态性。在GDP考核逻辑下，地方政府具有发展经济、忽略环境规制的倾向。随着经济发展水平的提高及其环境诉求的日趋强烈，中央政府对地方政府的考核不再以“唯GDP论英雄”。环境考核的“一票否决制”与领导干部生态环境破坏的终身追责制使地方政府对生态环境的重视程度在不断加大。因此，地方政府的环境规制政策可能因考核权重的变化而变化。与此同时，环境规制政策的策略性互动会导致规制政策非完全执行。从政策实施与执行视角看，地方政府规制政策的策略互动影响地区环境政策的实施，进而影响环境规制效果。

由于地方政府的竞争，出于政绩考核的目的以及实现地区经济增长与环境质量双赢的意图，地方政府在环境规制强度会进行竞争，政府间的策略互动对地区的脱钩状态也会产生影响。然而，地方政府环境规制强度受何种因素影响，克雷夏克（2011）和尤济红、王鹏（2016）的理论模型并对此进行探讨。在多任务—委托代理情境下，地方政府在环境规制与增长任务间存在着策略选择、政策与行为扭曲（彭小静、邓明，2014）。事实上，中国的环境规制深受其所处的政治经济结构影响。

研究假设5：在政府竞争情境下，污染物脱钩存在空间效应，一个地区的脱钩状态不仅受本地区环境规制的影响，还会受到邻近地区环境规制强度和脱钩状态的影响（见图1）。

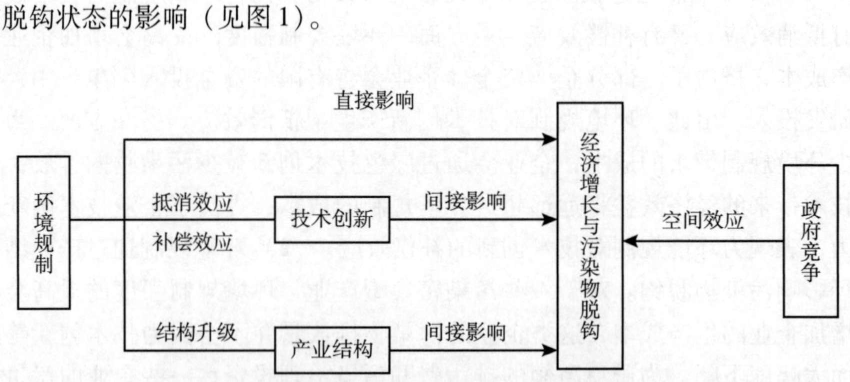

图1　政府竞争视角下环境规制影响污染物脱钩的作用机理

三、环境规制影响经济增长与污染物脱钩效应的实证分析

（一）指标与变量选取

1. 被解释变量

表示脱钩程度的指标主要有 OECD 脱钩指数和 Tapio 脱钩弹性系数。由于 OECD 脱钩指数需要对基期进行选择，因此可能会出现由于基期选择不同导致结果不同的现象。为此，本文采用 Tapio 脱钩弹性系数来表示脱钩关系，计算公式如下：

$$\varepsilon = \frac{\frac{E_{t+1} - E_t}{E_t}}{\frac{Y_{t+1} - Y_t}{Y_t}} = \frac{\frac{\Delta E}{E}}{\frac{\Delta Y}{Y}} \tag{7}$$

其中，ε 为脱钩弹性系数，E 为污染物排放量，Y 为地区生产总值，t+1 为当期，t 为前一期，ΔE 为当期的污染物排放量相对前一期的变化值，ΔY 为当期的地区生产总值相对前一期的变化值。根据脱钩弹性系数 ε、污染物排放变化值 ΔE 和经济增长变化值 ΔY 的大小来判断经济增长与污染物排放的脱钩状态。在此列出由上式计算出的各省（市、自治区）历年脱钩指数及年均脱钩指数，如表 1 所示。

表 1　各地区经济增长与污染物脱钩指数测算：2005～2014 年

省份	2005 年	2009 年	2012 年	2013 年	2014 年	年均
北京	-0.043	-2.077	-0.533	-0.942	-1.280	-0.888
天津	1.123	-0.116	-0.199	-0.274	-0.351	-0.057
河北	0.350	-0.978	-0.522	-0.514	-1.135	-0.234
山西	0.529	-0.668	-0.686	-0.400	-0.767	-0.232
内蒙古	0.987	-0.096	-0.152	-0.210	-0.436	0.004
辽宁	3.468	-0.622	-0.628	-0.344	-0.545	0.166
吉林	2.842	-0.329	-0.196	-0.658	-0.371	0.232
黑龙江	3.120	-0.154	-0.145	-0.613	-0.614	0.197
上海	0.722	-1.073	-0.664	-0.704	-1.833	-1.015

续表

省份	2005 年	2009 年	2012 年	2013 年	2014 年	年均
江苏	0.740	-0.569	-0.579	-0.528	-0.451	-0.271
浙江	0.441	-0.696	-0.687	-0.631	-0.428	-0.364
安徽	1.503	-0.216	-0.154	-0.338	-0.182	0.028
福建	3.570	-0.286	-0.402	-0.251	-0.141	0.152
江西	1.415	-0.463	-0.256	-0.174	-0.431	0.027
山东	0.663	-0.595	-0.441	-0.619	-0.382	-0.105
河南	2.069	-0.591	-0.680	-0.191	-0.502	-0.066
湖北	0.311	-0.394	-0.578	-0.366	-0.269	-0.136
湖南	0.432	-0.511	-0.526	-0.056	-0.290	-0.250
广东	0.900	-0.536	-0.702	-0.549	-0.537	-0.458
广西	0.647	-0.392	-0.288	-0.625	-0.135	-0.475
海南	-0.414	-1.365	0.526	-0.510	0.054	0.243
重庆	0.452	-0.369	-0.279	-0.246	-0.347	-0.246
四川	0.220	-0.237	-0.332	-0.552	-0.292	-0.330
贵州	0.257	-0.895	-0.422	-0.420	-0.569	-0.271
云南	1.034	-0.560	-0.212	-0.112	-0.492	0.264
陕西	0.928	-0.251	-0.620	-0.405	-0.322	-0.020
甘肃	1.383	-0.402	-0.656	-0.170	0.274	0.171
青海	5.726	0.060	-0.143	0.171	-0.168	0.734
宁夏	1.534	-0.467	-0.080	-0.425	-0.406	0.258
新疆	0.725	0.079	0.362	0.380	0.284	0.537

注：Tapio 脱钩弹性系数越小代表经济增长与污染物排放越处于脱钩的状态。

从表 1 可知，我国各地区经济增长与污染物排放量的相关程度在总体上有所下降。这说明各地区的经济增长与环境污染的关联性趋于弱化，已经实现了经济增长与污染物的脱钩。

2. 核心解释变量

环境规制强度是本文的核心解释变量。已有研究逐渐认可，不同的环境规制类型存在着减排效果的差异性。环境规制类型的划分方面，彭海珍、任荣明（2003）基于政府行为的角度将环境规制分为命令—控制、经济激励、商业—政府合作三类。赵玉民、朱方明（2009）将环境规制分为显性环境规制和隐性环境规制。显性环境规制包括命令—控制型、激励性、自愿性三种类型，隐性环境规制可以从环保意识和 ENGO 两方面来测度。Böcher（2012）

将环境规制分为四种类型：信息型（劝导型）、合作型、管制型以及经济型环境规制。原毅军、刘柳（2013）提出将经济型环境规制分为费用型环境规制和投资型环境规制两类，费用型环境规制用排污费来测度，投资型环境规制用污染治理投资总额来测度。韩超（2014）则将环境规制划分为环境污染监管、环境行政监管、环境经济规制等三种类型。

由于经济型环境规制能够产生持续的效果，在此参考原毅军、刘柳（2013）的观点，将经济型环境规制分为费用型和投资型环境规制。费用型环境规制（fee）以各地区征收的排污费数额来衡量。排污费并非企业自愿缴纳，而是由政府针对污染物排放强制征收的税费，这反映了企业产生环境污染的经济成本。因此，利用排污费来衡量费用型环境规制强度。投资型环境规制（inv）以各地区环境污染治理投资总额来衡量。环境污染治理投资总额包括城市环境基础设施建设投资、工业污染源治理投资、建设项目“三同时”环保投资三部分。它反映了各地区自愿在环境污染治理上的投资情况，因此可以用环境污染治理投资总额来衡量投资型环境规制强度。

3. 中间变量

目前，学术界衡量技术创新的指标主要有各地区的专利申请数、专利授权数、研发人员数量、R&D 支出等。由于各个地区研发支出量在一定程度上反映了该地区的技术创新能力，本文采用各地区 R&D 经费支出来衡量技术创新指标。各产业的污染物排放量有所不同，第二产业尤其是重工业的污染物排放量远超于第一产业和第三产业。本文用各省份第二产业增加值占 GDP 的比重来表示当地的产业结构状况。

4. 重要的控制变量

经济发展水平影响污染物脱钩的程度。本文采用地区人均 GDP 来衡量经济发展水平。公众受教育程度越高，对环境质量的要求也更高。因此，各省的受教育程度通过公式 $edu_{it} = p_{i1} \times 6 + p_{i2} \times 9 + p_{i3} \times 12 + p_{i4} \times 16$ 计算而得，其中 p_{i1}、p_{i2}、p_{i3}、p_{i4}分别表示第 i 省受教育程度为小学、初中、高中、大专及以上水平的人数占该省总数的比重，6、9、12、16 为相应的受教育程度的权重。

（二）模型设定

根据波特假说，环境规制对污染物脱钩既能产生直接影响，又能通过技术创新、产业结构升级等路径产生间接影响。

经济型环境规制对污染物脱钩的直接影响。被解释变量为污染物脱钩指数，核心解释变量为投资型环境规制、费用型环境规制，控制变量为经济发展水平、受教育程度、对外开放程度、政府干预程度。为减少异方差所产生的问题，本文对投资型环境规制、费用型环境规制、技术创新、经济发展水平、受教育程度等变量进行对数化处理。模型设定如下：

$$D_{it} = \alpha_0 + \alpha_1 lnfee_{it} + \alpha_2 lninv_{it} + \sum_m \delta_m X_{it} + \varepsilon_{it} \quad (8)$$

式（8）中，i 表示省份，t 表示年度，ε 是随机干扰项，lnfee 为费用型环境规制，lninv 为投资型环境规制，X 为控制变量。

环境规制通过技术创新和产业结构对污染物脱钩的间接影响。基于此，模型引入两种经济型环境规制与技术创新、产业结构变量的交互项，模型如下：

$$\begin{aligned} D_{it} = &\alpha_0 + \alpha_1 lnfee_{it} + \alpha_2 lninv_{it} + \beta_1 lnfee \cdot lnrd_{it} + \beta_2 lnfee \cdot sec_{it} \\ &+ \beta_3 lninv \cdot lnrd_{it} + \beta_4 lninv \cdot sec_{it} + \sum_m \delta_m X_{it} + \varepsilon_{it} \end{aligned} \quad (9)$$

式（9）中，i 表示省份，t 表示年度，ε 是随机干扰项。解释变量 lnfee · lnrd、lnfee · sec 分别表示费用型环境规制与技术创新、产业结构的交互项，lninv · lnrd、lninv · sec 分别表示投资型环境规制与技术创新、产业结构的交互项。模型中变量的具体定义及说明如表 2 所示。

表 2　　变量说明

变量类型	变量名称	变量符号	变量定义
被解释变量	污染物脱钩	D	经济增长与污染物脱钩的程度，经过 Tapio 脱钩弹性系数法计算而得
核心解释变量	费用型环境规制	lnfee	排污费的自然对数
	投资型环境规制	lninv	污染治理投资总额的自然对数
中间变量	费用型环境规制与技术创新的交互项	lnfee · lnrd	排污费的自然对数与 R&D 支出的自然对数的乘积
	费用型环境规制与产业结构的交互项	lnfee · sec	排污费的自然对数与第二产业增加值占 GDP 的比重的乘积
	投资型环境规制与技术创新的交互项	lninv · lnrd	污染治理投资总额的自然对数与 R&D 支出的自然对数的乘积
	投资型环境规制与产业结构的交互项	lninv · sec	污染治理投资总额的自然对数与第二产业增加值占 GDP 的比重的乘积
控制变量	经济发展水平	lnpgdp	地区人均生产总值的自然对数
	受教育程度	lnedu	各地区受教育程度的自然对数
	对外开放程度	open	进出口总额占 GDP 的比重
	政府干预程度	gov	地方财政支出占 GDP 的比重

注：数据主要来源于以下途径：各省（市、自治区）的 GDP、排污费、R&D 支出来源于《中国统计年鉴》；环境污染治理投资总额、SO_2 排放量来源于《中国环境统计年鉴》；第二产业增加值、人均 GDP、进出口总额来源于中经网数据库；各地区的受教育程度根据《中国人口和就业统计年鉴》中的数据计算整理而得；财政支出来源于《中国财政年鉴》。

（三）实证结果分析

由模型Ⅰ～Ⅳ的回归结果可知，通过逐步加入控制变量的方法，关键解释变量的系数大小以及方向均未发生较大的变化，这说明关键解释变量对污染物脱钩的影响相当稳定。模型Ⅰ中除了核心解释变量和中间变量外，还将经济发展水平（lnpgdp）作为控制变量加入到模型；模型Ⅱ在模型Ⅰ的基础增加了受教育程度（lnedu）变量；模型Ⅲ在模型Ⅱ的基础上加入了政府干预程度（gov）变量；模型Ⅳ在模型Ⅲ的基础上引入了对外开放程度（open）变量。回归结果如表3所示。

表3　环境规制与污染物脱钩效应的回归结果

被解释变量（D）	模型Ⅰ	模型Ⅱ	模型Ⅲ	模型Ⅳ
lnfee	-3.058** (-2.05)	-3.281** (-2.28)	-3.595** (-2.47)	-3.213** (-2.15)
lninv	2.044* (1.90)	2.109** (2.04)	2.466** (2.32)	2.095* (1.89)
lnfee · lnrd	0.183** (2.11)	0.199** (2.37)	0.215** (2.54)	0.194** (2.26)
lnfee · sec	0.299 (0.28)	0.563 (0.84)	0.864 (0.82)	0.619 (0.58)
lninv · lnrd	-0.105* (-1.70)	-0.109* (-1.83)	-0.124** (-2.06)	-0.102 (-1.60)
lninv · sec	-0.266 (-0.32)	-0.486 (-0.61)	-0.727 (-0.89)	-0.589 (-0.71)
lnpgdp	-2.347*** (-4.18)	-3.786*** (-6.03)	-3.639*** (-5.73)	-3.701*** (-5.81)
lnedu		6.261*** (4.55)	6.861*** (4.77)	6.700*** (4.64)
gov			-2.732 (-1.41)	-2.709 (-1.40)
open				0.706 (1.17)
_cons	21.061*** (3.91)	21.632*** (4.16)	18.447*** (3.26)	19.232*** (3.38)

注：***、**、*分别表示在显著性水平1%、5%、10%，括号内数值为各系数所对应的t值。

（1）费用型环境规制（lnfee）变量的系数为负，且在四个模型中均通过了置信水平为5%的显著性检验。这表明随着费用型环境规制强度的增加，经济增长与污染物排放的Tapio脱钩弹性系数有所减小。费用型环境规制的系数约为－3.2，也就是说费用型环境规制强度每提高1个单位，经济增长与环境污染的关联度就降低3.2个单位，表明二者越处于脱钩状态。排污费的征收提高了企业的污染成本，工业企业为减少污染成本具有两种选择：一方面，企业可以通过各种手段控制污染物的排放量；另一方面，由于各地区费用型环境规制强度有所不同，企业可以通过转移到费用型环境规制弱的地区来减少排污费的支出。因此，费用型环境规制强度高的地方，污染物排放量较少，企业偏向于生产绿色环保产品来适应市场的绿色消费需求。经济增长进程中污染物排放减少，从而实现地区污染物排放脱钩。费用型环境规制较弱的地区，工业企业较多，污染物排放量大，抑制了地区污染物排放脱钩。

（2）投资型环境规制（lninv）变量的系数为正，在模型Ⅱ和模型Ⅲ中通过了置信水平为5%的显著性检验，在模型Ⅰ和模型Ⅳ中通过了置信水平为10%的显著性检验。投资型环境规制的增强代表着污染治理投资总额的增加，污染治理投资总额挤占了大部分资金，影响了地方经济的增长。各地区对污染治理投资的使用可能存在效率低下问题，而且污染物排放量在短期内并不会因为污染治理投资总额的增加而减少，而是需要一个较长的转化过程。因此，目前我国投资型环境规制在当期既无经济促进效应也无污染控制效应，促使经济增长与污染物脱钩的效果并不明显。

（3）费用型环境规制与技术创新的交互项（lnfee · lnrd）的系数为正，在四个模型中均通过了置信水平为5%的显著性检验。费用型环境规制与技术创新的交互项每提高1个单位，Tapio脱钩弹性系数提高约0.9个单位。在直接影响中，费用型环境规制对污染物脱钩效应具有促进作用，通过技术创新路径反而抑制了污染物脱钩。这可能在于环境规制对技术创新既具有补偿效应又具有抵消效应。理论上表明，费用型环境规制的实施会提高企业生产成本，进而成为企业增加研发投入的推动力。但现实情况并非如此。技术研发对中小企业来说需要进行大量的资金投入，而排污费的征收已经占用了部分企业资金。企业基于成本考虑可能会因此减少研发支出。因此，目前我国费用型环境规制对技术创新的抵消效应大于补偿效应。这导致费用型环境规制对技术创新产生了负向影响，不利于促进污染物脱钩。

（4）投资型环境规制与技术创新的交互项（lnfee · lnrd）的系数为负。在模型Ⅲ中，投资型环境规制与技术创新的交互项每提高1个单位，经济增长与污染物排放的关联性随之下降约0.12个单位。这表明投资型环境规制能够通过作用于技术创新手段加速污染物脱钩，但影响较小。环境污染治理投资总额中有较大一部分来源于政府，企业投入仅占一部分，投资型环境规制对技术创新的挤出效应较小。除此之外，在治理污染时，部分资金会用来引进先进技术，促进了技术创新。总的来说，投资型环境规制引发的技术创新降低了企业的污染物排放，提高了企业生产率，促进了经济增长。

（5）费用型环境规制与产业结构的交互项（lnfee · sec）、投资型环境规制与产业结构的交互项（lninv · sec）两个变量在四个模型中均未通过显著性检验。从产业结构的角度看，长期以来，我国第二产业增加值占 GDP 比重占比相对较高，对 GDP 的贡献也相对较大。然而，第二产业也会带来严重的环境污染。可能由于目前无法比较经济增长率与污染物排放增长率的大小，产业结构对污染物脱钩的影响尚不明确。因此，两种经济型环境规制通过技术创新对污染物脱钩的作用大小及方向仍需要进一步分析。

四、政府竞争视角下环境规制影响经济增长与污染物脱钩的空间效应

某个地区的污染物脱钩状态也会受到邻近地区环境规制强度和脱钩状态的影响。若仅关注本地区域内各因素的影响而忽略邻近地区的影响，则会对回归结果造成一定的偏差。因此，本部分引入空间矩阵，从各地区经济型环境规制互动策略的角度出发，利用空间计量模型对我国经济型环境规制与污染物脱钩的空间相关性进行深入探讨。

（一）空间计量模型的建立

由“地理第一定律”可知，各地区的经济与环境状况与其他地区相关，并且距离越近的地区关联性越强，地区之间存在空间效应。空间计量分析的第一步是建立空间权重矩阵，利用空间权重矩阵将外部空间影响具体化。假设存在 N 个地区，其中地区 i 和地区 j 之间的权重用 w_{ij} 来表示，即可构造出一个 N · N 阶的“空间权重矩阵 W”。空间权重矩阵主要有两种：二进制的邻近空间权重矩阵和基于距离的空间权重矩阵。

1. 二进制的邻近空间权重矩阵

如果两个地区 i 和 j 之间有共同的边界，则空间权重 $w_{ij}=1$，反之则为 0，即：

$$w_{ij}=\begin{cases}=1, & \text{地区 i 和地区 j 之间有共同边界}\\ =0, & \text{地区 i 和地区 j 之间无共同边界}\end{cases} \tag{10}$$

在实证分析中，一般会对空间权重矩阵进行标准化处理，以确保矩阵的每行元素之和等于1，根据公式 $\tilde{w}_{ij}=\frac{w_{ij}}{\sum_j w_{ij}}$，即可计算出标准化后的权重

矩阵 $\tilde{W}$：

$$\tilde{W}=\begin{pmatrix}\tilde{w}_{11} & \cdots & \tilde{w}_{1n}\\ \vdots & \ddots & \vdots\\ \tilde{w}_{n1} & \cdots & \tilde{w}_{nn}\end{pmatrix} \tag{11}$$

2. 基于距离的空间权重矩阵

假设两个地区 i 和 j 之间的距离为 d_{ij}，若距离 d_{ij} 小于事先给定的标准距离 d，则权重 $w_{ij}=1$，反之则为 0，即：

$$w_{ij}=\begin{cases}=1,\ d_{ij}<d\\ =0,\ d_{ij}\geqslant d\end{cases} \tag{12}$$

本文参照龙小宁、朱艳丽（2014）的处理方法，使用标准化之后的邻近空间权重矩阵。根据 30 个省（区、市）的地理位置，运用边界是否相邻的原则，构建出一个 30×30 的空间权重矩阵，并将其标准化。

文献中大多数采用莫兰指数（Moran's I）来检验地区之间是否存在空间自相关。假设存在 n 个地区，地区 i 的某一变量观测值为 x_i，w_{ij} 为地区 i 和地区 j 的空间权重，为考察各地区该变量之间是否存在空间依赖性，需通过莫兰指数来判断。

若对空间权重矩阵 W 进行了标准化处理，莫兰指数则表示为：

$$I=\frac{\sum_{i=1}^{n}\sum_{j=1}^{n}w_{ij}(x_i-\bar{x})(x_j-\bar{x})}{\sum_{i=1}^{n}(x_i-\bar{x})^2} \tag{13}$$

莫兰指数的取值范围为［-1，1］，在（0，1］范围内表示空间正相关，即高值与高值集聚、低值与低值集聚；在［-1，0）范围内表示空间负相关，即高值与低值集聚；越接近 0 表示空间依赖性越小。本文通过莫兰指数对两种经济型环境规制以及污染物脱钩状态进行空间自相关检验，结果发现三个变量均存在空间自相关。各变量的莫兰指数如表 4 所示。由表 4 结果可知，污染物脱钩指数、费用型环境规制、投资型环境规制均通过了置信水平为 5% 的显著性检验，且莫兰指数大于 0，表明各地区费用型环境规制、投资型环境规制、污染物脱钩存在空间正相关。

表 4　环境规制及脱钩状态的莫兰指数

变量	I	E（I）	sd（I）	z	p-value
污染物脱钩状态	0.234	-0.034	0.120	2.226	0.013
费用型环境规制	0.209	-0.034	0.109	2.235	0.025
投资型环境规制	0.265	-0.034	0.108	2.772	0.006

从各地区经济型环境规制互动策略的角度出发，考察一个地区的经济增长与污染物脱钩状态，这必然要求模型中必须包括环境规制强度的空间滞后项。这表示一个地区的被解释变量不仅受到本地区解释变量的影响，还受到其他地区解释变量的影响。因此，空间杜宾模型（SDM）适用于本文的研究。模型设定如下：

$$yD_{it} = \gamma_0 + \lambda \sum_{j=1}^{n} w_{ij} D_{jt} + \rho \sum_{j=1}^{n} w_{ij} X_{jt} + \sum_{m} \delta_m X_{it} + \varepsilon_{it} \tag{14}$$

其中 i 表示省份，t 表示年度，ε 是随机干扰项，X 为解释变量。w_{ij}是省份 i 和省份 j 之间的空间权重，i 不等于 j。$\sum_{j=1}^{n} w_{ij} D_{jt}$ 表示 t 年度 i 省份脱钩状态的空间滞后项，$\sum_{j=1}^{n} w_{ij} X_{jt}$ 表示 t 年度 i 省各解释变量的空间滞后项。

（二）实证结果分析

运用空间杜宾模型进行回归分析时，一般采用最大似然估计法。面板数据在进行回归分析之前，需要通过 Hausman 检验来确定应采用固定效应模型还是随机效应模型。对式（14）进行 Hausman 检验，由具体的检验结果可知 $Prob > chi2 = 0.0000$，故强烈拒绝了“随机误差项与解释变量不相关”的原假设，应使用固定效应模型进行回归分析。

通过聚类稳健的标准误估计空间杜宾模型发现，费用型环境规制的空间滞后项通过了显著性检验，且空间自回归系数在置信水平为 1% 上显著为正，表明各地区的脱钩状态的确受到其他地区费用型环境规制的影响。地区间的污染物脱钩效应存在着空间自回归。但投资型环境规制、经济发展水平、受教育程度以及环境规制各交互项的空间滞后项均未通过显著性检验．因此，在下述回归分析中去除这些变量的空间滞后项。

$$\begin{aligned} D_i t = {} & \gamma_0 + \lambda \sum_{j=1}^{n} w_{ij} D_{jt} + \gamma_1 \text{lnfee}_{it} + \varphi \sum_{j=1}^{n} w_{ij} \text{lnfee}_{jt} + \gamma_2 \text{lninv}_{it} \\ & + \gamma_3 \text{lnfee} \cdot \text{lnrd}_{it} + \gamma_4 \text{lnfee} \cdot \text{sec}_{it} + \gamma_5 \text{lninv} \cdot \text{lnrd}_{it} \\ & + \gamma_6 \text{lninv} \cdot \text{sec}_{it} + \gamma_7 \text{lnpgdp} + \gamma_8 \text{lnedu} + \varepsilon_{it} \end{aligned} \tag{15}$$

其中，$\sum_{j=1}^{n} w_{ij} \text{lnfee}_{jt}$ 为费用型环境规制的空间滞后项，表示 t 年度除 i 地区外其他各地区费用型环境规制的加权平均数，权重为 w_{ij}，其余变量同上节。运用最大似然估计的固定效应对式（15）进行回归分析，具体结果如表 5 所示。

表 5　政府竞争视角下环境规制对污染物脱钩的空间效应回归结果

被解释变量（D）	Coef	Std. Err.	Z	P > |z|
lnfee	-4.108	1.768	-2.320	0.020
lninv	2.808	1.088	2.580	0.010
lnfee · lnrd	0.242	0.098	2.490	0.013
lnfee · sec	1.348	0.800	1.690	0.092
lninv · lnrd	-0.142	0.060	-2.390	0.017
lninv · sec	-1.076	0.6350	-1.700	0.090
lnpgdp	-2.823	0.688	-4.100	0.000
lnedu	4.204	1.236	3.400	0.001
wlnfee	-0.648	0.219	-2.960	0.003
wD	0.350	0.0918	3.810	0.000
Variance	0.404	0.082	4.950	0.000

由空间效应回归结果可知，费用型环境规制的空间滞后项和空间自回归系数均通过了置信水平为1%的显著性水平检验。这说明我国各地区的费用型环境规制强度和污染物脱钩存在空间相关性，一个地区污染物脱钩的状态不仅受到本地区环境规制的影响，还受到其他地区费用型环境规制强度和脱钩状态的影响。

（1）费用型环境规制的空间滞后项（wlnfee）显著为负。其他地区的费用型环境规制强度对本地区污染物脱钩具有促进作用，邻近地区费用型环境规制强度每提高1个单位，本地区的污染物脱钩效应下降0.648个单位，也意味着本地区经济增长与污染物排放越处于脱钩状态。由地方政府竞争理论可知，地方政府之间存在着相互竞争，邻近地区之间的政府竞争尤为突出。邻近地区政府提高费用型环境规制强度，可能会导致本地区政府也提高费用型环境规制的强度，从而促进本地区污染物脱钩。

（2）污染物脱钩效应的空间滞后项（wD）显著为正，其他地区的污染物脱钩效应每下降（上升）1个单位会导致本地区的污染物脱钩效应随之下降（上升）0.35个单位。这是因为：一方面经济增长与污染物的脱钩存在外部性。一个地区的环境污染程度显著地影响了邻近地区，比如说上游地区环境污染排放的减少会使下游地区的污染问题有所好转，因此该地区经济增长与污染物的脱钩也会导致邻近地区经济增长与污染物排放越处于脱钩状态。另一方面地方政府之间的竞争激励。一个地区的经济增长和环境质量已经成为评价该地区政府政绩的重要指标，甚至关系着地方官员能否晋升。地方政府以政绩为目标进行晋升竞争，这使得地方政府在追求经济增长的同时也注重环境污染的治理。

通过空间滞后项并不可以得出实际的空间溢出效应，要验证空间溢出效应是否存在以及它的大小，必须计算出空间杜宾模型中各变量的间接效应并对它进行检验。在此计算出各变量的直接效应、间接效应和总效应，具体结果如表 6 所示。

表 6　　　　各变量的直接效应、间接效应、总效应

变量	直接效应	间接效应	总效应
lnfee	-4.380** (-2.41)	-3.181** (-2.14)	-7.561** (-2.46)
lninv	2.944*** (2.59)	1.523* (1.72)	4.467** (2.37)
lnfee · lnrd	0.255*** (2.56)	0.131* (1.74)	0.386** (2.37)
lnfee · sec	1.407* (1.67)	0.737 (1.28)	2.144 (1.57)
lninv · lnrd	-0.149** (-2.43)	-0.077* (-1.68)	-0.226** (-2.25)
lninv · sec	-1.126* (-1.68)	-0.592 (-1.27)	-1.718 (-1.57)
lnpgdp	-2.942*** (-4.26)	-1.463** (-2.54)	-4.405*** (-4.2)
lnedu	4.291*** (3.49)	2.106** (2.35)	6.398*** (3.56)

注：(1) ***、**、* 分别表示在显著性水平为 1%、5%、10% 下显著，括号内数值为各系数所对应的 z 值。(2) 直接效应和间接效应不同于第三部分中的直接影响和间接影响。其中，直接效应指变量对该地区产生的平均影响，间接效应指变量对邻近地区产生的平均影响，总效应是指变量对所有地区产生的平均影响。

将表 6 的结果与表 5 进行对比，我们发现各变量在上表中直接效应系数的大小并不相同。这是由于反馈效应的存在，即各解释变量对其他地区脱钩效应造成影响后，其他地区的脱钩效应反过来又会影响本地区脱钩效应。这主要由各解释变量的空间滞后项和被解释变量脱钩效应的空间滞后项造成。

将空间计量模型的回归结果与未考虑空间相关性的回归结果进行对比，空间计量模型中各解释变量直接效应的系数都通过了置信水平 10% 的显著性检验，而且除了经济发展水平和受教育程度变量外，其余各变量直接效应系数的绝对值大于普通面板固定效应模型对应系数的绝对值。这表明普通面板固定效应回归结果低估甚至忽视了一些解释变量对污染物脱钩的影响。因此，若不考虑空间相关性会对计量结果产生误差。

（1）费用型环境规制（lnfee）的三种效应均通过了置信水平为5%的显著性检验，且系数符号均为负。该变量直接效应的系数为 -4.39，与非空间模型中费用型环境规制约 -3.2 的系数相比，说明非空间模型中该变量的作用被低估。由回归结果可知，费用型环境规制存在空间溢出效应，本地区费用型环境规制强度每提高1个单位，本地区脱钩系数降低4.39个单位，也促使其他地区经济增长与污染物排放的关联度下降3.18个单位，推动其他地区经济增长与污染物排放脱钩。间接效应的产生可以归结为两点：第一，由地方政府之间的竞争性引起的，一个地区提高费用型环境规制强度，邻近地区便会相继提高费用型环境规制强度，从而有助于邻近地区经济增长与污染物排放脱钩。第二，本地区费用型环境规制强度的提高迫使重污染型工业企业转移到费用型环境规制较低的邻近省份，邻近省份从本地区环境质量角度出发，不得不提高费用型环境规制强度，推动污染减排目标的实现。

（2）投资型环境规制（lninv）的三种效应显著为正。将该变量直接效应的系数与非空间模型相比，在非空间模型中投资型环境规制的作用被低估。投资型环境规制间接效应的系数在10%的水平上显著，这表明投资型环境规制存在空间溢出性，投资型环境规制每提高1个单位，导致邻近地区的脱钩系数提高1.523个单位，抑制了邻近地区的脱钩进程。

（3）费用型环境规制与技术创新的交互项（lnfee · lnrd）、投资型环境规制与技术创新的交互项（lninv · lnrd）三种效应均通过了显著性检验。将这两个变量直接效应的系数与非空间模型相比，在非空间模型中二者的作用被低估。由两种经济型环境规制与技术创新交互项的间接效应系数可知，费用型环境规制通过技术创新路径对邻近地区脱钩状态促进作用，投资型环境规制通过技术创新路径对邻近地区脱钩状态起抑制作用。

（4）费用型环境规制与产业结构的交互项（lnfee · sec）、投资型环境规制与产业结构的交互项（lninv · sec）这两个变量的直接效应在10%水平下显著，但间接效应和总效应均未通过显著性检验，反映了这两个变量对其他地区的空间溢出效应不明显，未对其他地区造成影响。在空间计量模型中，两种经济型环境规制与产业结构的交互项对污染物脱钩影响显著，而在普通面板固定效应模型中，这两个变量的作用被忽视。

五、研究结论与政策启示

本文以我国2005~2014年30个省（区、市）的面板数据为样本，通过研究企业采用绿色技术的微观机制，在政府竞争视角下分析了环境规制对经济增长与污染物脱钩的影响。文章基于未考虑空间相关性的普通面板模型和空间杜宾模型分别对样本数据进行了回归分析，实证结果的对比证明了考虑空间效应模型的合理性。主要结论如下：

从空间相关性的角度看，周边地区的脱钩状态与本地区的脱钩状态呈正相关关系。即周边地区污染物排放脱钩速度加快会带动本地区污染物脱钩；反之，当周边地区脱钩速度放缓也会抑制本地区污染物脱钩。经济型环境规制对污染物脱钩的直接影响及其通过技术创新的间接影响均存在空间溢出效应且作用方向与直接效应一致。费用型和投资型环境规制不仅影响本地区的脱钩状态，还对其他地区的脱钩状态产生影响；费用型和投资型环境规制通过技术创新路径不仅间接影响本地区的脱钩状态，还影响其他地区的脱钩状态。

本文的研究结论具有较强的政策启示：（1）适度提高费用型环境规制强度。政府可以通过提高费用型环境规制强度，有效地促使企业进行节能减排，发挥费用型环境规制对经济增长与污染物脱钩的驱动作用。（2）构建地方政府之间的合作机制。各地方政府在制定和实施政策时，要充分考虑邻近地区的空间溢出效应。污染物脱钩不仅受本区域因素环境规制强度影响，还会受其他地区环境规制强度影响。因此，各地方政府进行决策时要加强与邻近地区政府之间的协作，共同促使地区经济增长与污染物脱钩。

参考文献

1. 韩超：《制度影响、规制竞争与中国启示——兼析规制失效的形成动因》，载于《经济学动态》2014 年第 4 期。

2. 黄清煌、高明：《环境规制对经济增长的数量和质量效应——基于联立方程的检验》，载于《经济学家》2016 年第 4 期。

3. 李斌、彭星、欧阳铭珂：《环境规制、绿色全要素生产率与中国工业发展方式转变——基于 36 个工业行业数据的实证研究》，载于《中国工业经济》2013 年第 4 期。

4. 龙小宁、朱艳丽、蔡伟贤等：《基于空间计量模型的中国县级政府间税收竞争的实证分析》，载于《经济研究》2014 年第 8 期。

5. 李胜兰、初善冰、申晨：《地方政府竞争、环境规制与区域生态效率》，载于《世界经济》2014 年第 4 期。

6. 彭海珍、任荣明：《环境政策工具与企业竞争优势》，载于《中国工业经济》2003 年第 7 期。

7. 彭小静、邓明：《经济增长与环境保护双重任务中地方政府的行为扭曲——基于多任务、两层次的动态委托代理模型的研究》，载于《制度经济学研究》2014 年第 1 期。

8. 夏勇、钟茂初：《环境规制能促进经济增长与环境污染脱钩吗？——基于中国 271 个地级城市的工业 SO_2 排放数据的实证分析》，载于《商业经济与管理》2016 年第 11 期。

9. 原毅军、刘柳：《环境规制与经济增长：基于经济型规制分类的研究》，载于《经济评论》2013 年第 1 期。

10. 尤济红、王鹏：《环境规制能否促进 R&D 偏向于绿色技术研发？——基于中国工业部门的实证研究》，载于《经济评论》2016 年第 3 期。

11. 王书斌、徐盈之：《环境规制与雾霾脱钩效应——基于企业投资偏好的视角》，载于《中国工业经济》2015 年第 4 期。

12. 张胜利、俞海山：《环境规制对经济增长方式转变的影响？——基于省际面板数据的研究》，载于《中国发展》2015 年第 2 期。

13. 张为杰、郑尚植：《公共选择视角下中国地方政府竞争与环境规制政策执行机制》，载于《当代经济管理》2015 年第 9 期。

14. 张为杰：《生态文明导向下中国的公众环境诉求与辖区政府环境政策回应》，载于《宏观经济研究》2017 年第 1 期。

15. 赵玉民、朱方明、贺立龙：《环境规制的界定、分类与演进研究》，载于《中国人口·资源与环境》2009 年第 6 期。

16. Michael Böcher., 2012, "A theoretical framework for explaining the choice of instruments in environmental policy", *Forest Policy & Economics*, Vol (16), pp. 14 – 22.

17. Neal D. Woods., 2006, "Interstate Competition and Environmental Regulation: A Test of the Race-to-the – Bottom Thesis", *Social Science Quarterly*, Vol (87), pp. 174 – 189.

18. Yuan B L, Ren S G, Chen X H., 2017, "Can environmental regulation promote the coordinated development of economy and environment in China's manufacturing industry? —a panel data analysis of 28 sub-sectors", *Journal of Cleaner Production*, Vol (149), pp. 11 – 24.

19. Per G. Fredriksson, Daniel L. Millimet., 2006, Strategic Interaction and the Determination of Environmental Policy across U. S. States, *Journal of Urban Economics*, Vol (51), pp. 101 – 122.

20. Frank C. Krysiak., 2011, "Environmental regulation, technological diversity, and the dynamics of technological change", *Journal of Economic Dynamics and Control*, Vol (35), pp. 528 – 544.

The Study on Effect of Pollutants Decoupling from Environmental Regulations in the Perspective of Government Competition

ZHANG Weijie　TANG Cheng　WANG Xun

(School of economics, Dongbei University of Finance and Economics, Liaoning, Dalian 116025)

[**Abstract**] In the context of green development, the decoupling of economic growth from pollutants is an important symbol of the transformation of China's economic development mode. China's environmental regulation is deeply influenced by its political and economic structure. The paper explores the micro-mechanism that intensity of environmental regulation affects green technology innovation of firm and discusses the mechanism and path of the impact of environmental regulation on the decoupling of economic growth and pollutants in the perspective of government competition. On the basis of theoretical analysis, this paper tests the decoupling effect of environmental regulation empirically. The research shows that, the influence of different types of environmental regulation on the decoupling of pollutants will be different, spatial effect also exists. The decoupling state in a region is not only influenced by environmental regulation in this area, but also affected by environmental regulation and decoupling in neighboring areas.

[**Key Words**] Environmental Regulation　Pollutant Decoupling　Government Competition

JEL Classification: H83　H73　H77

历史因素、市场化改革与产能过剩

——基于省际工业面板数据的实证分析

洪名勇　蔡　艳　吴昭洋　杨晓璇*

【摘　要】在借鉴新制度经济学等学科研究成果的基础上，本文通过构建市场化改革、历史因素与产能过剩的理论分析框架，并在2000~2015年中国30个省级区域的工业固定资产投资面板数据的基础上，利用面板协整法测算了我国部分省工业产能利用率，进一步将其与市场化指数进行结合后发现“工业产能利用率与市场化指数之间存在倒U型关系”这一典型事实。为检验该典型事实的可靠性，除了考虑到影响产能过剩的常规变量和相关控制变量，本文首次构建并纳入了历史因素这一变量并采用两步系统广义矩阵估计法（TS-GMM）进行了计量分析，并分区域层面进行了稳健性检验，结果均证实了典型事实存在的可靠性，同时表明历史因素对产能过剩具有双向影响。最后进行了相关讨论并得出若干政策含义。

【关键词】**工业产能利用率　市场化水平　倒U型关系　历史因素**

中图分类号：**F019.6**　文献标识码：**A**

一、问题提出

据近几年中国企业家调查系统陆续发布的《中国企业家经营者问卷跟踪调查报告》显示，2013年、2014年和2016年中国企业总体平均设备利用率分别仅为72%、72.2%和68%，大大低于国际通行的80%左右的合理水平。

* 洪名勇，教授，博士生导师，博士，地址：贵州大学北区哲学社会科学研究院（550025），E-mail：hongmingyong@163.com或：hongmingyong@126.com；蔡艳，贵州大学经济学院硕士研究生，贵州大学管理学院硕士研究生；杨晓璇，贵州大学管理学院硕士研究生。通讯作者：洪名勇，电子邮箱：hongmingyong@163.com。

中国欧盟商会于2016年2月发布的《中国的产能过剩：如何阻碍党的改革进程》报告称，粗钢、电解铝、水泥、炼油、玻璃、纸和纸板这6个行业显示出来的工厂开工率甚至比2009年更低。可见，中国仍旧处于严重产能过剩状态。"去产能"是当前中国供给侧改革的五大重点任务（去产能、去库存、去杠杆、降成本、补短板）之一。与此同时，中国市场化改革30余年来，工业化战略的实施结果表现为国民经济依赖于工业部门的发展迅速增长，在这种经济高速增长的过程中，要素禀赋的不同使得中国区域发展产生巨大差异，而这种差异在依赖于工业发展的经济增长模式中则通过区域生产力的高低体现出来。在以往有关中国工业生产状况的研究中，关于中国工业行业存在产能过剩的问题已为众多学者证明，且大部分学者从产能利用率的影响因素着手深入探讨了引发中国工业行业产能过剩的潜在原因。但是，少有研究聚焦关注中国地区间市场化与工业化进程对工业产能利用情况的影响，从而无法为后续研究者提供中国区域间产能利用差异的翔实背景资料。

鉴于此，本文通过测算2000～2015年中国30个省及自治区、直辖市（不含港澳台地区及西藏自治区）的工业产能利用率以及衡量各地区市场化程度，细致考察各省份在中国市场化进程中工业产能利用水平所存在的差异；然后在此基础上探索市场化程度的不同是否会对产能利用率产生规律性影响，以对中国工业部门产能利用率和市场化程度进行初步关联性分析，特别的，进一步添加中国工业化基础作为历史因素以及其他控制变量进行系统GMM估计，以及稳健性检验，进一步增强研究结果的稳健性，以为有关研究提供可供参考的背景资料。本文第二部分是文献综述、分析框架与研究假设；第三部分主要为产能利用率、市场化改革与历史因素测算与描述性分析；第四部分利用本文分析框架和资料，对研究假设进行检验；第五部分是结论及政策建议。

二、文献综述、分析框架与研究假设

（一）文献综述

产能过剩是经济学长期关注的现象，并进行了分析和研究。例如，马克思在《资本论》中分析的相对生产过剩现象，用今天的话来讲就是产能过剩。马克思说："由机器等组成的不变资本部分突然增加和持续增加的手段越多，积累越快（特别是在繁荣时期），机器和其他固定资本的相对生产过剩也就越严重"。[①] 美国经济学家张伯伦于1933年在《垄断竞争理论》这一

① 马克思：《资本论》（第三卷），人民出版社2004年版，第135页。

著作中提出了产能过剩这一概念，在张伯伦的分析中产能过剩是指企业成本最低时的产量与长期均衡中的实际产量之差。1962 年巴恩（J. Bain）就提出“长期产能过剩”（chronic excess capacity）的概念，他认为产能过剩是一种长期的倾向，即在需求最大化时期仍存在的过剩产能。换言之，产能过剩是一种长期现象。在中国，虽然产能过剩在 20 世纪 80 年代末、90 年代初就已出现，但国内对产能过剩的关注是从 1997 年亚洲金融危机之后才开始进行研究的。张少华和蒋伟杰（2017）利用动态和静态 SBM 模型，对 2001 ~ 2011 年间中国 30 个省区市工业产能利用率进行计量分析发现，我国工业的产能利用率为 60.68%，存在严重的产能过剩问题；2008 年金融危机之前产能过剩具有一般性、局部性和周期性特征，金融危机之后产能过剩具有复杂性、全局性和长期性（孙焱林、温湖炜，2017）。马克思认为，之所以会产生生产过剩，其原因在于生产力与生产关系的矛盾，即专业化、社会化生产与生产资料的私人产权制度之间的矛盾与冲突。刘志彪和王建优（2000）较早对产能过剩的原因进行了分析，他们认为企业市场定位雷同、创新投入不足、买方行政垄断、市场进入壁垒太低等原则造成的。韩保江和韩心灵（2017）认为产能过剩是由政策行为与市场因素合力推动的结果，周密和刘秉镰（2017）则认为我国的产能过剩是商品需求饱和与住房需求饱和二元叠加式过剩，其根本原则在于居民对普通商品消费结构升级后的消费饱和，再加上住房需求属性结构变化后的属性饱和导致的。另外，一些学者认为，从表面看，盲目、过量的投资是产能过剩的直接原因（韩国高、高铁梅等，2011；江飞涛、耿强等，2012），从更深的层次分析，盲目投资、对经济前景良好的认同（林毅夫、巫和懋、邢亦青，2010）、官员政绩考核标准的激励（刘航、孙早，2014；干春晖、邹俊、王健，2015）及政策性补贴是产能过剩的根源（耿强、江飞涛、傅坦，2011）。同时，我们也注意到，学者们对部分行业例如钢铁业、重化工业、光伏产业等的产能过剩给予了较多关注（张日旭，2011；冯梅、陈鹏，2013；王辉、张月友，2015）。

（二）分析框架与研究假设

从以上研究我们可以发现，虽然学者对产能过剩产生的原因分析有一定差异，但有一点是共同的，即制度是产能过剩的重要原因。在这里，制度既包括投资体制，也包括对地方政府、公有企业官员的考核与激励，同时还包括政府对企业的政策补贴及企业有关人员对经济发展的认识。即是说制度包括诺斯所讲的正式制度与非正式制度。诺斯等制度经济学家的研究说明，制度对经济发展的影响是内生的而不是外生的，制度影响了经济发展与波动。对于持续进行市场化改革的中国来讲，制度对经济发展、波动的影响可以通过市场化改革的程度来进行观察与度量。从制度经济学的视角来看，产能过剩之所以形成，其内在机制在于制度安排的不合理，即市场化改革的偏离，例如，地方政府不当干预企业、不合理投资补贴等应该被看是对市场化改革的偏离（江飞涛、耿强，2012）。同时，我们也注意到，过度的市场竞争同样会导致产能过剩，如过度的市场竞争、低集中度的市场结构，过度进入是产能过剩的形成机理之一（江飞涛、曹建海，2009）。因此，我们说，在一定程度之内，市场化改革的深化有利于解决产能过剩，但当市场化发展到一定程度之后也可能导致产能过剩。如果从产能利用率与市场化程度的视角来看，随着市场化改革的不断深化，即市场化指数的提高，产能利用率也会越来越高。但当市场化改革进行到一定程度，如某个行业进行过度市场化，即过度竞争之后，产能利用率会下降。这样，市场化指数与产能利用率之间就会形成一条倒U型曲线（如图1所示）。

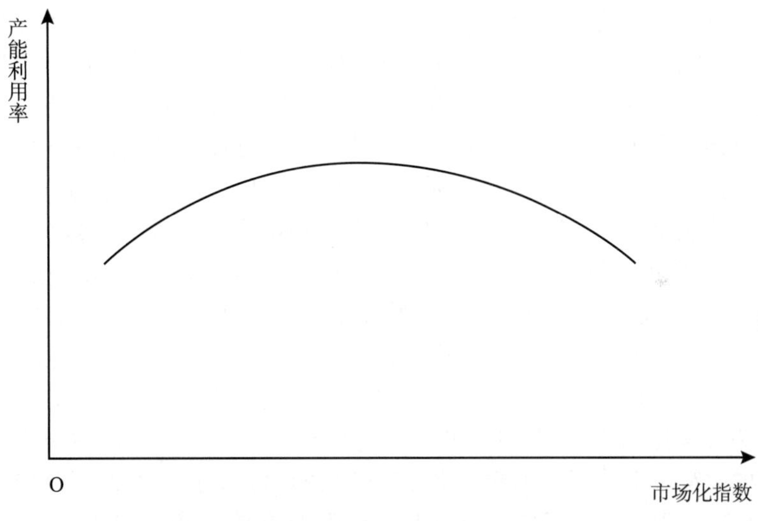

图1　市场化与产能利用之间的关系

中国改革过程既是市场化不断深化的过程，同时也是制度变迁的过程（洪名勇，2005）。市场化进程作为一系列经济、社会体制的变革，包含了政府职能身份转换、推动经济非国有化、提高经济的开放程度、培育产品市场等方面的内容（康继军，2007）。也就是说，市场化改革在一定程度上反映了政府对国民经济的干预力度，市场化水平越高，政府行政干预经济力度越小。王立国和鞠蕾（2012）、董敏杰和梁泳梅（2015）实证分析了地方政府的不当干预可以引发企业过度产能投资，进而造成产能过剩。董敏杰（2015）在对中国工业产能利用的影响因素研究中将衡量市场化进程的市场化指数作为其中一个解释变量放入其分析方程中，并发现市场化程度与产能利用率正相关。崔向阳（2003）通过对工业化与市场化关系的实证研究，发现截面和时序边际工业化曲线呈倒U型，表明在工业化前期，市场制度对工业化具有明显促进作用，但到一定阶段后会随着市场调节交易成本的增加而转为效率递减。因此，得到研究假定1：市场化水平和工业产能过剩之间存在正U型关系，即市场化水平与工业产能利用率呈倒U型关系。

对于经济现象的解释，我们不仅要考虑现实因素的影响，而且还应该考虑历史因素的作用。遗憾的是在不少经济学者的分析和研究中，对于历史因素的作用没有引起足够的重视。对此，演化经济学家霍奇逊说："今天这一问题却被大多数人忽略了。绝大多数社会科学家都没有察觉到这一问题。而且在教科书中这一问题也被忽略了。不论是新古典经济学家还是后凯恩斯经济学家，似乎都没有意识到这一问题"。[①] 现代经济学家没有对历史因素对经济发展的影响给予足够的关注和研究，不能不说是经济学研究中的一大遗憾。好在马克思及制度经济学家对历史因素对经济发展的影响进行了较多的研究，对此，霍奇逊对马克思的研究给予的较高的平价，认为自己对历史的关注"最早版本来自于卡尔·马克思的著作，马克思抨击了古典经济学家所谓的普遍的、非历史的理论"。[②] 在霍奇逊看来，"历史是重要的，这部分是由于每一个复杂的有机体、每个人和每一个社会都带有过去的痕迹……我们祖先做出的选择很难被消除"。[③] 在诺斯看来，经济的历史绩效"只有作为一个连续的过程才能得到理解"，[④] 不仅如此，我们理解今天中国经济的发展，要解释产能过剩问题，我们还应该将历史与制度结合起来。对此，诺斯写道："将制度融入历史，能使我们能比在其他情况下讲述一个更好的故事"。[⑤] 借助于诺斯等制度经济学有关研究成果，我们认为，中国目前的产能过剩，不仅与市场化改革相关，而且还与过去中国经济发展的历史，尤其是一些历史因素有关（详见图2）。例如，2008年为稳定经济增长，中国政府出台了刺激投资的政策，上了不少钢铁、水泥等领域的项目。虽然当时对稳定增长起到一定作用，但这些项目恰恰是今天产能过剩的重要原因。正是基于马克思、霍奇逊及诺斯等学者探索的启示，并基于产能过剩的历史与现实，我们构建了一个市场化改革、历史因素与产能过剩的分析框架。在图2中，历史因素之所以对市场化改革有影响，一个重要的原因在于，某些历史性因素可能促进或者阻碍市场化进程。在于政府对经济的逆向调节，降低了市场化水平。这样，对于一些市场需求本身已经过剩的产能，按照市场逻辑应该是逐渐减少产能、提升产品质量，走产业转型升级之路的，但由于政府的干预，不仅使这些企业或者行业获得在市场竞争条件下无法获得的资源，让本该进行调

---

①②③ 霍奇逊：《经济学是如何忘记历史的：社会科学中的历史特性问题》，中国人民大学出版社2008年版，第26、第1、第3页。

④⑤ 诺斯：《制度、制度变迁与经济绩效》，上海三联书店出版社1994年版，第158、第176页。

整的企业继续扩大生产规模，增加产能。结果，不仅市场化改革受到影响，而且还为未来产能过剩埋下祸根。基于此，我们有研究假设2：产能过剩受历史因素影响。

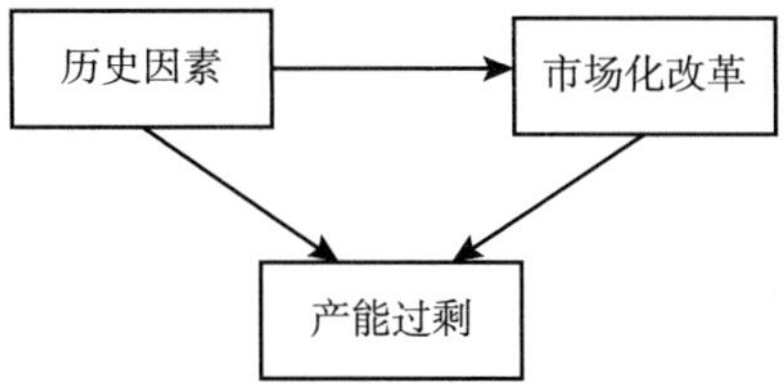

图2　市场化改革、历史因素与产能过剩

三、产能利用率测算、市场化改革与历史因素

（一）产能利用率

1. 测算方法

现有研究文献关于衡量产能过剩程度的产能利用率测度方法有多种，且各有优劣。在较为普遍应用的方法中，峰值法（Klein L. R，1960）、非参数估计法（Alexander Gerschenkron，1962）等基于宏观数据的测度方法未能客观定义产能且缺乏经济学理论支撑，而成本函数法（Berndt E. R. and Morrison C. J，1981）所需的投入要素（包括其数量与价格）的数据可获得性较差，因此，在保证数据的可获得性和理论基础的条件下，本文借鉴何蕾（2015）所采用谢赫和穆迪德（Shaikh and Moudud，2004）于2004年提出的面板协整法对中国30个省（区、市）的产能利用率进行测算。

协整法将长期性的产出趋势定义为产能，所以其平均的、最优的产能利用率为100%，低于100%则表示产能过剩，高于100%，则表示产能不足（贺京同、何蕾，2016）。谢赫和穆迪德（2004）认为，产能产出与固定投入要素间所存在的协整关系表明产能是具有随固定资本存量变化而变化的长期趋势：

$$Y_i(t)=\frac{Y_i}{Y_i^*}\times\frac{Y_i^*}{K_i}\times K_i\quad i=1,2,3,\cdots,n \tag{1}$$

其中，Y_i 表示 i 工业行业的实际产出，Y_i^* 表示行业 i 的潜在产出（产能），K_i 表示行业 i 的固定资本存量，$i=1,2,3,\cdots,n$ 表示不同的工业部门，而 $u_i=\frac{Y_i}{Y_i^*}$表示工业产能利用率，$v_i=\frac{Y_i}{K_i^*}$则表示资本—产出比。对上式

（1）两边取对数，可得：

$$\log Y_i(t)=\log K_i(t)-\log v_i(t)+\log u_i(t) \qquad (2)$$

依据谢赫和穆迪德（Shaikh and Moudud）提出的协整法思想，假定长期中实际产出 Y_i 将围绕潜在产出 Y_i^* 上下波动，则实际产能利用率 u_i 也应该围绕潜在产能利用率 u_i^* 上下波动，因此可以把 $\log u_i(t)$ 视为随机误差项，记作 $eu_i(t)$。此外，技术进步包括了行业自发的技术进步 φ_i 和源自资本积累的技术进步 ω_i，则有：

$$g_{v_i}=\varphi_i+\omega_i\times g_{K_i} \qquad (3)$$

其中，g_{v_i}代表产能利用率的增长率，g_{K_i}代表资本存量的增长率。将式（3）和随机误差项 $ev_i(t)$ 代入式（2）：

$$\log v_i(t)=\gamma+\varphi_i\times t+\omega_i\times \log K_i(t)+ev_i(t) \qquad (4)$$

由上述式（1）~式（4）可得产出与资本的关系式：

$$\log Y_i(t)=\alpha_0+\alpha_1\times t+\alpha_2\times \log K_i(t)+e_i(t) \qquad (5)$$

其中，$\alpha_0=-\gamma$，$\alpha_1=-\varphi_i$，$\alpha_2=1-\omega_i$，$e_i(t)=eu_i(t)-ev_i(t)$，式（5）说明 $\log Y_i(t)$ 与 $\log K_i(t)$ 两者之间存在着协整关系，直接回归便可估算出潜在产出 Y_i^* 并进而求得产能利用率 u_i、资本—产出比 v_i。

2. 数据来源与定义

本文研究样本区间是 2000 ~ 2015 年，选取了全国除西藏及港澳台以外 30 个省（区、市）工业部门的相关数据测算其产能利用率。主要变量定义如下：

（1）实际产出（Y_i）。本文将规模以上工业企业的工业总产值视作各省工业实际产出，并依据各地区生产者出厂价格指数进行平减，换算成以 2000 年为基期的不变价工业总产值。数据来源于历年《中国统计年鉴》和《中国工业统计年鉴》。

（2）资本存量（K_i）。将规模以上工业企业的固定资产净值视作资本存量，并且本文利用固定资产原值与累计折旧相减获得部分省份缺失 2004 年及 2011 年固定资产净值数据。通过各省（区、市）固定资产投资价格指数换算成以 2000 年为基期的不变价固定资产净值。数据来源于历年《中国统计年鉴》、《中国工业统计年鉴》及各省（区、市）统计年鉴。

（3）技术进步（A）。在采用面板协整法进行分地区产能利用率测算时，本文选择用时间趋势项来代表行业自发的技术进步。

3. 稳定性检验

（1）单位根检验。考虑到伪回归可能性的存在，通常对于时间范围大于 5 的面板数据都应首先验证其平稳性。考虑到样本容量（$n<30$）不大，分地区对单个变量进行单位根检验效果可能不太好，犯第Ⅱ类错误的概率较高，而面板单位根检验可以充分将截面信息考虑进来，进而提高其检验力度，因

此，此处对两个变量 ln（output）和 ln（capital）以及其一阶差分值进行了面板单位根检验。为了保证检验结果的稳健性，分别用了 LLC 检验和 IPS 检验，其原假设均是含有单位根。根据检验结果发现，变量 ln（output）和 ln（capital）水平值存在单位根，且一阶差分后均接受平稳假设。

（2）协整检验。由计量模型原则可知，当研究数据为面板数据时，如果变量水平值不平稳，则进行回归分析之前需要检验变量之间是否存在协整关系，避免产生伪回归。因此，本文还需要进行对变量 ln（output）和 ln（capital）的协整检验。为了保证结论的可靠性和稳健性，本文采用 Kao 检验以及 Fisher 检验两种方法来判断 ln（output）和 ln（capital）之间有无长期的均衡关系。其中，Kao 检验的原假设是"不存在协整关系"，滞后阶数由 SIC 准则确定；Fisher 检验的原假设有两个，分别是 0 个协整向量和至少 1 个协整向量，选择序列有确定性趋势而协整方程只有截距的情况。结果如表 1 所示。

表 1　ln（output）和 ln（capital）面板协整检验结果

检验方法			（加权）统计量	P 值
Kao 检验		ADF 统计量	-5.9841***	0.0000
Fisher 检验	协整向量数量 =0	Fisher 联合迹统计量	225.5***	0.0000
		联合 λ-max 统计量	158.6***	0.0000
	协整向量数量≥1	Fisher 联合迹统计量	188.1***	0.0000
		联合 λ-max 统计量	188.1***	0.0000

注：实证结果由 Eviews7.0 软件计算得出；*** 表示在 1% 的显著水平上拒绝原假设。
资料来源：笔者计算整理。

Kao 检验以及 Fisher 检验结果表明各个统计量均在 1% 的显著水平上拒绝不存在协整关系的原假设，因此，可以认为工业总产出和固定资本净值之间存在协整关系，即工业产能存在随固定资本存量变化而变化的长期趋势，可以直接进行回归分析。

4. 产能利用率估计

计量模型中，对面板模型形式的设定是回归分析的前提。基于对横截面的异方差与序列的自相关性的考虑，如果运用 OLS（普通最小二乘法）极有可能会导致结果失真。鉴于本文的研究样本是全国各地区，横截面个数（30 地区）大于时序个数（16 年），为了消除扰动项间相关性的影响，本文最终采用截面加权估计法（cross section weights，CSW）。回归方程为：

$$\log(output)_{it} = \alpha_1 + \alpha_2 \times t + \alpha_3 \times \log(capital)_{it} + e_{it} \quad (6)$$

式中，i 表示地区，t 表示时间。进一步地，究竟是使用固定效应模型还是随机效应模型主要取决于是否在个体特征基础上作出统计推断，如果是，则应该使用固定效应模型，反之则应用随机效应模型。本文利用 Hausman 检验，发现1%的水平上强烈拒绝“个体效应于解释变量无关”的原假设，故应该使用固定效应模型。模型回归结果如表 2 所示。

表 2　　CSW 面板模型回归结果

地区	解释变量			地区	解释变量		
	Log（capital）	T	常数项		Log（capital）	T	常数项
贵州	0.209 (0.222)	0.061** (0.031)	0.497	山东	1.741*** (0.437)	-0.016 (0.024)	-3.895
云南	0.026 (0.599)	0.059*** (0.012)	1.403	河南	-0.462 (0.512)	0.108*** (0.030)	3.304
四川	-0.497* (0.278)	0.112*** (0.015)	3.175	湖北	-0.067 (0.298)	0.083*** (0.014)	1.906
广西	0.431* (0.237)	0.062*** (0.012)	-0.011	湖南	0.630** (0.336)	0.057*** (0.017)	-0.424
重庆	-0.031 (0.247)	0.093*** (0.013)	1.321	广东	1.065*** (0.301)	0.028** (0.012)	-1.46
河北	-0.037 (0.462)	0.079*** (0.025)	1.913	北京	1.137*** (0.278)	0.019* (0.011)	-1.82
山西	1.603*** (0.412)	-0.015 (0.020)	-3.553	海南	0.474** (0.190)	0.051*** (0.008)	-0.398
辽宁	1.118*** (0.369)	0.031** (0.012)	-1.965	陕西	-0.334 (0.329)	0.093*** (0.018)	2.364
吉林	0.678 (0.521)	0.049** (0.023)	-0.567	甘肃	-0.110 (0.278)	0.059*** (0.013)	1.532
黑龙江	0.287 (0.430)	0.027** (0.012)	0.758	青海	0.087 (0.328)	0.069*** (0.017)	0.333
江苏	1.527*** (0.415)	-0.006 (0.023)	-3.080	天津	-0.301 (0.278)	0.088*** (0.012)	2.671
浙江	1.328*** (0.197)	0.005 (0.009)	-2.341	上海	1.541*** (0.296)	0.022*** (0.006)	-3.253
安徽	0.624** (0.299)	0.057*** (0.017)	-0.407	内蒙古	1.543*** (0.280)	-0.013 (0.020)	-3.219

续表

地区	解释变量			地区	解释变量		
	Log（capital）	T	常数项		Log（capital）	T	常数项
福建	-0.283 (1.018)	0.096** (0.046)	2.637	宁夏	-0.124 (0.325)	0.082*** (0.022)	0.93
江西	0.259 (0.279)	0.080*** (0.016)	0.500	新疆	0.030 (0.279)	0.047*** (0.016)	1.147

注：实证结果由 Eviews7.0 软件计算得出；***、**、*分别表示在1%、5%和10%的显著水平上拒绝原假设，括号内为标准误差。

从表2可以看出，有四川、重庆、河北、河南、湖北、福建、陕西、甘肃、天津和宁夏等10个地区的资本与产出呈负相关，原因可能有以下几点：第一，这些地区存在一定程度上的过剩资本；第二，地区产业技术选择上不具备比较优势；第三，劳动密集型或技术密集型产业占比较大（程俊杰，2015）。根据回归结果，可以计算出各地区2000~2015年的工业产能利用率（如表3所示）。

表3　　2000~2015年各地区部分年份工业产能利用率

地区	2000年	2003年	2005年	2007年	2008年	2009年	2011年	2012年	2013年	2014年	2015年
北京	0.876	1.131	1.056	1.052	1.002	0.997	1.041	0.913	1.000	0.983	0.938
天津	0.987	0.900	1.003	1.034	1.031	1.032	1.058	1.035	1.032	0.929	0.853
河北	1.090	0.999	1.158	1.169	1.133	1.118	1.102	1.035	0.966	0.877	0.847
上海	0.877	1.160	1.017	1.036	1.081	0.850	1.118	1.101	1.036	0.980	0.851
江苏	0.861	1.100	1.061	1.062	1.006	1.049	1.095	1.040	0.995	0.932	0.878
浙江	0.942	1.077	1.004	1.042	1.028	0.904	1.081	1.031	1.063	0.993	0.919
福建	0.892	0.987	1.072	1.133	1.101	1.071	1.085	0.983	0.944	0.906	0.820
山东	0.825	1.004	1.112	1.040	1.053	0.949	1.067	1.066	1.069	0.890	0.860
广东	0.830	1.000	1.166	1.111	1.133	0.997	1.020	1.036	0.987	0.946	0.884
海南	0.881	1.042	0.925	1.285	1.261	1.145	1.176	1.117	0.886	0.826	0.737
辽宁	0.920	0.904	1.130	1.227	1.111	1.125	1.157	1.191	1.004	0.899	0.625
吉林	1.017	1.009	0.924	1.077	1.050	1.086	1.151	1.095	1.000	0.934	0.836
黑龙江	1.056	0.960	1.043	0.990	1.004	0.983	1.047	1.014	1.073	0.983	0.920
山西	0.976	1.052	1.120	1.021	1.074	0.869	1.129	1.104	1.065	0.912	0.847
安徽	1.006	0.946	1.043	1.010	1.005	1.007	1.145	1.025	0.989	0.941	0.876

续表

地区	2000年	2003年	2005年	2007年	2008年	2009年	2011年	2012年	2013年	2014年	2015年
江西	1.037	0.886	0.987	1.129	1.077	1.120	1.051	1.012	0.977	0.936	0.842
河南	1.097	0.866	0.967	1.208	1.146	1.095	1.080	0.974	0.967	0.953	0.879
湖北	1.227	0.933	0.872	0.896	0.989	1.004	1.106	1.090	1.076	1.002	0.908
湖南	0.970	0.916	1.073	1.098	1.124	1.066	1.147	1.036	0.993	0.905	0.809
内蒙古	0.755	0.969	1.065	1.143	1.039	1.130	1.209	1.070	0.950	0.789	0.811
贵州	1.061	0.981	1.040	1.018	0.957	0.920	0.990	0.976	1.032	1.049	1.057
云南	1.071	0.979	0.980	1.061	0.976	1.011	1.032	1.113	1.085	0.971	0.846
四川	1.077	0.890	0.943	1.074	1.045	1.173	1.188	1.010	1.005	0.896	0.782
广西	1.093	0.960	1.014	1.001	0.973	0.955	1.028	1.000	1.048	1.012	0.971
重庆	1.072	0.968	0.948	1.019	1.030	1.029	1.103	0.990	0.991	0.973	0.926
陕西	1.041	0.883	0.949	1.010	1.032	0.987	1.080	1.087	0.985	0.969	0.909
甘肃	1.050	0.917	0.962	1.058	1.012	1.020	1.022	0.996	1.031	0.999	0.941
青海	1.079	0.877	1.001	1.055	1.121	1.012	1.073	1.012	0.992	0.999	0.859
宁夏	1.077	0.898	1.027	1.067	1.010	0.978	1.010	1.038	1.048	0.967	0.925
新疆	1.038	0.903	1.009	1.041	1.039	1.013	0.949	0.981	1.044	1.052	0.985

资料来源：根据表3的回归结果计算得出。

根据协整法的思想，长期来看，产出应该围绕在产能附近波动，即意味着产能利用率的长期均值为1。本文所测度的中国30个地区工业产能利用率平均值为1.005，非常接近1，这进一步论证了面板模型的有效性。

5. 估计结果分析

（1）当前中国工业整体呈现出产能过剩的状况。从全国层面上来看，2000~2015年中国工业产能过剩情况整体呈现出先增后减再增的趋势（见图3）：工业产能过剩在分别在2002年和2015年达到峰值，而在2007年和2011年总体产能利用率最高。从现实来看：一是经济宏观形式上，一方面2002年我国加入世贸组织极大带动了中国对外贸易和投资，中国产能的需求市场变大，显著促进了工业产能利用率的提升；另一方面2008年经济危机及其后政府对经济的“刺激”使得投资过度而需求疲软的产能进一步累积库存，极大增加了产能过剩风险。二是政府作为上，前十年间，我国政府先后对产能过剩进行了几次较为集中的治理，第一次在世纪之交，第二次在2003~2006年通过严控投资的方式进行集中治理，第三次是2009年十部门联合发文抑制部分行业产能过剩。

（2）区域间产能利用率差异明显，区域内产能利用率变化趋势有所不同。从省级区域层面来看，在2001~2012年的较长时期内，中、东部地区产

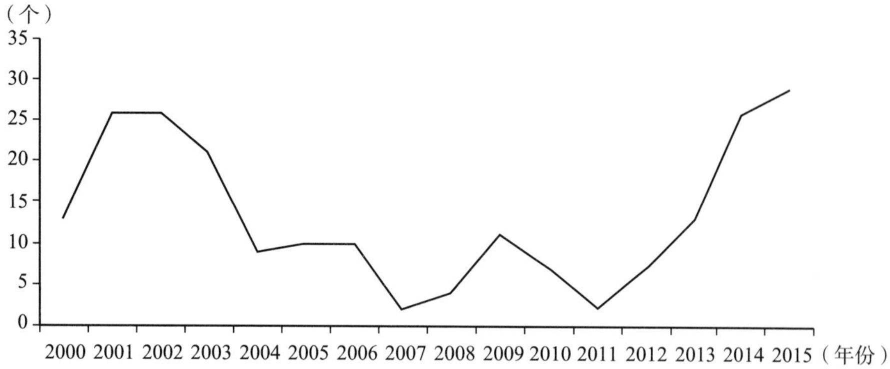

图3　2000～2015年中国存在工业产能过剩的地区频率变化趋势

资料来源：根据表3整理所得。

能利用情况优于西部，2007年以前，东部平均产能利用率高于中、西部地区，至2007年中部地区平均产能利用率超过东部成为平均产能利用率最高的地区，此后各区域平均产能利用出现先降后升的趋势，2011年中、东、西部平均产能利用率均达峰值后同时开始下降，到2015年，西部平均产能利用率超过中、东部地区。

从东部来看，东部各省产能利用率基本呈现先增后减的变化趋势，其中辽宁省最为明显，2000年辽宁省产能利用率为0.92，而在2015年下降到0.625，降幅达32%。从中部来看，内蒙古、山西、湖北、湖南四省区的产能利用率在2000年与2015年间变化最为明显。西部各省产能利用率变化趋势与东部基本一致，其中在2015年时，四川省产能利用率最低，仅有0.782；贵州省成为西部地区唯一一个产能利用率超过1的省份。

（二）市场化程度

国民经济总体市场化程度综合了经济各个领域的市场化程度（郭跃华，2007）。中国市场化改革是随着工业化进程同时进行的，2000～2015年第二产业增加值平均增长率达47.48%，第三产业增加值平均增长率31.57%，即第二产业的增长率超过第三产业；第二产业占GDP比重年均为45%，GDP中工业增加值占40%，说明了工业在中国国民经济中的主导地位。此外，改革开放以来中国市场化改革，放开的经济部门主要是工业领域，且工业部门的市场开放程度至少在80%以上（迟福林，2015）。可见，中国国民经济总体的市场化程度在较大的程度上代表了工业领域的市场化程度。因此本文将国民经济总体市场化程度作为工业领域市场化程度的一个代理变量。

由于我国的市场化改革是涉及多层次、多角度和多方面的一项系统工程，这种复杂性直接导致了衡量市场化水平至今都缺乏一个权威的标准。为此，樊纲、王小鲁等（2003）特别构建了一个以5个方面、23个分指标为基础的评估市场化水平的多维指标体系，并利用其测算各地方连续多年的市场化指数。其中，由政府与市场的关系、非国有经济的发展、产品市场的发育程度、要素市场的发育程度、市场中介组织的发育和法律制度环境组成的5个方面各自反映了市场化的某一特定方面，每个方面指数包含若干项分指数，有的分项指数下还设二级分项指数。也正是因为樊纲市场化指数多维性、近似性和时序性的特点，能够较为全面地反映中国市场发育程度，使得它较为频繁地出现在近年来国内众多有关市场化研究实证中（顾乃康、孙进军，2009；冯宗宪、王青、侯晓辉，2011；陈志斌、范圣然，2015）。本文同样采用樊纲市场化指数作为工业市场化程度的度量指标。

具体地，尽管樊纲等《中国分省份市场化指数报告（2016）》中给出了2010～2014年各省市场化指数，但考虑到统计口径和计算得分基期变化导致的不可比性，本文最终选择采用樊纲（2011）《中国市场化指数报告2011版》中2000～2009年的地区市场化进程指数，并进一步对2011～2015年的市场化指数采用趋势预测分析法进行推算。鉴于各省拟合数据较少，为避免出现过度拟合的情况，本文选择采用完全线性回归的方法进行地区市场化指数趋势预测。2000～2015年各地区市场化指数变化趋势如图4所示。可以发现，尽管中国各地区市场化程度总体均在稳步提高，但地区市场化程度存在显著差异，其中2015年市场化指数达到了10以上的16个地区中，除了四川、重庆在西部地区，其余都位于中东部，特别的，2014年以前，市场化较高的地区均位于东部；市场化程度最高的上海、浙江和江苏的指数在2015年达到了14；市场化指数最低的青海在2014年仍未达到5，其次是未达到7的甘肃；2015年大部分地区市场化指数处于7～10的范围内。可以说，在同一时间段内，东中西部平均市场化程度呈现阶梯式下降的变化趋势，即以东部市场化程度最高，中部次之，西部最低。

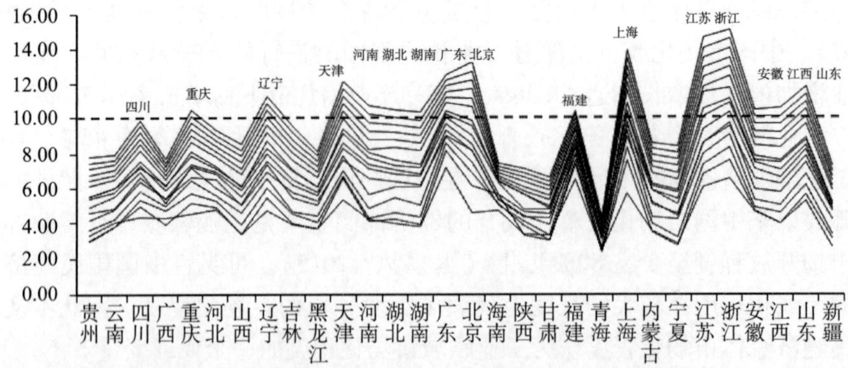

图4　各地区部分年份市场化指数变化趋势

资料来源：笔者绘制。

（三）历史因素

根据未来学原理，宇宙具有时空的统一性，即未来是现在持续发展的结果，今天的问题是过去的问题长期堆积的结果。普遍认为，中国工业化初期阶段是 1952～1992 年，而经济体制改革市场化又以 1978 年中共十一届三中全会为开始标志，直至 1992 年正式确立社会主义市场经济体制，从此市场化改革在中国全面实施。也就是说，中国工业化初期是伴随着计划经济体制的建立及其稳固过程中发展的，在相当大的程度上体现了以行政干预为主导力量的国民经济发展。工业化初期既是新中国成立以来工业化发展的基础，同时也是市场化改革的历史背景。中国从 21 世纪初开始提出钢铁行业产能过剩的问题，但至今仍没有很好地解决，反而随着其他产能过剩行业的不断出现，有愈演愈烈之势。众多学者关于中国产能过剩问题的研究也都是在当前的经济社会环境下分析，极少考虑到出现产能过剩问题的历史因素。产能过剩是产能过度积累造成的，而这个积累过程需要一定的时间。一般地，经济研究中的历史因素大都是与经济预测相关联的，而经济预测则是以国民经济计算体系的历史资料为其必要基础。因此，可将中国工业化发展基础（即初期的工业产能状况）这一项历史因素作为可能影响中国工业产能过剩的因素之一。中国大规模工业化起步是在第一个五年计划时期，主要是以“156 项重点工程”为核心的近千个工业项目形成了新中国独立自主的一套集军事、冶金、能源、机械加工、轻工业和医药工业等的工业体系雏形，囊括了 17 个省区市和 13 个工业行业。空间分布上看，156 工程的主要配置在东北和中西部地区，东部沿海占少数。行业分布上看，156 工程以民用工业为主，其中机械加工业、煤炭、电力和有色金属工业占据了 87 项。此外 150 项中的 106 个民用工业行业中，东北地区占了 50 个，中部 32 个；44 个军事国防企业，中西部占了 35 个，其中四川、陕西两省 21 个（何一民、周明长，2007）。当前中国存在较严重产能过剩的行业主要是钢铁、煤炭、电解铝等行业，这正是 156 工程中的主要配置行业。

尽管“156 工程”奠定了中国大规模工业化的基础，然而其并没有覆盖到全部省区市，不能直观反映工业化初期中国工业产能地区分布状况，为此本文选用了中国工业化初期阶段（1952～1992 年）的地区工业总产值来刻画产能过剩的历史因素。考虑到“文革”的特殊时期，最终将工业化初期分为 1952～1966 年和 1978～1992 年两个阶段的地区工业总产值，并均以工业总产值的对数形式来表征，将两个阶段的地区总产值处理为以 1952 年为基期的不变价。可以发现，相比于 1952～1966 年，1978～1992 年的地区工业总产值的区域差异较为明显，其中以黑龙江、四川、河北、湖北和浙江的变化最大，前两者工业总产值占全国比重明显缩小，而后三者则变化相反。总体上，中国工业化初期主要分布在环渤海地区（包括京津翼地区、辽中南地区和山东半岛地区）、长江三角洲地区和珠江三角洲地区。

四、实证研究

（一）计量模型

根据倒U型现象，过高或过低的市场化程度都有可能抑制行业的产能利用率。为了保障分析结果的稳健性，本文在本部分运用中国省级面板数据，以前面测算出的2000～2015年30省（区市）的产能利用率为被解释变量，以各省（区市）的市场化指数和历史因素为核心解释变量，通过计量分析进一步研究产能利用率与市场化程度的倒U型关系，以及历史因素对产能过剩的影响。基本估计模型如下：

$$CU_{it} = \beta_1 + \beta_2 \times M_{it} + \beta_3 \times M_{it}^2 + \beta_4 \times H_{ij} + \sum_{i=5}^{n} \beta_i X_i + \mu_i + \varepsilon_{it} \tag{7}$$

其中，CU_{it}为被解释变量，表示地区i在t时期的产能利用率；M_{it}、M_{it}^2以及H_{ij}为核心解释变量，前者表示地区i在t时期的市场化程度以及市场化指数的平方，后者表示地区i在j阶段的工业总产值（即1952～1966年地区工业总产值作为第一个历史因素H_1，1978～1992年作为第二个历史因素H_2）；X为控制变量集，包含市场化对产能过剩的其他影响因素；μ_i表示不可观测的个体固定效应，ε_{it}表示随机误差项，服从正态分布。式（7）隐含了产能利用率随着各个影响因素的变化而瞬时变化，即不存在滞后效应的假设，然而现实并非如此，产能过剩一方面是一个积累过程，具有其结果滞后性；另一方面，企业的当期决策容易受前期的经验影响，具有其过程的动态延续性（杨振兵，2015），因此将式（7）进一步拓展为：

$$Cu_{it} = \beta_1 + \alpha \times CU_{i(t-1)} + \beta_2 \times M_{it} + \beta_3 \times M_{it}^2 + \beta_4 \times H_{ij} + \sum_{i=5}^{n} \beta_i X_i + \mu_i + \varepsilon_{it} \tag{8}$$

（二）控制变量的选择

为得到无偏差的估计结果，还需要对影响产能过剩的其他变量加以控制。据已有相关研究，目前国内学术界通常将中国产能过剩划分为周期性产能过剩、结构性产能过剩和体制性产能过剩三种类型（程俊杰，2015），归纳起来便是供给侧的投资过度与需求侧的消费不足。已有众多研究证明了投资过度、经济周期和政府干预均可能是导致产能过剩的原因，因此，为了进一步检验产能过剩与市场化程度倒U型关系的稳健性，本部分还添加了独立于市场化对产能过剩影响的因素。（1）固定资产投资 I_{it}。投资是企业获得资本要素投入以进行企业扩张的主要方式，已有研究表明过度投资是中国产能过剩最直接因素（韩国高、高铁梅、王立国，2011）。因此选取固定资产投资作为控制变量之一，衡量指标为地区规模以上工业行业的固定资产净值（以1999年为基期的不变价）对数形式。（2）经济周期 EGR_{it}。周期性产能过剩主要表现为经济萧条或衰退阶段时出现的需求疲软，导致供大于求，并且供需差额累积到一定程度。也即在经济持续增长阶段，需求较为旺盛，产品滞销的风险相对较低，从而产能过剩发生率较低。本文以当年工业增加值与上年总产值的比值来刻画经济增长率，其中当年工业增加值（t）= 工业总产值（t）- 工业总产值（t - 1）。关于总产值均是以1999年为基期的不变价。（3）政府干预 FEG_{it}。在关于中国体制性产能过剩的研究中，政府干预程度是表征体制性扭曲的最重要变量，并常以政府的财政支出作为衡量政府对市场经济干预的指标（顾智鹏、武舜臣、曹宝明，2016）。因此，本文选择地方政府财政支出占地区GDP（以1999年为基期的不变价）的比重作为控制变量之一。

此外，考虑到技术进步对企业生产能力的影响，以及中国区域发展不平衡，本文还选取了以时间趋势项代表的企业自发技术进步 A_{it} 和地理变量 G_i（西部 =0，中部 =1，东部 =2）。

根据以上采用的控制变量，计量模型进一步设定为如下形式：

$$CU_{it} = \beta_1 + \alpha \times CU_{i(t-1)} + \beta_2 \times M_{it} + \beta_3 \times M_{it}^2 + \beta_4 \times H_{ij} + \beta_5 \times I_{it} + \beta_6 \times EGR_{it} + \beta_7 \times FEG_{it} + \beta_8 \times A_{it} + \beta_9 \times G_i + \mu_i + \varepsilon_{it} \quad (9)$$

（三）数据来源与描述

规模以上工业行业固定资产原值和总产值均来源于历年《中国工业统计年鉴》；1952～1966年与1978～1992年的地区工业总产值来自《新中国六十年统计资料》与各地区相关统计年鉴；地方财政支出来自《中国统计年鉴》；其中所用以各变量消除价格因素的指数是GDP平减指数，来自历年《中国统计年鉴》和《新中国六十年统计资料》。上式中各变量的统计性描述如表4所示。

表 4　　主要变量的统计性描述

变量	观测数	均值	标准差	最大值	最小值
CU	480	1.005	0.092	1.326	0.625
M	480	7.216	2.454	15.13	2.37
M2	480	58.54	40.778	228.981	5.617
I	480	3.473	0.434	4.500	2.242
EGR	480	18.509	13.426	68.638	-33.08
FEG	480	19.397	9.019	62.686	5.372
A	480	8.5	4.615	16	1
G	480	1.1	0.871	2	0
H1	480	2.269	0.494	3.171	1.025
H2	480	2.631	0.445	3.311	1.511

资料来源：笔者基于 Stata 14.0 软件得出。

（四）产能利用率与市场化程度：一个初步的倒 U 型关系

根据前面测算出的 30 个省、区、市产能利用率，利用 eviews 7.0 进行散点图作产能利用率与各省区市市场化程度的比较分析，散点图拟合效果如图 5、表 5 所示。

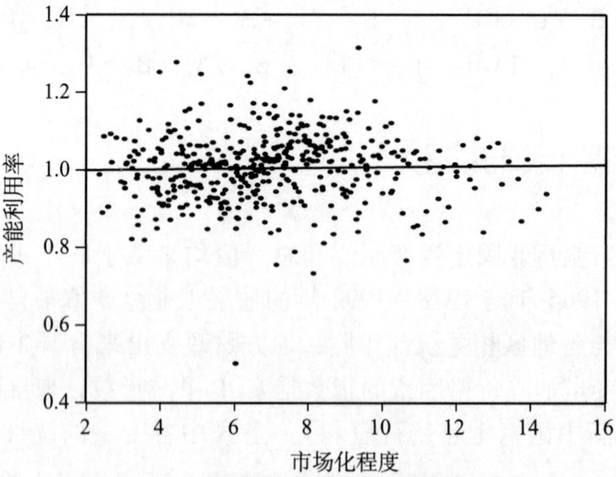

产能利用率与市场化指数线性拟合

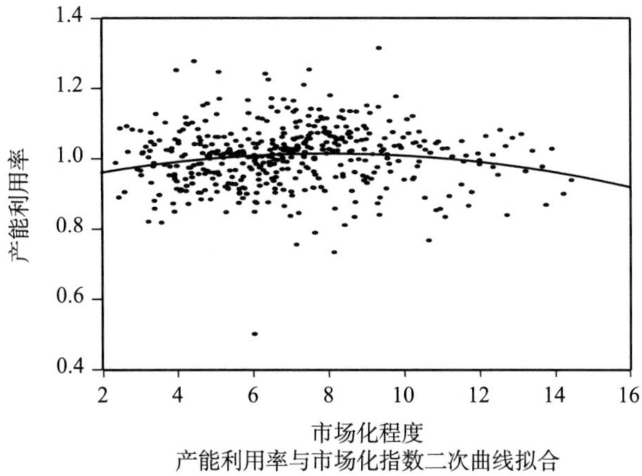

图5　2000～2015年中国产能利用率与各省、区、市市场化程度散点拟合图

资料来源：笔者基于eviews7.0绘制。

表5　产能利用率与市场化拟合回归结果

	常数项	市场化指数	市场化指数的平方
线性拟合	1.001*** (0.013)	0.001 (0.002)	
二次曲线拟合	0.891*** (0.031)	0.032*** (0.008)	-0.002*** (0.001)

注：***、**、*分别表示在1%、5%、10%的水平上显著；括号内为该系数的标准误差。
资料来源：笔者计算资料。

从图5、表5可以发现，产能利用率与市场化指数线性拟合时，不通过显著性检验，即2000～2015年的产能利用率与市场化程度并不线性相关；当两者二次曲线拟合时，各个系数均通过了5%的显著性水平，呈现出倒U型关系，也就是说，随着市场化程度的发展，工业产能利用率将随着市场化程度的深化而逐渐递增，在达到一定程度后，工业产能利用率将随着市场化程度的深化而逐渐递减；据回归方程测算，当市场化指数为8时，产能利用率到达最高，为1.019。

（五）产能利用率、市场化改革与历史因素：计量结果

考虑到（随机）固定效应估计满足其一致性要求是解释变量外生，且与误差项无关，因此为了避免面板数据模型内生性问题，本文采用了动态面板数据的GMM估计，并以两步系统广义矩估计（Blundell R. and Bond S.，1998）的计量结果作为最终的输出结果（见表6）。

表6　　产能利用率与市场化程度关系 GMM 估计结果

解释变量	模型1（CU）	模型2（CU）	模型3（CU）	模型4（CU）	模型5（CU）
CU_{t-1}	0.348*** (0.013)	0.345*** (0.032)	0.359*** (0.031)	0.468*** (0.024)	0.381*** (0.026)
M	0.164*** (0.009)	0.158*** (0.011)	0.162*** (0.017)		0.141*** (0.018)
M2	-0.011*** (0.001)	-0.011*** (0.001)	-0.007*** (0.001)		-0.006*** (0.001)
H1		-0.116* (0.066)		-0.072 (0.159)	-0.591 (0.112)
H2		0.216*** (0.051)		0.449*** (0.141)	0.351** (0.128)
I			-0.172*** (0.043)	-0.393*** (0.028)	-0.349*** (0.044)
EGR			0.003*** (0.001)	0.004*** (0.001)	0.003*** (0.001)
FEG			0.004*** (0.001)	0.005*** (0.001)	0.006*** (0.001)
A			-0.012*** (0.004)	0.021*** (0.002)	0.003 (0.006)
G			-0.056*** (0.022)	0.032*** (0.011)	-0.049* (0.026)
_CONS	0.209*** (0.039)	-0.099** (0.051)	0.726*** (0.121)	0.705*** (0.064)	0.439** (0.197)
Wald 检验	5 530.63*** [0.000]	4 241.69*** [0.000]	1 416.60*** [0.000]	7 714.76*** [0.000]	3 423.33*** [0.000]
AR（2）	0.4861	0.7884	0.5123	0.727	0.125
Sargan 检验	0.2799	0.2209	0.2434	0.1643	0.169

注：***、**、*分别表示在1%、5%、10%的水平上显著；圆括号内为该系数的标准误差，方括号内为该系数的P值。

资料来源：笔者基于 Stata 14.0 软件计算得出。

根据表6中的 Wald 检验可知，模型的总体效果是显著的；Sargan 检验在10%的显著性水平上无法拒绝“所以工具变量均有效”的原假设；AR（2）检验表明系统广义矩阵不存在二阶自相关，说明了模型设定的合理性，因此表中所有的实证结果都是有效的。在模型（1）~（5）中分别不同程度地控制了其他影响因素，可以发现，在以产能利用率为被解释变量，市场化程度为核心解释变量的估计方程下，市场化指数 M 与其二次项 M2 的符号均为一正一负，表现为产能利用率与市场化程度的倒 U 型关系，表明本文研究初始结论成立。添加历史因素变量后，结果显示 1952 ~ 1966 年地区工业总产值对产能利用率的影响为负，而 1978 ~ 1992 年地区工业化发展对工业产能利用率则具有明显的促进作用。对于这个结果，可能的解释是 1952 ~ 1966 年中国工业化是处于计划经济体制时期，中国经济增长方式以粗放型、外延型为主，主要通过增加生产要素的投入数量而非提高生产效率来实现经济增长，抑制了资源配置效率的提高；1978 ~ 1992 年，中国经济发展处于转轨时期，国家对资源配置逐步由计划管理走向市场调节，资源配置中的行为主体趋向多元化，逐渐形成多种经济成分市场竞争格局，促进了资源合理配置。也就是说，在资源配置方面，市场机制比计划体制更有助于促进经济增长，前者比后者更能带来人均消费水平的提高（周叔莲、郭克莎，1993）。这进一步表明了市场在资源配置中起决定性作用，肯定了中国社会主义市场经济体制改革的前瞻性、合理性。

此外，表 6 的所有模型产能利用率滞后期（CU_{t-1}）的系数在模型中显著为正，这意味着前一期的产能利用率水平对当期水平产生显著的积极影响，即产能利用率存在明显的路径依赖特征。本文尝试从供给侧和需求侧对其解释：供给侧方面，由于工业部门固定资产比例较高，因此生产方式短期内难以改变；需求侧方面，企业决策者通常依据上年的市场行情制订本年计划，然而面对瞬息万变的市场需求情况，企业短期内不容易调整生产计划。在所有的控制变量中，固定资产投资（I）的系数均为小于零，说明随着投资的增加，产能利用率会下降，也即对产能过剩的形成具有正面影响，这与江飞涛等的研究结论一致。处于经济转型的中国，市场化程度与发达国家仍具有一段距离，较低的市场效率使得市场供求信息的不对称，市场主体一方面在投资决策、生产决策方面容易被误导，出现盲目投资扩张现象；另一方面日益扩大的居民收入差距严重制约着居民的消费能力，需求疲软，从而导致市场上产品供过于求。经济增长（EGR）和政府干预（FEG）的系数均为正，表明两者都能够促进行业产能利用率的提高，特别是政府干预，这在一定程度上说明了政府在缓解产能过剩上具有积极作用。技术进步（A）的系数符号总体为负，说明较为严重的产能过剩有可能导致技术进步的外溢效应减弱，甚至产生负面影响；而地理因素（G）的系数符号为负也进一步表明了前面产能利用率的分析结果，即当下经济相对发达的东部地区产能利用率整体比中西部低，说明了相对欠发达的中西部地区可能存在的“后发优势”促进了产能利用率的提高。

综上，市场化指数的系数小于零，其二次项指数系数大于零，且两个系数高度显著，据此可知，在市场化程度不高时，市场化指数的增加有利于缓解产能过剩，即有利于促进产能利用率的提高；而当市场化程度到达一个临界值后，它对产能过剩的作用转为负，抑制了产能利用率。因此，总体上来看市场化水平对产能利用率的影响是两方面的，并且两者呈倒 U 型关系。在添加了历史因素作为核心解释变量后，发现 1978～1992 年地区工业化发展对工业产能利用率则具有明显的促进作用，而 1952～1966 年地区工业总产值对产能利用率的影响则相反。

（六）稳健性检验

考虑到中国各经济板块间存在较为显著的地区差异性以及上述模型存在测量误差所可能带来的内生性问题，为使得以上研究结论更为可靠，本文进一步给出分区域进行稳健性检验的结果。本文将全国 30 个省区市分为东北、东部、中部、西南、西北五大区域，[①] 由于研究的是 2000～2015 年 16 年的数据，因此针对每个区域都是一个长面板数据（大 N 小 T），差分 GMM 和系统 GMM 主要适用于短动态面板（大 T 小 N），对于 N 较小而 T 较大的长面板的分析则可能存在较严重的偏差。蒙特卡罗模拟结果显示，对于 N 较小的长面板，无论在偏差大小还是均方误差（RMSE）方面，偏差校正 LSDV 法都明显优于 GMM（Kiviet，J. F，1995）。考虑到偏差校正 LSDV 法适用条件的数据非线性以及对称性，本文最终采用表征历史因素的 1952～1966 年和 1978～1992 年两个阶段各 15 年地区工业总产值的时间序列值（以 1999 年为基期），其余变量均选自 2000～2014 年数据。偏差校正 LSDV 法的基本思想是，首先使用 LSDV 法估计动态面板模型，得估计系数 $\beta_{\widehat{LSDV}}$；其次估计 LSDV 法的偏差 $\widehat{Blas}$；最后，将 LSDV 系数估计值减去偏差，即得偏差校正后的一致估计：

$$\beta_{\widehat{LSDVC}} = \beta_{\widehat{LSDV}} - \widehat{Blas} \tag{10}$$

因此，本文采用偏差校正 LSDV 法来分析市场化程度对产能利用率影响的区域差异，估计结果见表 7。

表 7　　基于 LSDV 法的计量回归结果分析

解释变量	东北地区	东部地区	中部地区	西南地区	西北地区
CU_{t-1}	3.871*** (0.000)	1.026*** (0.106)	0.904*** (0.154)	2.109*** (0.001)	0.898*** (0.329)

① 注：东北地区：辽宁省、吉林省、黑龙江省；东部地区：北京市、天津市、河北省、上海市、江苏省、浙江省、福建省、山东省、广东省、海南省；中部地区：山西省、安徽省、江西省、河南省、湖北省、湖南省、内蒙古自治区；西南地区：四川省、重庆市、贵州省、云南省、广西壮族自治区；西北地区：陕西省、甘肃省、青海省、宁夏回族自治区、新疆维吾尔族自治区。

续表

解释变量	东北地区	东部地区	中部地区	西南地区	西北地区
M	0.222** (0.092)	0.09* (0.055)	0.135** (0.066)	-0.017 (0.083)	0.031 (0.089)
M2	-0.011*** (0.004)	-0.004 (0.002)	-0.007 (0.005)	0.005 (0.005)	-0.0003 (0.008)
H1	-0.673*** (0.110)	0.039 (0.074)	0.176** (0.074)	0.104 (0.149)	0.084 (0.069)
H2	0.941*** (0.289)	0.199** (0.098)	0.425* (0.259)	-0.037 (0.310)	0.0351 (0.245)
I	-1.801*** (0.295)	-0.403** (0.181)	-0.556*** (0.196)	-0.819*** (0.276)	-0.406 (0.284)
EGR	0.005*** (0.001)	0.004*** (0.000)	0.004*** (0.001)	0.006*** (0.001)	0.004*** (0.001)
FEG	-0.099*** (0.014)	0.0003 (0.004)	0.008* (0.005)	0.0001 (0.002)	0.001 (0.003)
A	0.032 (0.034)	-0.016* (0.008)	-0.019** (0.014)	-0.004 (0.015)	-0.004 (0.013)

注：***、**、*分别表示在1%、5%、10%的水平上显著；括号内为该系数的标准误差。
资料来源：笔者基于Stata 14.0软件计算得出。

表7的结果显示，在显著性水平上，除了滞后一期的产能利用率、经济增长和固定资产投资的系数符号仍充分保持与全国层面一样之外，其他变量对产能利用率的影响显著性降低，但总体来讲，市场化程度与1978~1992年工业化发展均显著促进产能利用率的提高。特别地，无论是市场化程度与产能利用率的倒U型关系，还是历史因素对产能利用率的双向作用均在东北部地区较为显著。可见，市场化、历史因素对工业产能过剩的影响具有较大的异质性。产生以上结果的原因可能有：

（1）区域工业化进程的不一致。东北地区是中国大规模工业化（特别是重工业发展战略时期）的重点，譬如156工程的106个民用工业行业中，东北三省就占了50个，因此新中国成立初期到改革开放前期，东北地区工业化进程发展最快；随着改革开放和市场经济体制的确立，东部地区凭借区位、资金、技术和市场的相对优势，工业迅速发展，使得1978~1992年期间的工业产能分布对工业产能利用率产生的正向影响。西部地区工业化是随着2000年的“西部大开发”开始快速发展起来的，因此1952~1992年的工业产能分布对西南和西北地区的影响不显著。

（2）区域市场化程度存在的较大差异。中国幅员广阔、省份众多，区域间经济发展水平存在巨大差异，具体在市场化指数上则表现为发达省份与落后省份数值差距过大。截至 2015 年市场化指数仍低于 8 的省份主要为西部省份。据前文倒 U 型回归方程的测算可知，当市场化指数为 8 时，产能利用率到达最高，为 1.019，这表明目前中国大部分地区仍处于曲线的左端，即市场化水平与产能过剩呈负相关。并且内陆地区市场化水平对产能利用率的边际效用高于沿海地区的。

（3）相较于发达地区，欠发达地区工业发展具有后发优势。后发优势于 1962 年被格申克龙首次提出，他将技术作为一个国家经济高速发展的重要影响因素，认为后发国家通过引入发达国家先进的技术设备、资金投资可节约工业化时间并解决后发国家的资本不足问题。林毅夫（2005）通过简单的内生增长模型进一步证明了欠发达国家可通过引进技术获得比发达国家更快的技术变迁速度并最终实现欠发达经济向发达经济的收敛。而李光泗和徐翔（2008）基于后发优势理论研究了技术引进多地区经济收敛的影响，认为落后地区技术引进的外溢作用更强。对于东部地区而言，其以优越的地理位置及优质的要素禀赋承担了中国市场化改革进程中工业发展的主要任务，大量劳动密集型产业的落地、发展，源自外资投资、国外技术设备引进及政策支持等多重因素的作用为其带来了较高的产能利用水平，但随着东部地区低端的纺织业、采煤业、化工业等行业的逐渐饱和及产业结构僵化，东部地区难以通过投资及劳动的投入增加其产能利用率，同时源自技术引进的边际效应也逐渐降低，使得其产能利用率在 2011 年后便呈现下降趋势。而中西部地区，尤其是西部地区作为近年来发达地区产业转移的承接，后发优势使其得以通过要素投入及技术引进迅速提高产业生产效率的同时，由于在城镇化和工业化进程中的相对劣势，中西部地区基础设施建设等公共服务仍处于迅速扩张阶段，产能消耗率较高，故在近年的产能利用率测算中出现西部平均产能利用率高于中部地区高于东部地区的现象。

五、研究结论与政策含义

本文利用中国 30 个省、区、市的省级数据测算了 2000～2015 年中国分地区工业产能利用率，对全国及区域间产能利用率进行了比较分析，并结合市场化指数简单分析了市场化进程中产能利用率的变化规律，得出了以下典型事实：（1）当前中国工业整体出现产能过剩状况，区域间产能利用率差异明显，区域内各省产能利用率变化趋势与产业政策、经济周期表现出一致性。（2）2000～2015 年中国工业产能利用率与市场化指数之间存在倒 U 型曲线的动态关系，即在市场化程度不高时，市场化指数的增加有利于产能利用率的提高，而当市场化程度到达一个临界值后，它对产能利用率的作用转为负。（3）以工业化初期发展为基础的历史因素对工业产能利用率影响显著，其中第一阶段（1952～1966年）具有负向影响，第二阶段（1978～1992年）工业化能够促进产能利用率的提高。

产能利用率与市场化指数之间所存在的倒U型曲线验证了不同发展水平的经济体在其工业发展进程中是存在后发优势的，并非市场化程度越高便具有更高的产能利用率。对于当前中国出现的产能过剩问题，根据本文所得出的产能利用率与市场化指数之间存在的倒U型关系，本文提出以下建议：（1）继续深化以市场化为导向的经济体制改革，充分发挥市场化改革对化解我国产能过剩的促进作用，并发挥好政府作用。（2）推进产业结构调整与升级，提高企业自主创新能力，促进东部劳动密集型工业企业向西部欠发达地区的转移，在中西部省份到达倒U型曲线的顶点前继续加大对西部地区的资产投资。（3）在制定治理产能过剩问题的有关政策时，应因地制宜地进行政策安排，对于中西部欠发达地区需要进一步扩大当地经济开放程度，而对东部发达地区应通过政策引导并推进市场整合，力求在长期中完成国内中东西部市场一体化并实现经济的稳定增长。

参考文献

1. 陈志斌、范圣然：《政府质量、市场化程度与现金——现金流敏感性》，载于《审计与经济研究》2015年第2期。

2. 程俊杰：《转型时期中国地区产能过剩测度——基于协整法和随机前沿生产函数法的比较分析》，载于《经济理论与经济管理》2015年第4期。

3. 程俊杰：《转型时期中国产能过剩测度及成因的地区差异》，载于《经济学家》2015年第3期。

4. 崔向阳：《我国工业化与市场化关系的实证分析》，载于《浙江社会科学》2003年第7期。

5. 迟福林：《“十三五”推进服务业主导的经济转型》，载于《国家行政学院学报》2015年第2期。

6. 董敏杰、梁泳梅、张其仔：《中国工业产能利用率：行业比较、地区差距及影响因素》，载于《经济研究》2015年第1期。

7. 冯梅、陈鹏：《中国钢铁产业产能过剩程度的量化分析与预警》，载于《中国软科学》2013年第5期。

8. 冯宗宪、王青、侯晓辉：《政府投入、市场化程度与中国工业企业的技术创新效率》，载于《数量经济技术经济研究》2011年第4期。

9. 樊纲、王小鲁、张立文、朱恒鹏：《中国各地区市场化相对进程报告》，载于《经济研究》2003年第3期。

10. 樊纲、王小鲁、朱恒鹏：《中国市场化指数——各地区市场化相对进程2011年报告》，经济科学出版社2011年版。

11. 郭跃华：《西部民族地区市场化程度探讨》，载于《经济问题探索》2007年第9期。

12. 干春晖、邹俊、王健：《地方官员任期、企业资源获取与产能过剩》，载于《中国工业经济》2015年第3期。

13. 顾乃康、孙进军：《区域市场化进程的差异对我国上市公司现金持有量的影响研究》，载于《金融管理》2009年第7期。

14. 顾智鹏、武舜臣、曹宝明：《中国产能过剩问题的一个解释——基于土地要素配置视角》，载于《南京社会科学》2016年第2期。

15. 耿强、江飞涛、傅坦：《政策性补贴、产能过剩与中国的经济波动——引入产能利用率RBC模型的实证检验》，载于《中国工业经济》2011年第5期。

16. 康继军：《中国经济转型与增长》，载于《管理世界》2007年第1期。

17. 洪名勇：《初始条件、所有制调整速度与区域经济非均衡增长》，载于《制度经济学研究》2005年第4期。

18. 何一民、周明长：《156项工程与新中国工业城市发展（1949～1957）》，载于《当代中国史研究》2007年第2期。

19. 何蕾：《中国工业行业产能利用率测度研究——基于面板协整的方法》，载于《产业经济研究》2015年第2期。

20. 霍奇逊：《经济学是如何忘记历史的：社会科学中的历史特性问题》，中国人民大学出版社2008年版。

21. 贺京同、何蕾：《产能利用率测度方法的比较研究》，载于《现代管理科学》2016年第4期。

22. 江飞涛、耿强、吕大国、李晓萍：《地区竞争、体制扭曲与产能过剩的形成机理》，载于《中国工业经济》2012年第6期。

23. 江飞涛、曹建海：《市场失灵还是体制扭曲——重复建设形成机理研究中的争论、缺陷与新进展》，载于《中国工业经济》2009年第1期。

24. 韩保江、韩心灵：《“中国式”产能过剩的形成与对策》，载于《改革》2017年第4期。

25. 韩国高、高铁梅、王立国、齐鹰飞、王晓姝：《中国制造业产能过剩的测度、波动及成因研究》，载于《经济研究》2011年第12期。

26. 李光泗、徐翔：《技术引进与地区经济收敛》，载于《经济学（季刊）》2008年第3期。

27. 刘志彪、王建优：《制造业的产能过剩与产业升级战略》，载于《经济学家》2000年第1期。

28. 刘航、孙早:《城镇化动因扭曲与制造业产能过剩——基于2001~2012年中国省级面板数据的经验分析》,载于《中国工业经济》2014年第11期。

29. 林毅夫、巫和懋、邢亦青:《“潮涌现象”与产能过剩的形成机制》,载于《经济研究》2010年第10期。

30. 林毅夫、张鹏飞:《后发优势、技术引进和落后国家的经济增长》,载于《经济学(季刊)》2005年第4期。

31. 马克思:《资本论》(第三卷),人民出版社2004年版。

32. 诺斯:《制度、制度变迁与经济绩效》,上海三联书店出版社1994年版。

33. 孙焱林、温湖炜:《我国制造业产能过剩问题研究》,载于《统计研究》2017年第3期。

34. 王辉、张月友:《战略性新兴产业存在产能过剩吗?——以中国光伏产业为例》,载于《产业经济研究》2015年第1期。

35. 王立国、鞠蕾:《地方政府干预、企业过度投资与产能过剩:26个行业样本》,载于《改革》2012年第12期。

36. 杨振兵:《对外直接投资、市场分割与产能过剩治理》,载于《国际贸易问题》2015年第11期。

37. 张少华、蒋伟杰:《中国的产能过剩:程度测算与行业分布》,载于《经济研究》2017年第1期。

38. 张日旭:《重化工业产能过剩的困境摆脱:解析电解铝行业,载于《改革》2012年第11期。

39. 周密、刘秉镰:《供给侧结构性改革为什么是必由之路?——中国式产能过剩的经济学解释》,载于《经济研究》2017年第2期。

40. 周叔莲、郭克莎:《资源配置方式与我国经济体制改革》,载于《中国社会科学》1993年第3期。

41. Alexander Gerschenkron. *Economic Backwardness in Historical Perspective*. Harvard University Press, 1962.

42. Bain, J. S.. Barriers to New Competition Cambridge. Harvard University, 1962.

43. Berndt E. R. and Morrison C. J.. Capacity Utilization Measures: Underlying Economic Theory and an Alternative Approach. *The American Economic Review*, 1981, 71 (2): 48 –52.

44. Blundell R., and Bond S.. Initial Conditions and Moment Restrictions in Dynamic Panel Data Models. *Journal of Econometrics*, 1998, 87 (1): 115 –43.

45. Chamberllin E.. The Theory of Monopolistic Competition. Harvard Univer-

sity, 1947.

46. Kiviet, J. F.. On Bias, Inconsistency, and Efficiency of Various Estimators in Dynamic Panel Data Models. *Journal of Econometrics*, 1995 (68): 53 - 78.

47. Klein L. R.. Some Theoretical Issues in the Measurement of Capacity. *Econometrica*, 1960, 28 (2): 272 - 286.

48. Shaikh, A. M. and Moudud, J. K.. Measuring Capacity Utilization in OECD Countries: A Cointegration Method. The Levy Economics Institute Working Paper 2004, (9): 1 - 19.

Historical Factors, Marketization Level and Overcapacity

——An Empirical Analysis Based on Provincial Industry Panel Data

HONG Mingyong　CAI Yan　WU Zhaoyang　YANG Xiaoxuan

(Guizhou University, Guiyang, Guizhou, 550025)

[**Abstract**] On the basis of research results of the new institutional economics and other disciplines, this paper establishes a theoretical framework of market-oriented reforms, historical factors and overcapacity. Based on this, by building 2000—2015 annual industrial fixed assets investment in China 30 provincial panel data area, Using the panel cointegration method to measure the utilization rate of industrial capacity in China. And further combined with the market-oriented index found that industrial capacity utilization and market-oriented index between the "inverted U-type" relationship between the typical facts. In order to test the reliability of the typical facts, in addition to taking into account the conventional variables and related control variables that affect the overcapacity, this paper constructs and incorporates the historical factor for the first time and uses the two-step generalized matrix estimation (TS - GMM) Measurement analysis. Then, test the robustness of the regional level. The results of the analysis confirm the reliability of the typical facts. It also shows that historical factors have a two-way effect on overcapacity. Finally, the relevant discussion and a number of policy implications.

[**Key Words**] Industrial Capacity Utilization　Market Level　Inverted U-shaped Relationship　Historical Factors

JEl Classifications: P23　P51

奈特不确定性下创业型企业的分阶段融资机制*

▶吉　云**◀

【摘　要】创新是创业型企业赖以生存的必要条件，但其面临的奈特不确定性却妨碍了创业者对外部金融资源的整合。在银行等传统金融机构主导的一次性融资安排下，投资者在创业初期前景不明的情况下面临过高风险暴露，创业融资很难成功。分阶段融资充分利用市场“发现”信息的功能，在不确定性逐渐降低的过程中实现动态估值，而其内嵌的退出实物期权则为投资者提供了风险控制工具，在事前直接提高了企业的价值。风险投资成为一种较为成功的创业融资模式，根本原因正在于其善于利用自身优势实施分阶段融资。本文发现可为改善其他融资方式提供启示，在契约安排、资金注入、信息收集、风险控制等方面优化创业融资过程，从金融支持的角度推动“大众创业、万众创新”。

【关键词】**奈特不确定性　创业型企业　分阶段融资　实物期权**

中图分类号：**F830.39**　文献标识码：**A**

一、引　言

基于创新的创业型企业大量涌现已成为推动经济增长的重要引擎，也是经济持续保持活力的重要保障。创新和创业是一个非常复杂的过程（Shane &

---

* 本文是国家社会科学基金项目“基于动态契约的创业型企业融资与风险控制研究”（批准号：15BJY162）的阶段性成果，在此致谢。论文早期版本曾在 2017 年第十七届中国经济学年会宣读，感谢评议人的点评和建设性意见，当然，文责自负。

** 吉云，经济学博士，温州大学商学院、金融研究院经济学副教授，地址：浙江省温州市茶山高教园区温州大学商学院（325035），E-mail：winkie2004@163.com。

Venkataraman，2000），其成功需要多种要素的支撑。除了创业者自身拥有的技术、团队、管理等内部要素外，融资渠道、制度环境等外部要素也是创业成功的必要条件。然而，由于其核心价值来源的特殊性，创业型企业常常面临外部融资不足的难题（Lerner，2009）。就全球范围来看，银行等传统金融机构依然是企业的主要融资渠道，但其对创业型企业的支持却远远不够（Zider，1998）。根本原因在于这类企业的创新性特征导致的高收益性、高失败率和高不确定性（Berger & Udell，2002；Ueda，2004）。创业型企业一般没有可验证的经营记录，也没有足够可供抵押的实物资产（Berger & Schaeck，2011；Neher，1999），其运营具有探索性、试错性和动态性，核心价值则来自很难估价的实物期权，这些特征都与传统金融机构静态的融资契约和僵硬的风控体系不相匹配。

国外风险投资、天使投资等新型融资方式的发展历史和成功经验表明，有效的创业型企业融资模式具备某些独特性质和运作机理（Kaplan & Stroömberg，2003；Tian，2011），尤其是要适应创业型企业的创新性本质（吉云，2016）。基于大量来自创投行业的典型事实和经验证据，现有研究已经发现了很多创业融资模式独有的特征，如可转换证券、分阶段融资、回购协议、反稀释条款、不对称控制权配置、动态估值等等（Bengtsson，2011；Kaplan & Stroömberg，2001），并尝试用信息不对称、不完全契约、动态博弈、实物期权等较为成熟的经济理论进行解释（Cornelli & Yosha，2003；Neher，1999；Schmidt，2003；Manso，2011）。相关文献虽在一定程度上揭示了创业融资的运行机制，但归纳导向的研究逻辑导致其注意力局限于风险投资等少数几种被公认为有效的创业融资方式上，其结论很难推广到其他相关的融资渠道。以风险投资为代表的新型融资模式的确吸引了大量注意力（Gompers & Lerner，2006），但从创业型企业的融资总量上来看，其所占比重依然微不足道。[①] 内源融资、关系融资、民间借贷、信用贷款及其他非正规融资依然占据主要地位。[②] 因此，有必要从创业型企业的创新性本质出发，在一般意义上考察其融资过程的基本原理。相关结论一方面可对创投行业的一些典型事实给出理论解释，一般化风险投资研究的主要结果；另一方面，可为完善其他可行的创业融资渠道提供参考。

奈特不确定性是创新活动的本质特征，这给创业型企业的运作和估值带来了特殊复杂性，其融资过程需要兼顾企业家激励、投资者激励、不确定性

① 以2014年为例，即使在创投行业最为发达的美国，天使投资和风险投资在中小企业外部融资总量中也仅占10%左右（TradeUp Capital Fund & Nextrade Group，2015），如果考虑到中小企业50%以上的内源融资比例，风险投资在融资总量中占比更小。

② 这些融资渠道自有其潜在风险和额外成本。比如内源融资不符合创业者资产配置的最优化，而民间借贷则带来高额利息负担。

降低、动态估值、控制权相机配置、动态风险控制等目标（吉云，2016）。本文分析表明，分阶段融资机制引入了市场的信息发现功能，将双边激励、信息呈现、动态估值和风险管理融为一体，能够实现与创业创新过程的匹配。传统金融机构不擅长实施分阶段融资契约，这是其对创业型企业支持不足的主要原因。风险投资等新型金融中介具有某些独特优势，[①] 能够利用分阶段融资契约组织交易，很大程度上解决了奈特不确定性给创业融资过程带来的复杂问题。

二、文献综述

（一）创新、创业与奈特不确定性

创业是创新者实现其创造性想法的主要途径。由于直接交易创意和技术知识会面临高额交易成本（Lerner & Malmendier，2010），而雇佣契约又会导致企业家创新激励不足，甚至企业家精神的消失，创业这种间接定价企业家才能的机制便是创新者的最佳选择（吉云、姚洪心，2011）。创新的本质及其对于经济增长的含义在 1912 年首先被熊彼特正式讨论（熊彼特，2000），他将创新定义为实现新的组合。熊彼特指出，通过创造性破坏过程，创新不断推动资本主义经济向前发展。作为经济增长的引擎，企业家不断地利用创新打破循环流转经济的均衡状况，并在经济重新恢复均衡的过程中赚取超额利润。熊彼特之后，有关企业家及创新的研究层出不穷，比较有代表性的观点来自卡森（Casson，1982）和柯泽纳（Kirzner，1997）。前者将企业家定义为就稀缺资源做出判断性决策的人。后者延续奥地利市场过程和主观主义传统，将创新理解为发现机会、捕捉机会并创造利润的行为，而企业家就是对市场机会具有高度警觉性（alertness）的人。

尽管还有争论，但学者们对创新的基本性质是没有疑问的，即：创新就是制造和/或利用市场非均衡赚取超额利润的过程。在实现新组合的过程中，企业家将不可避免地面对奈特意义上的不确定性。凭借其拥有的特殊禀赋，企业家最擅长应对创新过程中的不确定性（Knight，1921；Bewley，1989）。实际上，在一个确定性的均衡市场，企业家没有施展其创新才能的空间（吉云、姚洪心，2011）。[②] 不确定性是非均衡市场的常态，也正因为有了不确定

---

① 风险投资的一般合伙人（GP）大多具有创业创新经验，且对创业创新活动具有独立见解。这些人在创投圈频繁互动，经常相互交换信息，并合作投资。这些优势有助于分阶段融资契约的签订和实施。

② 不确定性其实是创新的应有之义。如果创新面对的是确定情景，那么我们需要的是数学家，而不是企业家，因为前者更擅长最优化计算。如果面对的是有风险的决策，那么我们需要的是足够有效的金融市场，而不是企业家，因为前者可以很好地分散非系统风险，并对系统风险进行定价。

性，企业家才有了存在的价值。可以预期，创业型企业创新程度越高，其所面临的不确定性程度越大。

需要注意的是，奈特意义上的“不确定性”不同于普通意义上的“风险”，后者通常可用一个未退化的概率分布来刻画，而前者则不能用已知的概率分布来刻画。在不确定性情境中，决策者不仅无法估计各种可能状态发生的概率，很多情况下甚至连状态空间都无从得知。经济学正式讨论不确定性始自奈特（Knight，1921）和凯恩斯（Keynes，1936），但直到吉尔伯和斯梅得勒（Gilboa & Schmeidler，1989）提出多重先验概率模型（multiple prior model），文献中才逐步出现多种刻画不确定性偏好的公理化框架（Klibanoff et al.，2005；Chateauneuf & Faro，2009，等等）。本文采用巨能久和苗建军（Ju & Miao，2012）构造的不确定性规避效用函数来刻画创业投资者偏好，据此比较不同融资模式的优劣。我们的分析将表明，创新过程存在的不确定性正是风险投资这类新型融资模式在创业投资市场大行其道的根本原因，其善于利用分阶段融资机制应对不确定性带来的创业型企业估值和风险控制难题。相对而言，银行、保险等传统金融机构只擅长解决普通金融风险的度量、定价和控制问题，没有能力解决创业型企业的融资困境。

（二）创业型企业融资

现有文献在一般意义上就创业型企业融资过程和模式进行了诸多研究，比如新创企业成长与外部资源获取（毕海德，2004）；创业型企业融资难的原因和对策（郭娜，2013；Inderst & Mueller，2009；Ueda，2004）；创业融资契约、控制权配置和创新激励（姚铮等，2011；Hellmann，1998；Kaplan & Stroömberg，2003）；分阶段投资的原因和结果（Cornelli & Yosha，2003；Neher，1999；金永红等，2004；Tian，2011）等。

特别的，作为一种成功的创业融资机制，风险投资出现、扩展并成为创业型企业典型融资形式的原因，已有大量文献从多个角度给出了经验证据和理论解释（Gompers & Lerner，2006），诸如风险投资介入对创业企业绩效的影响（木志荣、李盈陆，2012；Chemmanur et al.，2011；Hellmann & Puri，2002）；风险投资的收益与风险（Korteweg & Sorensen，2010；Cochrane，2005；Moskowitz & Jørgensen，2002）；风险投资的制度设计和治理结构（姚铮等，2011；Sahlman，1990）；风险投资公司识别、筛选、监控投资项目的过程与效应（Krishnan et al.，2011；Kollmann & Kuckertz，2010；Kaplan & Stroömberg，2001）；风险投资契约条款与性质（Kaplan & Stroömberg，2003；Bengtsson，2011），等等。这些归纳导向的研究虽然有助于理解风险投资的本质特征和运作机理，但却将注意力局限在风险投资这种非常特殊的融资模式之中，相关结论很难推广到其他融资方式之中。本文按照演绎逻辑，从创业型企业的创新性本质出发展开分析，其结论更具一般性，对中国创业企业和金融机构而言也更具现实意义。

（三）分阶段融资机制

不同于一次性融资（up-front financing），分阶段融资（staged financing）在降低不确定性的影响（Epstein & Schneider，2008）、解决信息不对称和过度投资问题（Admati & Pfleiderer，1994；Bergemann & Hege，1998）、企业家激励（Cornelli & Yosha，2004；Schmidt，2003；吉云，2016）等方面具有独特优势。内赫尔（Neher，1999）注意到，新创企业通常没有足够有形资产可供抵押，在一次性融资安排下，资金一旦全部注入，创业者会利用再谈判优势侵占投资者利益，这导致外部融资在事前就变得不可行。资金的分阶段注入可以改善这一状况。前期资金少量注入不但可以降低企业家事后再谈判的地位，更重要的是，还会在创业早期阶段与企业家一道形成部分可抵押、可分割资产，缓解了再谈判的机会主义行为。冈珀斯（Gompers，1995）的证据显示，创业型企业的融资轮次与其无形资产所占比重正相关，这一发现与内赫尔（1999）的观点一致。冈珀斯（1995）还表明，资金分阶段注入有利于投资者在创业推进过程中收集相关信息，并据此对创业活动实施事中监督。一旦信号显示创业前景不佳，投资者还可以容易地停止后期资金的注入。分阶段融资不但有助于控制创业投资相关风险，可置信的退出威胁还提高了企业家的事前激励（吉云，2016）。

此外，内嵌实物期权也是分阶段融资机制的一种独特优势。相关文献虽然对此有所涉及，如内赫尔（1999）、赫尔曼（Hellman，1993）、萨尔曼（Sallman，1988，1990），等等，但没有深入研究，也没有建立模型进行正式分析。原因在于，普通风险假设下的实物期权模型可以直接应用于创业型企业融资过程，这里没有特殊的新问题值得研究。但在奈特不确定性假设下，分阶段融资模式内嵌的实物期权具有了新的性质。一方面，奈特不确定性提高了实物期权的价值，且新信息的出现会导致其动态变化；另一方面，市场上不存在正在交易的金融工具可将其复制出来，它只能内嵌于分阶段融资过程。我们的分析将表明，风险投资之所以在创业领域优于传统融资渠道，正在于前者善于利用分阶段方式组织融资交易。分阶段融资不但有助于降低不确定性的影响，充分利用新信息对创业型企业进行动态估值和风险控制，还通过内嵌实物期权在事前直接提高了企业价值，让那些原本无利可图的创业型企业具有了投资价值。

三、创业型企业的分阶段融资机制

奈特不确定性下，投资者很难在事前对创业型企业进行准确估值，也不能在事后用金融衍生品和分散化策略进行风险管理。[①] 融资策略的选择本身会影响投资标的的价值。一次性融资安排面临的估值和风险控制难题会导致创业型企业的价值降低，创业投资无利可图。相对而言，分阶段融资通过引入市场的信息发现功能，在降低不确定性的同时将估值融入创业、创新与融资过程之中，增强了创业投资活动的动态适应性。此外，分阶段融资赋予双方在中途退出的选择权，这不但大大降低了创业投资的总体风险，还通过嵌入实物期权的方式在事前提高了企业的价值。

具体的，一次性融资需要在期初一次性投入创业所需的全部资金 K,[②] 不确定性规避的投资者基于现有信息对未来收益率进行评估，并作出投资决策。一旦决定投入资金，就只能消极地等待着创业阶段的结束，随后变现退出，计算实际损益。显然，采用一次性融资策略的投资者不能在创业推进过程中终止合作关系，即使期间出现的信息已经表明该项投资不应继续下去也是如此。进一步地，由于信息出现不会改变投资决策已经做出的事实，投资者在创业持续期间甚至没有激励主动收集信息。

相比较而言，分阶段融资允许分多次注入资金，投资者在创业持续期间拥有退出后续投资的权利。在创业推进过程中，不确定性规避的投资者有动力收集相关信息，为后续投资提供决策依据。信息的不断补充可以逐渐消除不确定性的影响，相关个体有机会不断修正此前对创业企业的估值，进而做出更为准确的决策。一旦相关信息表明前期所投企业状况不好、前景不佳，投资者可以选择不继续后轮投资，及时止损。分阶段融资内嵌的这种实物期权可为投资者提供下跌保护的风险控制工具，在事前降低了参与创业投资的顾虑。

图 1 在 3 期框架下给出了创业型企业的分阶段融资过程。创业所需资金由投资者分 3 期注入公司，分别为 $K_0 = K_1 = K_2 = K/3$。[③] 在时刻 $t = 0$，面临

---

① 如果只面临风险的影响，则分阶段融资并不比一次性融资更有优势，因为在一次性融资安排下，投资者总可以利用合适的金融工具动态复制出分阶段融资的效果。比如：分阶段融资内嵌的退出期权为投资者提供的收益下跌保护也可以通过进入与该收益负相关的衍生品头寸实现，资金分阶段注入的安排并没有特殊优势。

② 为了简化分析，本文假设创业阶段所需资金 K 在事前是已知的，没有不确定性。当然，相关结论可以很容易地推广到 K 未知的情形。

③ 此处假设各期投资水平相同，现实中可以很容易地根据各种可观察的变量动态调整，如估值水平、市场环境、产品研发进度等等。

资金约束的创业者试图寻求外部融资。如果他能说服投资者在一定的估值水平提供启动资金 K_0，创业开始。第一轮融资可以帮助创业者支撑到时刻 $t=1$，此时，基于市场的信息发现功能，投资者可以观测到信号 m_1，然后据此修正先前的估值，并进行下一轮投资决策。如果信号 m_1 显示创业前景不容乐观，投资者可在此时放弃后续投资，但之前投资所获得的股权价值继续存在。一旦初始投资者终止合作，创业者可以转向其他投资者寻求资金支持以继续创业，也可以终止创业，并在最新估值水平上清算退出。如果初始投资者继续注入资金 K_1，创业者能够坚持到时刻 $t=2$。此时信号 m_2 出现，投资者继续修正先前的估值，并作出第三轮融资决策。在时刻 $t=3$，创业阶段结束，不确定性消除，投资者可以确定地知道最终的创业投资回报。

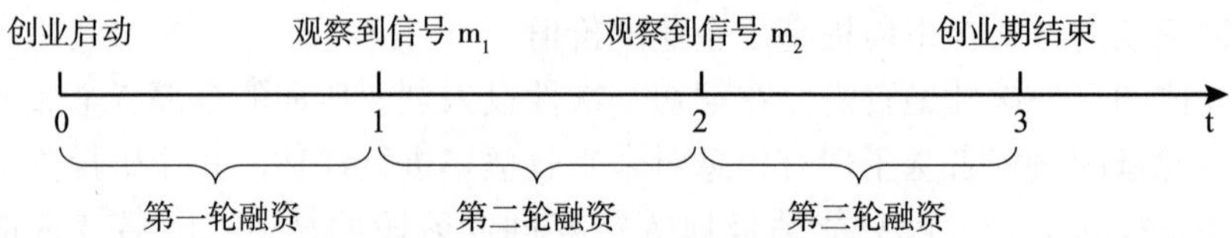

图1　创业型企业的分阶段融资过程

四、模　型

（一）基本设定

我们继续在3期框架下进行分析。在时刻 $t=0$，创业者决定实施创业活动，由于面临资金约束，他不得不求助于外部投资者。① 在奈特不确定性下，创业前景无法预测，企业价值很难评估，创业者和投资者都不得不依靠主观判断进行投融资决策。假设创业阶段所需总资金为K，投资者可以选择一次性注入，也可以分阶段注入。② 进一步假设创业投资的超额收益率服从以下正态分布：③

$$R \sim N(\tilde{\mu},\ \sigma_R^2) \tag{1}$$

① 本文只考察股权投资者。吉云（2016）证明，对创业融资而言，债务契约在静态和动态框架下都不是最优的，可行的只能是股权契约。

② 为了排除资金机会成本对融资策略选择的影响，我们假设该成本为0，即投资者不会简单地因为机会成本而选择分阶段融资。

③ 为了将注意力集中到融资过程，我们假设企业家创新的机会成本为0，即如果不创业，其创新才能没有价值（吉云、姚洪心，2011）。因此，只要融资成功，企业家一定会创业，而创业能否真正启动，完全由投资者决定。

为了模型化创业创新过程面临的奈特不确定性，假设上述分布中的均值是 $\tilde{\mu}$ 未知的，即：尽管投资者知道未来的收益率服从正态分布，但他不能确定该分布中的均值参数。为了分析的可行性（tractable），[①] 需要进一步假设：[②]

$$\tilde{\mu} \sim N(\mu, \sigma_{\mu}^2) \tag{2}$$

投资者偏好参考巨能久和苗建军（2012）构造的不确定性规避效用函数设定，即：

$$U = \int v(u^{-1}(\int u(R) g_{\tilde{\mu}}(R) dR)) f(\tilde{\mu}) d\tilde{\mu} \quad v'(\cdot) > 0, v''(\cdot) < 0 \tag{3}$$

式中，$g_{\tilde{\mu}}(R)$ 表示给定分布均值 $\tilde{\mu}$ 下超额收益率 R 的密度函数，$f(\tilde{\mu})$ 则表示 $\tilde{\mu}$ 的密度函数。为了将注意力集中到奈特不确定性的影响上，直接假设投资者是风险中性者，且时间贴现因子为 1，不确定性规避效用函数简化为：

$$U = \int v(E_{\tilde{\mu}}(R)) f(\tilde{\mu}) d\tilde{\mu} \tag{4}$$

在时刻 t = 1，创业项目已持续了 1 期，与收益率 R 相关的部分信息会被市场“发现”，一定程度上降低了奈特不确定性程度。假设投资者观测到的是带有噪音的信息 m_1，它虽有助于降低，但不能完全消除 $\tilde{\mu}$ 的不确定性，即：

$$m_1 = \tilde{\mu} + \varepsilon_1$$
$$\varepsilon_1 \sim N(0, \sigma_{\varepsilon}^2) \tag{5}$$

可以计算，在观察到 m_1 之后，投资者对收益率分布均值的期望将会从 μ 调整为：

$$E[\tilde{\mu} \mid m_1] = E(\tilde{\mu}) + \frac{cov(\tilde{\mu}, m_1)}{var(m_1)}[m_1 - E(m_1)] = \mu + \frac{\sigma_{\mu}^2}{\sigma_{\mu}^2 + \sigma_{\varepsilon}^2}[m_1 - \mu] \tag{6}$$

条件方差为：

$$var[\tilde{\mu} \mid m_1] = \frac{\sigma_{\mu}^2 \sigma_{\varepsilon}^2}{\sigma_{\mu}^2 + \sigma_{\varepsilon}^2} \tag{7}$$

这意味着，信号 m_1 的确有助于降低 $\tilde{\mu}$ 的不确定性。如果项目能够持续到时刻 t = 2，则市场会进一步“发现”相关信息，投资者则观测到信号 m_2，即：

$$m_2 = \tilde{\mu} + \varepsilon_2$$

---

① 绝对意义上的奈特不确定性意味着无法用一个定义良好的概率分布来刻画投资者面临的情景。为了分析能够继续下去，此处假设不确定性程度稍低，个体可以形成另一个主观概率分布来描述均值参数。相关文献也进行类似处理（Gilboa & Marinacci，2011）。

② 在不确定性规避假设下，这种叠加概率分布并不会退化成单一的分布，进而利用主观期望效用理论进行分析，请参考不确定性（或模糊性，ambiguity）的公理化模型文献（Ju & Miao；2012）。

$$\varepsilon_2 \sim N(0,\ \sigma_\varepsilon^2) \tag{8}$$

假设 ε_1 与 ε_2 相互独立。在观察到 m_2 之后，投资者对收益率分布均值的期望进一步调整为：

$$\begin{aligned} E[\tilde{\mu} \mid m_2] &= E(\tilde{\mu} \mid m_1) + \frac{cov(\tilde{\mu},\ m_2)}{var(m_2)}[m_2 - E(m_2 \mid m_1)] \\ &= (1-D)^2\mu + (D-D^2)m_1 + Dm_2 \end{aligned} \tag{9}$$

式中，$D = \frac{\sigma_\mu^2}{\sigma_\mu^2 + \sigma_\varepsilon^2}$。另外，可以证明，观测到 m_2 后 $\tilde{\mu}$ 的条件方差为

$$var[\tilde{\mu} \mid m_2] = \frac{\sigma_\mu^2\sigma_\varepsilon^2}{\sigma_\mu^2 + \sigma_\varepsilon^2} = var[\tilde{\mu} \mid m_1] \tag{10}$$

这表明，即使之前已经有了部分关于 $\tilde{\mu}$ 的信息 m_1，但信息 m_2 并不能进一步降低不确定性程度，因为根据设定，这两个信号的扰动项不相关，它们只能单独对 $\tilde{\mu}$ 的推断发挥作用。

在时刻 $t=3$，如果项目能够推进到这一阶段，则有关 $\tilde{\mu}$ 的不确定性将被完全消除，投资者能够确定地知道收益率均值为：

$$\tilde{\mu} = \mu^* \tag{11}$$

投资者的问题退化为普通的风险决策。下面对两种融资机制进行比较分析。

（二）一次性融资（up-front financing）

为了简化分析，以均值—方差偏好刻画投资者的不确定性规避特征，即：

$$E[v(x)] = E(x) - \frac{1}{2}\rho\sigma^2 \tag{12}$$

其中，ρ 衡量不确定性规避程度，σ 衡量不确定性程度，就本文而言，指的是分布均值 $\tilde{\mu}$ 的不确定程度，即：σ_μ。在一次性融资安排下，投资者在起始阶段一次性投入创业所需全部资金 K。基于有关 $\tilde{\mu}$ 的先验信息，该创业项目的投资价值为：

$$\begin{aligned} V_u^0 &= \max[E[v(E_{\tilde{\mu}}(R))],\ 0] \\ E[v(E_{\tilde{\mu}}(R))] &= \mu - \frac{1}{2}\rho\sigma_\mu^2 \end{aligned} \tag{13}$$

显然，只有在 $V_u^0 > 0$ 的情况下投资者才会为创业者提供资金支持，创业项目也才有启动的可能。

（三）分阶段融资（staged financing）

在分阶段融资安排下，创业项目所需资金由投资者分 3 期注入企业，分

别为 $K_0=K_1=K_2=K/3$。投资者根据期初先验信息作出第一轮投资决策。在参与首轮融资之后，随着创业项目的推进，市场会发现与收益率相关的信息，投资者可以根据这些信息做出后两轮投资决策。如果相关信息显示创业项目前景不利，投资者可以不参与后面的融资，以降低损失风险。由此可见，分阶段融资引入了市场的信息发现功能，一方面降低了奈特不确定性的影响；另一方面，通过嵌入"退出"实物期权，优化了创业融资过程，使那些在一次性融资安排下不可能启动的项目有可能获得机会。下面按融资阶段时序进行逆向分析。

根据假设，在时刻 $t=3$，有关分布均值的不确定性被消除，创业项目的价值即为：

$$V_s^3=v(E_{\mu^*}(R))=v(\mu^*)=\mu^* \tag{14}$$

回到时刻 $t=2$，此时投资者观测到信号 m_2。鉴于此前已经参与过两轮融资，其所投入的资金 $2K/3$ 不能撤回，但最后一轮的资金 $K/3$ 还没投出，还有退出的机会。因此，对投资者而言，该创业项目的价值由两部分组成，即：

$$V_s^2=\frac{2}{3}E[v(E_{\tilde{\mu}}(R))\mid m_2]+\frac{1}{3}\max[E[v(E_{\tilde{\mu}}(R))\mid m_2],0] \tag{15}$$

其中，

$$E[v(E_{\tilde{\mu}}(R))\mid m_2]=A-\frac{1}{2}\rho D\sigma_\varepsilon^2$$

$$A=(1-D)^2\mu+(D-D^2)m_1+Dm_2 \tag{16}$$

第一部分是已投出资金所获得的股权在此时的最新估值，该价值的高低与观察到的信号 m_2 有关，有可能小于0。第二部分是当期决策的价值，不可能小于0。由此可以看出，分阶段融资具有动态风险控制功能，如果信号 m_2 表明创业项目前景不妙，投资者至少可以减少 1/3 的损失。当然，如果创业前景符合预期，则继续投入最后的 $K/3$ 可以获得最大收益。这种信息发现、动态估值与风险控制机制能很好地适应充满高度不确定性的创业创新过程，其实施既可以大幅度降低投资者参与创业项目的顾虑，又以潜在的巨额回报提高了参与融资的吸引力，从而在事前提高其投资意愿。

现在考察时刻 $t=1$。此时，投资者观测到信号 m_1，对他而言，创业项目的价值由三部分组成，即：

$$V_s^1=\frac{1}{3}E[v(E_{\tilde{\mu}}(R))\mid m_1]+\frac{1}{3}\max[E[v(E_{\tilde{\mu}}(R))\mid m_1],0]$$

$$+\frac{1}{3}E\{\max[E[v(E_{\tilde{\mu}}(R))\mid m_2],0]\mid m_1\}\gamma_1 \tag{17}$$

第一部分是时刻 $t=0$ 投出的资金 $K/3$ 所获得的股权最新估值。第二部分是当期决策的价值，如果信号 m_1 表明前景不利，该部分价值就为0。式中，

$$E[v(E_{\tilde{\mu}}(R))\mid m_1]=\mu+D(m_1-\mu)-\frac{1}{2}\rho D\sigma_\varepsilon^2 \tag{18}$$

第三部分是基于当期信号 m_1，投资者对于时刻 $t=2$ 将要做出的投资决策的期望价值。为了确定这部分价值，投资者不仅要基于 m_1 对 $\tilde{\mu}$ 进行推断，还需要对 m_2 进行推断。可以看出，$m_2 \mid m_1$ 继续服从正态分布，其均值和方差分别为：

$$E(m_2 \mid m_1) = (1-D)\mu + Dm_1$$

$$\mathrm{var}(m_2 \mid m_1) = \frac{\sigma_\varepsilon^4 + 2\sigma_\mu^2\sigma_\varepsilon^2}{\sigma_\varepsilon^2 + \sigma_\mu^2} \tag{19}$$

需要注意的是，第三部分价值还依赖于时刻 1 的决策。如果当期投资者已经决定退出之后两轮融资，则第三期就没有机会重新参与了，其价值必然为 0。我们可用示性函数 γ_1 来刻画这一点，即：

$$\gamma_1 = \begin{cases} 1 & E[v(E_{\tilde{\mu}}(R)) \mid m_1] > 0 \\ 0 & E[v(E_{\tilde{\mu}}(R)) \mid m_1] \leqslant 0 \end{cases} \tag{20}$$

如果 $\gamma_1 = 1$，第三部分价值可根据下式计算。

$$E\{\max[E[v(E_{\tilde{\mu}}(R)) \mid m_2], 0] \mid m_1\} = \int_a^\infty \left(A - \frac{1}{2}\rho D\sigma_\varepsilon^2\right)\cdot f(m_2 \mid m_1)\,dm_2 \tag{21}$$

其中，$f(m_2 \mid m_1)$ 是观察到 m_1 后 m_2 的条件概率，而

$$a = \frac{\frac{1}{2}\rho D\sigma_\varepsilon^2 - (1-D)^2\mu - (D-D^2)m_1}{D} \tag{22}$$

来自以下关于 m_2 的方程的解

$$A - \frac{1}{2}\rho D\sigma_\varepsilon^2 = 0 \tag{23}$$

经过展开计算，这部分价值可进一步写为：

$$[1-\Phi(\alpha)]\left[\mu + D(m_1 - \mu) - \frac{1}{2}\rho D\sigma_\varepsilon^2 + D\sqrt{\mathrm{var}(m_2 \mid m_1)}\,\lambda(\alpha)\right] \tag{24}$$

式中，

$$\alpha = \frac{a-\mu}{\sqrt{\mathrm{var}(m_2 \mid m_1)}} \tag{25}$$

$$\lambda(\alpha) = \frac{\phi(\alpha)}{1-\Phi(\alpha)} \tag{26}$$

$\phi(\cdot)$ 和 $\Phi(\cdot)$ 是标准正态密度函数和累计分布函数。按照同样的思路，在时刻 $t=0$，基于有关 $\tilde{\mu}$ 的先验信息，创业项目的价值也包括三部分，即：

$$V_S^0 = \frac{1}{3}\max[E[v(E_{\tilde{\mu}}(R))], 0] + \frac{1}{3}E\{\max[E[v(E_{\tilde{\mu}}(R)) \mid m_1], 0]\}\gamma_0$$
$$+ \frac{1}{3}E\{E\{\max[E[v(E_{\tilde{\mu}}(R)) \mid m_2], 0] \mid m_1\}\}E(\gamma_1)\gamma_0 \tag{27}$$

第一部分是当期决策的价值。第二部分是第二期决策的期望价值，投资者需要基于有关未来将会观测到的信号 m_1 的先验信息计算这一期望。第三部分是第三期决策的期望价值，投资者需要基于有关 m_1 的先验信息及其对更遥远的信号 m_2 的推断进行计算。在分阶段融资安排下，投资者可以在下一期利用新信息修正估值，而这有可能导致后续投资的终止。因此，在创业项目启动初期，投资者需要提前考虑好后面发生的各种可能性，包括有可能观测到的信号 m_1 和 m_2 对后续估值和投资决策的各种影响。此外，示性函数 γ_0 按如下定义：

$$\gamma_0=\begin{cases}1 & E[v(E_{\tilde{\mu}}(R))]>0\\ 0 & E[v(E_{\tilde{\mu}}(R))]\leqslant 0\end{cases} \tag{28}$$

在 $\gamma_0=1$ 的情况下，第二部分价值可以根据下式计算：

$$E\{\max[E[v(E_{\tilde{\mu}}(R))\mid m_1],0]\}=\int_b^{\infty}\left(\mu+D(m_1-\mu)-\frac{1}{2}\rho D\sigma_\varepsilon^2\right)\cdot f(m_1)dm_1 \tag{29}$$

其中，

$$b=\frac{\frac{1}{2}\rho D\sigma_\varepsilon^2-(1-D)\mu}{D} \tag{30}$$

来自以下有关 m_1 方程的解

$$\mu+D(m_1-\mu)-\frac{1}{2}\rho D\sigma_\varepsilon^2=0 \tag{31}$$

展开计算，第二部分价值等于下式：

$$[1-\Phi(\beta)]\left[\mu-\frac{1}{2}\rho D\sigma_\varepsilon^2+D\sqrt{\sigma_\mu^2+\sigma_\varepsilon^2}\lambda(\beta)\right] \tag{32}$$

式中，λ(·) 的含义同上，且

$$\beta=\frac{b-\mu}{\sqrt{\sigma_\mu^2+\sigma_\varepsilon^2}} \tag{33}$$

类似的，

$$\begin{aligned}&E\{E\{\max[E[v(E_{\tilde{\mu}}(R))\mid m_2],0]\mid m_1\}\}\\&=\int_{-\infty}^{\infty}\int_a^{\infty}\left(A-\frac{1}{2}\rho D\sigma_\varepsilon^2\right)\cdot f(m_2\mid m_1)f(m_1)dm_2dm_1\\&=[1-\Phi(\alpha)]\left[\mu-\frac{1}{2}\rho D\sigma_\varepsilon^2+D\sqrt{var(m_2\mid m_1)}\lambda(\alpha)\right]\end{aligned} \tag{34}$$

注意到 $E(\gamma_1)=1-\Phi(\beta)$，第三部分价值为：

$$[1-\Phi(\beta)][1-\Phi(\alpha)]\left[\mu-\frac{1}{2}\rho D\sigma_\varepsilon^2+D\sqrt{var(m_2\mid m_1)}\lambda(\alpha)\right] \tag{35}$$

（四）比较分析

现在可以对两种融资机制的优劣进行比较。特别地，这种比较有助于揭示出分阶段方式在创业融资领域的独特优势。以下继续按融资阶段进行逆向分析。

根据假设，创业阶段在时刻 $t=3$ 结束，有关收益分布均值 $\tilde{\mu}$ 的不确定性完全消除。如果分阶段融资安排下的投资活动能持续到最后一轮，则创业项目的价值与一次性融资相同，即：

$$V_s^3 = v(\mu^*) = \mu^* = V_u^3 \tag{36}$$

回到时刻 $t=2$，此时观测到信号 m_2。对处于这一阶段的投资者而言，分阶段融资将优于一次性融资，因为前者赋予投资者在最后一轮退出投入最后 K/3 资金的机会，投资者的风险头寸降低了 1/3。为了明确地表明这一点，可将一次性融资的最新价值分为三部分，即：

$$V_u^2 = \frac{1}{3}[V_u^2(1) + V_u^1(2) + V_u^2(3)] \tag{37}$$

$$V_u^2(1) = V_u^2(2) = V_u^2(3) = E[v(E_{\tilde{\mu}}(R)) \mid m_2] \tag{38}$$

同样的，分阶段融资的价值也分为三部分，即：

$$V_s^2 = \frac{1}{3}[V_s^2(1) + V_s^2(2) + V_s^2(3)] \tag{39}$$

$$V_s^2(1) = V_s^2(2) = E[v(E_{\tilde{\mu}}(R)) \mid m_2] = V_u^2(1) = V_u^2(2) \tag{40}$$

$$V_s^2(3) = \max\{E[v(E_{\tilde{\mu}}(R)) \mid m_2], 0\} \geqslant V_u^2(3) \tag{41}$$

因此显然有：

$$V_s^2 \geqslant V_u^2 \tag{42}$$

回到时刻 $t=1$，此时观测到信号 m_1，一次性融资的最新估值为：

$$V_u^1 = \frac{1}{3}[V_u^1(1) + V_u^1(2) + V_u^1(3)]$$

$$V_u^1(1) = V_u^1(2) = V_u^1(3) = E[v(E_{\tilde{\mu}}(R)) \mid m_1] = \left[\mu + D(m_1 - \mu) - \frac{1}{2}\rho D\sigma_\varepsilon^2\right] \tag{43}$$

分阶段融资的价值为：

$$V_s^1 = \frac{1}{3}[V_s^1(1) + V_s^1(2) + V_s^1(3)] \tag{44}$$

$$V_s^1(1) = E[v(E_{\tilde{\mu}}(R)) \mid m_1] = V_u^1(1) \tag{45}$$

$$V_s^1(2) = \max[E[v(E_{\tilde{\mu}}(R)) \mid m_1], 0] \tag{46}$$

$$\begin{aligned} V_s^1(3) &= E\{\max[E[v(E_{\tilde{\mu}}(R)) \mid m_2], 0] \mid m_1\}\gamma_1 \\ &= [1 - \Phi(\alpha)]\left[\mu + D(m_1 - \mu) - \frac{1}{2}\rho D\sigma_\varepsilon^2 + D\sqrt{\mathrm{var}(m_2 \mid m_1)}\lambda(\alpha)\right]\gamma_1 \end{aligned} \tag{47}$$

两者之间的比较结果由以下命题给出。

命题1：在时刻 $t=1$，$V_s^1 > V_u^1$，分阶段融资优于一次性融资。并且当观测到的信号 m_1 满足下式时：

$$m_1 < \frac{D\mu - \mu + \frac{1}{2}\rho D\sigma_\varepsilon^2}{D} \tag{48}$$

价值差额为：

$$\Delta^1 = V_s^1 - V_u^1 = \frac{2}{3}\left[\frac{1}{2}\rho D\sigma_\varepsilon^2 - (1-D)\mu - Dm_1\right] \tag{49}$$

当 m_1 满足下式时：

$$m_1 \geqslant \frac{D\mu - \mu + \frac{1}{2}\rho D\sigma_\varepsilon^2}{D} \tag{50}$$

价值差额为：

$$\Delta^1 = V_s^1 - V_u^1 = \frac{1}{3}\left\{[1-\Phi(\alpha)]D\sqrt{\mathrm{var}(m_2 \mid m_1)}\lambda(\alpha) - \Phi(\alpha)\left[\mu + D(m_1-\mu) - \frac{1}{2}\rho D\sigma_\varepsilon^2\right]\right\} \tag{51}$$

证明：根据观测到的信号 m_1 分两种情形讨论：

（1）第1种情形。

$$m_1 < \frac{D\mu - \mu + \frac{1}{2}\rho D\sigma_\varepsilon^2}{D} \tag{48}$$

此时 $\gamma_1=0$，容易得到：

$$V_u^1(2) = V_u^1(3) = \mu + Dm_1 - D\mu - \frac{1}{2}\rho D\sigma_\varepsilon^2 < V_s^1(2) = V_s^1(3)\gamma_1 = 0 \tag{52}$$

代入相关各式，可计算出两种融资模式的价值差额为：

$$\Delta^1 = V_s^1 - V_u^1 = \frac{2}{3}\left[\frac{1}{2}\rho D\sigma_\varepsilon^2 - (1-D)\mu - Dm_1\right] > 0 \tag{53}$$

因此，$V_s^1 > V_u^1$，分阶段融资优于一次性融资。

（2）第2种情形。

$$m_1 \geqslant \frac{D\mu - \mu + \frac{1}{2}\rho D\sigma_\varepsilon^2}{D} \tag{50}$$

此时 $\gamma_1=1$，且 $V_u^1(1) = V_u^1(2) = V_s^1(1) = V_s^1(2)$，又因为

$$\begin{aligned} V_u^1(3) &= \mu + D(m_1 - \mu) - \frac{1}{2}\rho D\sigma_\varepsilon^2 \\ &= \int_{-\infty}^{\infty}\left(A - \frac{1}{2}\rho D\sigma_\varepsilon^2\right)\cdot f(m_2 \mid m_1)\mathrm{d}m_2 < \int_{a}^{\infty}\left(A - \frac{1}{2}\rho D\sigma_\varepsilon^2\right)\cdot f(m_2 \mid m_1)\mathrm{d}m_2 \\ &= V_s^1(3) \end{aligned} \tag{54}$$

所以，$V_s^1 > V_u^1$，分阶段融资优于一次性融资。可以算出两种融资机制的价值差额正如命题陈述中给出的一样。

综合来看，分阶段融资在两种可能情形下都优于一次性融资，命题得证。

基于该命题，可以进一步分析不确定性规避程度 ρ、不确定性程度 σ_μ 以及信号质量 σ_ε 的效应。容易算出，无论观测到什么信号 m_1，$\frac{\partial \Delta^1(\rho)}{\partial \rho}$均大于0，这意味着，投资者越不愿意承担不确定性，采用分阶段融资的优势越明显。相对来说，银行等传统金融机构更不愿意承担不确定性，根据此处结论，其更应该利用分阶段融资机制组织交易。但在现实中，监管要求、经营理念、专业能力等方面的限制使其难以有效实施分阶段融资契约，对创业型企业提供融资支持很可能得不偿失。私募股权、风险投资、天使投资等新型金融中介凭借其宽松的监管条件、灵活的经营策略、在创业创新领域的专业能力和关系网络，可以充分发挥分阶段融资的优势，一定程度上解决了创业型企业的融资难题。

对于 σ_μ，我们很难直接讨论其边际效应，但可以讨论极限性质。可以算出，$\lim\limits_{\sigma_\mu \to 0} \Delta^1 = 0$，这意味着，如果奈特不确定性消失了，分阶段融资并不比一次性融资更具优势。这是风险投资集中于高收益性、高不确定性和高创新性企业的根本原因（Berger & Udell，2002；Ueda，2004）①。

对于 σ_ε，$\sigma_\varepsilon \to 0$ 意味着信息的出现可以完全消除不确定性。进一步，当观测到的信号满足式（48）时，$\lim\limits_{\sigma_\varepsilon \to 0} \Delta^1 > 0$。这意味着，在不利信号出现时，分阶段融资机制内嵌的实物期权具有风险控制的功能，投资者可在观察到信息后立即确认实际的分布均值 μ^*，进而决定退出后续融资，防止损失进一步扩大。当观测到的信号满足式（50）时，$\lim\limits_{\sigma_\varepsilon \to 0} \Delta^1 = 0$，这表明，有利信号出现时，继续参与后续融资是最优的，最终收益与一次性融资完全相同。因此，在信号质量极佳的情况下，分阶段融资的优势主要来自于其期权具有的保险功能。

回到时刻 $t = 0$，在一次性融资安排下，该创业投资机会的价值为：

$$V_u^0 = \frac{1}{3}\left[V_u^0(1) + V_u^0(2) + V_u^0(3)\right] \tag{55}$$

$$V_u^0(1) = V_u^0(2) = V_u^0(3) = \max\left[E\left[v\left(E_{\tilde{\mu}}(R)\right)\right], 0\right] = \max\left[\mu - \frac{1}{2}\rho D\sigma_\mu^2,\ 0\right] \tag{56}$$

① 自从风险投资这种创新型融资方式出现以来，其资本大多投向不确定性程度较高的高科技企业，如早期的DEC，PC时代的苹果、戴尔，互联网时期的雅虎、谷歌、亚马逊，以及最近的人工智能、生物科技、新能源企业等。在不确定性程度较低的传统行业，风险投资并没有太大的优势。

在分阶段融资安排下，价值为：

$$V_s^0 = \frac{1}{3}[V_s^0(1) + V_s^0(2) + V_s^0(3)] \tag{57}$$

$$V_s^0(1) = \max[E[v(E_{\tilde{\mu}}(R))], 0] = V_u^0(1) \tag{58}$$

$$\begin{aligned} V_s^0(2) &= E\{\max[E[v(E_{\tilde{\mu}}(R)) \mid m_1], 0]\}\gamma_0 \\ &= [1-\Phi(\beta)]\left[\mu - \frac{1}{2}\rho D\sigma_\varepsilon^2 + D\sqrt{\alpha_\mu^2 + \alpha_\varepsilon^2}\lambda(\beta)\right]\gamma_0 \end{aligned} \tag{59}$$

$$\begin{aligned} V_s^0(3) &= E\{E\{\max[E[v(E_{\tilde{\mu}}(R)) \mid m_2], 0] \mid m_1\}\gamma_1\}\gamma_0 \\ &= [1-\Phi(\beta)][1-\Phi(\alpha)]\left[\mu - \frac{1}{2}\rho D\sigma_\varepsilon^2 + D\sqrt{\mathrm{var}(m_2 \mid m_1)}\lambda(\alpha)\right] \end{aligned} \tag{60}$$

相关结果见以下命题。

命题2：在时刻 $t=0$，如果 $\mu - \frac{1}{2}\rho\sigma_\mu^2 > 0$，则投资者会参与创业融资，且分阶段融资的价值高于一次性融资，即：$V_s^0 > V_u^0$，两者之间的价值差额为：

$$\begin{aligned} \Delta^0 &= V_s^0 - V_u^0 \\ &= \frac{1}{3}\left\{\begin{aligned} &\rho(\sigma_\mu^2 - D\sigma_\varepsilon^2) + D\sqrt{\sigma_\mu^2 + \sigma_\varepsilon^2}\lambda(\beta) + D\sqrt{\mathrm{var}(m_2 \mid m_1)}\lambda(\alpha) \\ &-\Phi(\beta)\left[\mu - \frac{1}{2}\rho D\sigma_\varepsilon^2 + D\sqrt{\sigma_\mu^2 + \sigma_\varepsilon^2}\lambda(\beta)\right] \\ &-[\Phi(\alpha) + \Phi(\beta) - \Phi(\alpha)\Phi(\beta)] \\ &\left[\mu - \frac{1}{2}\rho D\sigma_\varepsilon^2 + D\sqrt{\mathrm{var}(m_2 \mid m_1)}\lambda(\alpha)\right] \end{aligned}\right\} \end{aligned} \tag{61}$$

证明：当时 $\mu - \frac{1}{2}\rho\sigma_\mu^2 > 0$，$\gamma_0 = 1$，则有：

$$\begin{aligned} V_u^0(1) &= V_u^0(2) = V_u^0(3) = V_s^0(1) = \mu - \frac{1}{2}\rho\sigma_\mu^2 \\ &< \int_{-\infty}^{\infty}\left(\mu + D(m_1 - \mu) - \frac{1}{2}\rho D\sigma_\varepsilon^2\right)\cdot f(m_1)dm_1 \\ &< \int_{b}^{\infty}\left(\mu + D(m_1 - \mu) - \frac{1}{2}\rho D\sigma_\varepsilon^2\right)\cdot f(m_1)dm_1 \\ &= [1-\Phi(\beta)]\left[\mu - \frac{1}{2}\rho D\sigma_\varepsilon^2 + D\sqrt{\sigma_\mu^2 + \sigma_\varepsilon^2}\lambda(\beta)\right] = V_s^0(2) \end{aligned} \tag{62}$$

容易算出，

$$\begin{aligned} V_s^0(2) - V_u^0(2) &= \frac{1}{2}\rho(\sigma_\mu^2 - D\sigma_\varepsilon^2) + D\sqrt{\sigma_\mu^2 + \sigma_\varepsilon^2}\lambda(\beta) \\ &\quad -\Phi(\beta)\left[\mu - \frac{1}{2}\rho D\sigma_\varepsilon^2 + D\sqrt{\sigma_\mu^2 + \sigma_\varepsilon^2}\lambda(\beta)\right] \end{aligned} \tag{63}$$

此外，

$$V_u^0(3) = \mu\frac{1}{2}\rho\sigma_\mu^2 < \int_{-\infty}^{\infty}\int_{-\infty}^{\infty}\left(A - \frac{1}{2}\rho D\sigma_\varepsilon^2\right)\gamma_1 \cdot f(m_2 \mid m_1)f(m_1)dm_2dm_1$$

$$< \int_{-\infty}^{\infty}\int_{a}^{\infty}\left(A - \frac{1}{2}\rho D\sigma_\varepsilon^2\right)\gamma_1 \cdot f(m_2 \mid m_1)f(m_1)dm_2dm_1 = V_s^0(3) \quad (64)$$

$$V_s^0(3) - V_u^0(3) = \frac{1}{2}\rho(\sigma_\mu^2 - D\sigma_\varepsilon^2) + D\sqrt{var(m_2 \mid m_1)}\lambda(\alpha) - [\Phi(\alpha) + \Phi(\beta) - \Phi(\alpha)\Phi(\beta)]\left[\mu - \frac{1}{2}\rho D\sigma_\varepsilon^2 + D\sqrt{var(m_2 \mid m_1)}\lambda(\alpha)\right] \quad (65)$$

代入相关各式，价值差额 Δ^0 容易得到，证明结束。

根据命题 2 有 $\frac{\partial\Delta^0}{\partial\rho} > 0$，这表明，在期初，投资者不确定性规避程度越高，分阶段融资机制的优势越明显。对于 σ_μ，当 $\sigma_\mu \to 0$ 时，不确定性消失，且 $\lim_{\sigma_\mu \to 0}\Delta^0 = 0$。这意味着，对于不确定性程度较低的创业项目而言，分阶段融资并不会带来更多的好处。可以推论，成熟型企业的不确定性程度较低，一次性融资安排不会有太多的价值损失，传统金融机构能够充分满足其融资需求。反之，创新型企业的不确定性程度较高，擅长实施分阶段融资契约的风险投资机构更具优势。因此，奈特不确定性及其投资者规避心理的存在是风险投资在创投领域更为活跃的根本原因。

对于信号质量，$\sigma_\varepsilon = 0$ 意味着信息出现可以完全消除不确定性。从命题 2 的证明过程容易看出，$\lim_{\sigma_\varepsilon \to 0}\Delta^0 = 0$，因为 $\sigma_\varepsilon = 0$ 并不违背命题成立的条件。在信号质量较高的情况下，分阶段融资的优势来自于其内嵌的实物期权价值。随着创业的推进，投资者可以适时掌握相关信息。一旦在某一阶段确认企业前景不佳，他可以及时退出后续融资，以降低其风险头寸，减小投资损失。因此，在不确定性较高的环境中，如果信息质量足够好，分阶段融资机制可为投资者提供一定程度的收益下跌保护，而这可在事前降低其参与融资的顾虑。相较而言，一次性融资在创业伊始就让投资者处于较大的风险暴露，这会让不确定性规避的投资者望而却步，放弃投资。

五、结论与建议

奈特不确定性下，一方面拥有创新才能的企业家可以充分发挥其禀赋，利用创业实现个人梦想，创造社会价值，但另一方面，不确定性的存在却阻碍了企业家对外部资源尤其是金融资源的整合。本文从创新创业活动的本质出发，论证了分阶段融资机制在化解创业型企业融资难题方面的独特优势。

分析表明，在充满高度不确定性的创业初期，静态的一次性融资安排让投资者面临过高的风险暴露。投资者不仅没有动力在创业推进阶段收集相关信息以降低不确定性程度，而且即使在中途发现创业前景不佳，也不能撤回已投入的资金，只能消极地等待着创业期的结束，计算最终损益。相对而言，分阶段融资在创业初期大幅度降低了投资者的风险头寸。投资者有激励在创业持续期主动收集相关信息以降低不确定性，据此不断修正估值以优化后续投资决策。更重要的是，分阶段融资赋予投资者退出后续融资的权利，这种不确定性下的实物期权对可能的收益下跌提供了一定保护，直接在事前提高了创业项目的价值，让创业型企业融资具有了足够吸引力。

本文观点可为传统金融机构与风险投资在创业融资领域的相对优劣提供一种直观的理论解释。前者虽然还是企业融资的主要来源，但就创业型企业而言，更有效的却是风险投资，原因正在于后者更擅长实施分阶段融资机制。对创业前景充满着高度不确定性的创新性企业而言，一次性融资会导致其价值降低，进而失去对传统金融机构的吸引力。分阶段融资通过适应性的信息发现、动态估值和风险控制机制，不但降低了创业投资的总风险，还直接在事前提高了创业型企业的价值，风险投资介入有利可图。显然，关系融资、民间借贷、政府创业引导基金等等其他可行的创业融资渠道可以获得启示，借鉴分阶段融资行之有效的做法和措施来改进创业融资过程，提高金融市场服务创业创新的效率。

参考文献

1. 毕海德：《新企业的起源与演进》（中译本），中国人民大学出版社2004年版。

2. 郭娜：《政府？市场？谁更有效——中小企业融资难解决机制有效性研究》，载于《金融研究》2013年第3期，第194~206页。

3. 吉云、姚洪心：《企业家才能的定价问题》，载于《制度经济学研究》2011年第2期，第138~161页。

4. 吉云：《创新不确定性、动态契约与创业型企业融资》，载于《制度经济学研究》2016年第2期，第1~27页。

5. 金永红、慈向阳、叶中行、奚玉芹：《风险投资多阶段动态信号传递契约安排》，载于《上海交通大学学报》2004年第3期，第3~7页。

6. 木志荣、李盈陆：《创业投资的增值活动真的有用吗？来自深圳中小板上市公司的经验证据》，载于《投资研究》2012年第2期，第67~77页。

7. 熊彼特：《经济发展理论》（中译本），商务印书馆2000年版。

8. 姚铮、王笑雨、程越楷：《风险投资契约条款设置动因及其作用机理研究》，载于《管理世界》2011年第2期，第127~141页。

9. Admati, R. Anat and Paul Pfleiderer, 1994, “Robust Financial Contrac-

ting and the Role of Venture Capitalists", *The Journal of Finance*, 49 (2), pp. 371 -402.

10. Bengtsson, Ola, 2011, "Covenants in Venture Capital Contracts", *Management Science*, 57 (11), pp. 1926 -43.

11. Bergemann, Dirk and Ulrich Hege, 1998. "Venture Capital Financing, Moral Hazard, and Learning", *Journal of Banking and Finance*, 22 (6 -8), pp. 703 -35.

12. Berger, N. Allen and Gregory F. Udell, 2002, "Small Business Credit Availability and Relationship Lending: the Importance of Bank Organizational Structure", *The Economic Journal*, 112 (2), pp. 32 -53.

13. Berger, N. Allen and Klaus Schaeck, 2011, "Small and Medium - Sized Enterprises, Bank Relationship Strength, and the Use of Venture Capital", *Journal of Money, Credit and Banking*, 43 (2 -3), pp. 461 -90.

14. Bewley, F. Truman, 1989, "Market Innovation and Entrepreneurship: A Knightian View", Cowles Foundation: 1 -47.

15. Casson, Mark, 1982, *The Entreprneur: an Economic Theory*, Barnes and Noble.

16. Chateauneuf, Alain and José H. Faro, 2009, "Ambiguity through Confidence Functions", *Journal of Mathematical Economics*, 45 (9 - 10), pp. 535 - 58.

17. Chemmanur, J. Thomas, Karthik Krishnan and Debarshi K. Nandy, 2011, "How Does Venture Capital Financing Improve Efficiency in Private Firms? A Look Beneath the Surface", *Review of Financial Studies*, 24 (12), pp. 4037 - 90.

18. Cochrane, H. John, 2005, "The Risk and Return of Venture Capital", *Journal of Financial Economics*, 75 (1), pp. 3 -52.

19. Cornelli, Francesca and Oved Yosha, 2003, "Stage Financing and the Role of Convertible Securities", *The Review of Economic Studies*, 70 (1), pp. 1 -32.

20. Epstein, G. Larry and Martin Schneider, 2008, "Ambiguity, Information Quality and Asset Pricing", *The Journal of Finance*, 63 (1), pp. 197 - 228.

21. Gilboa, Itzhak and David Schmeidler, 1989, "Maxmin Expected Utility With Non - Unique Priors", *Journal of Mathematical Economics*, 18 (2), pp. 141 -153.

22. Gilboa, Itzhak and Massimo Marinacci, 2011, "Ambiguity and the Bayes-

ian Paradigm", Working Papers from IGIER, No 379, Bocconi University.

23. Gompers, A. Paul, 1995, "Optimal Investment, Monitoring, and the Staging of Venture Capital", *The Journal of Finance*, 50 (5), pp. 1461 -89.

24. Gompers, Paul and Josh Lerner, 2006, *The Venture Capital Cycle (2nd Ed.)*, The MIT Press.

25. Hellmann, Thomas and Manju Puri, 2002, "Venture Capital and the Professionalization of Start-up Firms: Empirical Evidence", *The Journal of Finance*, 57 (1), pp. 169 -97.

26. Hellmann, Thomas, 1998, "The Allocation of Control Rights in Venture Capital Contracts", *The RAND Journal of Economics*, 29 (1), pp. 57 -76.

27. Inderst, Roman and Holger M. Mueller, 2009, "Early - Stage Financing and Firm Growth in New Industries", *Journal of Financial Economics*, 93 (2), pp. 276 -91.

28. Ju, Nengjiu and Jianjun Miao, 2012, "Ambiguity, Learning, and Asset Returns", *Econometrica*, 80 (2), pp. 559 -91.

29. Kaplan, N. Steven and Per Stroömberg, 2001, "Venture Capitalists as Principals: Contracting, Screening, and Monitoring", *American Economic Review*, 91 (2), pp. 426 -30.

30. Kaplan, N. Steven and Per Stroömberg, 2003, "Financial Contracting Theory Meets the Real World: an Empirical Analysis of Venture Capital Contracts", *The Review of Economic Studies*, 70 (2), pp. 281 -315.

31. Keynes, M. John, 1936, *The General Theory of Employment, Interest, and Money*, Macmillan.

32. Kirzner, M. Israel, 1997, "Entrepreneurial Discovery and the Competitive Market Process: An Austrian Approach", *Journal of Economic Literature*, 35 (1), pp. 60 -85.

33. Klibanoff, Peter, Massimo Marinacci and Sujoy Mukerji, 2005, "A Smooth Model of Decision Making Under Ambiguity", *Econometrica*, 73 (6), pp. 1849 -1892.

34. Knight, H. Frank, 2002, *Risk, Uncertainty and Profit (First edition in 1921)*, Beard Books.

35. Kollmann, Tobias and Andreas Kuckertz, 2010, "Evaluation Uncertainty of Venture Capitalists' Investment Criteria", *Journal of Business Research*, 63 (7), pp. 741 -47.

36. Korteweg, Arthur and Morten Sorensen, 2010, "Risk and Return Characteristics of Venture Capital - Backed Entrepreneurial Companies", *Review of Fi-*

nancial Studies, 23 (10), pp. 3738 –72.

37. Krishnan, C. N. V., Vladimir I. Ivanov, Ronald W. Masulis and Ajai K. Singh, 2011, "Venture Capital Reputation, Post-Ipo Performance, and Corporate Governance", *Journal of Financial and Quantitative Analysis*, 46 (5), pp. 1295 –333.

38. Lerner, Josh and Ulrike Malmendier, 2010, "Contractibility and the Design of Research Agreements", *American Economic Review*, 100 (1), pp. 214 – 46.

39. Lerner, Josh, 2009, *Boulevard of Broken Dreams: Why Public Efforts to Boost Entrepreneurship and Venture Capital Have Failed and What to Do About It*, Princeton University Press.

40. Manso, Gustavo, 2011, "Motivating Innovation", *The Journal of Finance*, 66 (5), pp. 1823 –60.

41. Moskowitz, J. Tobias and Annette Vissing – Jørgensen, 2002, "The Returns to Entrepreneurial Investment: a Private Equity Premium", *American Economic Review*, 92 (4), pp. 745 –78.

42. Neher, V. Darwin, 1999, "Staged Financing: An Agency Perspective", *The Review of Economic Studies*, 66 (2), pp. 255 –74.

43. Sahlman, A. William, 1990, "The Structure and Governance of Venture Capital Organizations", *Journal of Financial Economics*, 27 (2), pp. 473 –521.

44. Sahlman, A. William, 1988, "Aspects of Financial Contracting in Venture Capital", *Journal of Applied Corporate Finance*, 1 (2), pp. 473 –521.

45. Schmidt, M. Klaus, 2003, "Convertible Securities and Venture Capital Finance", *The Journal of Finance*, 58 (3), pp. 1139 –66.

46. Shane, S. and S. Venkataraman, 2000, "The Promise of Entrepreneurship as a Field of Research", *Academy of Management Review*, 25 (1), pp. 217 – 226.

47. Tian, Xuan, 2011, "The Causes and Consequences of Venture Capital Stage Financing", *Journal of Financial Economics*, 101 (1), pp. 132 –59.

48. Trade Up Capital Fund and Nextrade Group, 2016, *State of SME Finance in the United States in* 2015, March.

49. Ueda, Masako, 2004, "Banks Versus Venture Capital: Project Evaluation, Screening, and Expropriation", *The Journal of Finance*, 59 (2), pp. 601 –21.

50. Zider, Bob, 1998, "How Venture Capital Works", *Harvard Business Review*, Nov. –Dec.: 131 –39.

Staged Financing Mechanism of Entrepreneurial Enterprise under Knightian Uncertainty

JI Yun

(Wenzhou University Business School, 325035)

[**Abstract**] Innovation is a necessary condition for entrepreneurial enterprise survival. Nevertheless, related Knightian uncertainty would hamper integrating outside financial resources by entrepreneur. In up-front financing arrangement dominated by traditional financial institutions such as banks, the risk borne by investors in early stage of start-up is too high to succeed in entrepreneurial financing. Staged financing takes full advantage of the information discovering function of market, gradually implements dynamic valuation as the uncertainty decreases. Additionally, the embedded withdrawal real option in it provides a risk-controlling tool for investors and directly increases ex-ante value of entrepreneurial enterprise. The reason why venturing capital succeeded in entrepreneurial financing to a great extent was just its advantage in implementing staged financing mechanism. The findings of this research can help improve other ways for financing start-ups. Through contract arrangements, funding injection, information gathering, risk controlling and so on, the process of entrepreneurial financing can be optimized further, and "mass entrepreneurship and innovation" can be supported better.

[**Key Words**] Knightian Uncertainty Entrepreneurial Enterprise Staged Financing Real Option

JEL Classifications: D86 G24 O31

内生性金融成长与中国金融结构的动态演进

——基于制度金融范式的分析

周治富*

【摘　要】长期以来，市场主导与银行主导的二分法成为研究金融制度和金融结构差异的基本范式，但在这一范式指导下形成的众多理论却难以对以中国为代表的诸多发展中国家的金融结构与经济绩效做出令人信服的解释。事实上，在政府主导型的发展中国家，金融服务是由国家提供还是由市场提供是一个更为根本和实质的问题。若追溯金融机构的起源，则不可避免地涉及金融体系的内生和外生问题。本文通过对内生性金融和外生性金融的划分，研究了内生性金融成长的逻辑起点、动力机制、演进边界及其动态历程，并在理论上刻画了以内生金融和外生金融相对规模为核心的中国金融结构的动态演进过程。

【关键词】**内生性金融　外生性金融　金融结构　动态演进　国家效用函数**

中图分类号：F830.2　文献标识码：A

一、引言：经济发展中的金融制度结构

“金融发展是重要的”以及“金融发展能够有效促进经济增长”等命题已经成为多数经济学家的共识，① 但是在不同国家和地区金融制度差异的原

* 周治富，金融学博士，北京大学经济学院博士后科研流动站、中国信达资产管理股份有限公司博士后科研工作站应用经济学博士后，地址：北京市西城区闹市口大街9号院1号楼信达金融中心3楼战略客户部（100031），E-mail：zhouzhifu666@126.com。

① 大量研究关注了金融发展与经济增长之间的关系，莱文（1997；2005）曾对相关研究进行了出色的综述。

因以及金融制度变迁受到哪些因素的影响、如何影响以及影响程度的大小等方面依然充满着争议。正如莱文（Levine，R.，1997）曾指出的那样，对于金融结构之间差异的起源及其变迁，我们所知甚少。理论史上，戈德史密斯（Goldsmith，R.，1969）堪称金融结构理论研究的先驱，在《金融结构与经济发展》一书中，正式引入了金融结构，并将其定义为一国金融工具和金融机构的形式、性质及相对规模，既包括金融体系与实际经济的相对关系，也包括金融体系不同金融工具、金融机构、金融资产之间的比例关系，并对35个国家进行了跨国分析，直观地展示了不同国家和地区之间金融结构的差异。由于金融结构的定义过泛且并未形成统一内涵，学术界逐渐把金融结构之间的差异聚焦到金融制度形态和制度结构的差异上来。至艾伦和盖尔（Allen，F. & Gale，D.，2000）的《比较金融系统》出版后，市场主导型金融体系（market-based financial systems）和银行主导型金融体系（bank-based financial systems）的两种金融制度分野被学术界广泛接受。

围绕市场主导和银行主导两种金融体系，形成了两大研究方向，一个方向是研究哪种金融体系最有利于经济增长，另一个方向是研究哪些因素造就了两种金融体系之间的分野。第一个研究方向所积累的文献颇多，但却远没有达成共识，以至于形成了银行主导论、市场主导论和无关论（金融功能观①）三种派别，林毅夫等（2009）、马勇（2010）、张成思等（2016）等多名学者对此均有综述。值得注意的是，尽管学者们对银行主导还是市场主导存有分歧，但都公认随着经济的发展，金融体系中的市场化因素是逐步增多的。第二个研究方向着重探讨了特定金融制度形成的决定因素。总结起来，主要有以下四种途径：一是金融制度决定的法律渊源论，其中以LLSV（1997、1998、2000）、贝克等（Beck、Demirguc - Kunt & Levine，2003）为代表，其核心意涵是英美法系为判例法，对私人产权保护较好，故其金融契约以私人之间协商为主，发展出了较好的金融市场；而大陆法系是成文法，国家对于私人有较多的干涉，故其以银行等金融机构为主导。二是金融制度决定的政治制度论。如哈勃和威廉斯（Haber & Wallis，2008）的研究认为，在非民主化国家，政治精英通过政治权力限制银行业进入从而为已有的银行体系创造了“租金”，而垄断性的银行体系会与政治精英共享这些租金；随着政治竞争（如两党竞争），政治精英将不再有足够的能力限制银行业进入，租金随之消散，则金融体系向市场主导转型。萨姆比特（Sambit，2013）的研究发现，政治体系的民主化程度越高，则越有可能发展出一个市场主导型的金融体系。三是金融制度决定的社会资本论。社会资本一般定义为在人际

① 由莫顿和博迪（Merton and Bodie，1995）于1995年提出的理论，其基本含义为金融功能比金融机构更为稳定，金融功能是内生的而金融制度形态是外生的。

关系网络中能够给人们带来经济利益的普遍的信任和规范。[①] 如吉索等（Guiso et al.，2000）研究认为，较高的社会资本水平意味着人们之间有较低的道德风险，更易于促进金融市场的繁荣。四是金融制度决定的文化差异论。恰克和所罗门（Chuck & Solomon，2006）认为国家文化在金融制度形成中扮演了重要角色，具有高度不确定性规避偏好（或风险厌恶偏好）的国家更容易发育一个银行主导型体系[②]。

上述不同金融制度形成的决定理论为我们更深入地了解金融体系提供了多角度的视野，似乎每种理论都对解释金融结构之间的差异具有一定的说服力，这使金融结构之间优劣的比较成为难题，由此进一步延伸到对于最优金融结构的研究。林毅夫等（2009）首次提出了最优金融结构理论，认为经济体中一定的要素禀赋决定了最优产业结构及其企业规模特殊的风险特征，进而形成对金融服务的特定需求；另外，各种金融制度在动员储蓄、配置资金和分散风险方面各有优劣，因而需要各种金融制度组合形成满足实体经济需要的最优金融结构。龚强等（2014）考虑了产业结构、风险特征与最优金融结构认为，在技术和产品较为成熟时，风险较低，银行是更加有效的融资渠道；而在创新产业中，当技术和产品风险较高时，金融市场能够提供更加有力的金融支持，且在中国经济的产业升级中，金融市场的重要性将逐步凸显。张成思等（2016）对最优金融结构的存在性、动态特征和经济增长效应进行了研究，表明当且仅当对规模适中的企业进行监管，社会福利才能实现最大化，此时存在唯一的最优金融结构与实体经济相匹配。因此，最优金融结构并非绝对的市场主导型或银行主导型，而是取决于一国实体经济的需求。

无论是金融制度形成差异原因的研究，还是最优金融结构研究，其基准都是基于银行主导和市场主导这一金融制度的“二分法”。在这一二分法模式下的研究成果虽然众多，但共识较少，甚至有的研究结论截然相反。如有的认为经济发展中市场比银行更重要，而有的认为银行比市场更重要，也有的认为二者与长期经济增长不存在显著的相关关系。金融制度决定的多因素也未能纳入统一的理论框架[③]。因此，LLSV（2000）认为，把金融体系划分为中介主导和市场主导，既不符合实际，也缺乏成效；马勇（2010）也认为，强行区分银行主导和市场主导，对于理解长期经济增长而言并不是一个

---

① 关于社会资本概念的一个综述参见伊斯梅尔·萨拉格尔丁和克里斯琴·格鲁特厄特：《定义社会资本：一个综合的观点》，载帕萨·达斯古普特等编：《社会资本——一个多角度的观点》，张慧东等译，中国人民大学出版社2005年版。

② 除上述四种论述外，我国学者如张杰（1998）、周治富（2014）等从社会结构的视角，探究了社会结构对于经济金融制度演进的影响。

③ 如前所述，金融制度受到法律渊源、政治制度、社会资本、社会文化、社会结构等多因素影响，但哪种因素是最具决定性的因素以及各因素之间的相互影响的机制并不明朗。这意味着依然没有在整体上探明金融制度决定的因素及内在机制。

好的选择。

本文认为，对于以中国为代表的政府主导型的多数发展中国家而言，其金融体系和金融结构更重要的不是市场主导还是银行主导，而是金融服务本身提供方的差异，即这一金融服务是由国家提供还是由市场提供。正如张杰（2017）所指出的：人们通常认为，中国金融体系整体上的所谓“低效率”根源在于国有银行体系的“低效率”，实际情况或者更为准确的表达应当是，中国金融体系的整体“低效”不是因为国有银行低效（它已经足够高效），或者规模过大（个头儿的确有些大），而是非国有“市场化”金融体系成长乏力或者规模过小。事实上，对于金融机构的起源来说，若追溯其是由国家提供还是由市场提供，必然涉及金融机构的内生性和外生性问题。循着这一思路，本文摒弃金融制度的市场主导和银行主导的二分法，重新定义新的金融制度和金融结构。我们将由国家提供的金融服务（不论是金融市场还是金融机构）统称为外生性金融（exogenous finance），以自上而下产生为特征，往往反映了国家的战略意图；由市场提供的金融服务（不论是金融市场还是金融机构）统称为内生性金融（endogenous finance），以自下而上产生为特征，反映了市场主体的理性决策和市场的内在需求；将金融结构定义为外生性金融和内生性金融二者规模的相对比例。在此基础上，研究内生金融成长的逻辑及其金融结构的动态演进。

本文的研究主要有以下几个发现：一是内生性金融的成长能够促使金融产业组织结构由垄断走向垄断竞争，且内生性金融的成长具有显著的配置性效率增进的含义，有助于形成更高水平的金融资源配置效率。二是当制度成本拓展到运作成本和转换成本之和时，由于经济结构的变化，制度的成本结构也将随之变化，进而推进整体性金融制度的变迁；更进一步的形式化分析表明，如果某整体性制度安排随着时间的变化其转变成本下降得更快（或转变收益上升得更多），那么这项制度发生变迁的时间就越早；有效的制度结构在于其强大而及时的纠错能力，因此合意的制度结构总是处于动态变迁之中。三是在不同的约束条件下，内生性金融的成长具有不同的边界，具体可以分为自然边界、技术边界、市场边界和实际边界四种类型。四是考虑一个具有柯布—道格拉斯效用函数的国家效用最大化时内生金融成长的动态历程，其在静态情形同时受到国家财富和国家偏好的影响，而在动态情形仅与内生金融和外生金融的相对价格有关。五是更进一步地研究内生金融成长的动态历程发现，可以将内生金融成长与金融结构的变化分为三个阶段，在第一阶段，外生金融承担着将国家财政补贴转换为金融补贴的特殊职能；而在长期随着金融体系的充分发育，内生金融的净价格终将与其成长规模呈负向关系。

本文余下的章节安排和内在逻辑如下：第二节分析了内生性金融成长对

于金融产业组织和金融资源配置效率的影响，阐明其发展的重要意义；第三节分析内生金融成长的动力机制，即逻辑起点问题；第四节分析内生金融成长的边界问题，即其成长的终点问题；在完成起点和终点的分析后，第五节聚焦于内生金融成长的动态历程及金融结构的动态演进；最后是本文的评论和总结。

二、内生性金融成长：垄断竞争市场形成与配置性效率的提高

（一）内生性金融成长：由寡头垄断到垄断竞争

既有内生金融的宏观表现形式和微观运行机制（其实质是金融契约执行机制）将成为当下中国内生金融成长的初始条件和逻辑起点，而就整个中国金融业的产业组织而言，内生金融的成长具有显著的效率增进含义。一个直接的解释就是，内生金融的成长将提高金融业的竞争程度，将市场的微观结构由垄断推进到垄断竞争，进而增进了整个产业组织的运行效率。如果把金融企业也看作类似实体的厂商，则可以借用微观经济学中关于垄断企业的厂商分析模型分析其市场结构的变化与资源配置效率之间的关系。

如图 1 所示，在内生金融没有进入的情况下，垄断金融企业面临的需求曲线是 D（AR），这个也是平均收益曲线，[①] 其边际收益曲线由 MR_1 表示。边际收益与边际成本曲线的交点形成了短期均衡，此时均衡利率为 R_1。随着内生金融企业逐渐成长和进入，金融业的竞争程度进一步加剧，金融企业所面临的需求曲线将更加富有弹性，也即更加平坦，此时的需求曲线用 d(AR)[②]表示，边际收益曲线为 MR_2，它与边际成本曲线相交形成了垄断竞争行业的短期均衡，[③] 形成的利率水平为 R_2。由图可知 $R_2 < R_1$，因此竞争的加剧导致了资金利率水平的下降。

---

① 垄断竞争厂商有两条需求曲线，即 D 需求曲线和 d 需求曲线，前者是考虑厂商之间相互影响的实际需求曲线，后者是不考虑厂商相互影响的预期需求曲线。D（AR）也可以看作是垄断竞争行业的 D 需求曲线，即实际需求曲线。

② 类似的，这可以看作是垄断竞争企业的 d 需求曲线。

③ 此时由于平均收益大于平均成本，金融企业能够获得超额利润。事实上，这可能是对垄断竞争金融业的典型刻画，因为金融行业的规模效应，即便是金融产业形成了垄断竞争的产业格局，也有较强的垄断色彩而不是竞争色彩。

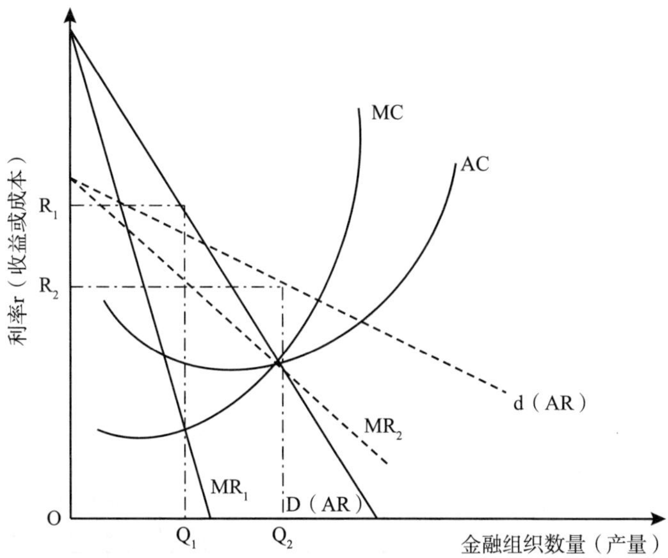

图 1　内生性金融的成长与垄断竞争产业体系的形成

（二）内生性金融成长：配置性效率的提高

按照一般的经济学原理，如果市场结构由垄断转变为垄断竞争，那么整个产业的产出效率将提高，在此意味着金融资源配置的效率提高了。如果我们将效率提高分解为适应性效率和配置性效率，那么国有银行的市场化改革与内生性金融的成长具有不同的效率含义。我们用一个修正的模型来说明这一点（Furubotn，1972；张杰，1998、2011）。如图 2 所示，假定使用两种金融资源 FR_1 和 FR_2 来进行生产，它们具有一般性状的生产函数和生产可能性边界（PPC）。在原有的垄断均衡制度下，生产可能性边界为 PPC_1，但是国有银行的低效运行使产出并不处于有效率的边界上，此时无差异曲线为 U_1；随后市场化改革的深入推进使原来的国有银行的诸多体制机制已不适应新的经济形势，作为对整个经济体制市场化改革的配套，国家开始了对国有银行的市场化改革。国有银行改革的结果使国有银行体制逐步适应了新的经济形势，体制机制的改革使社会福利水平提高，推动无差异曲线移向 U_2，U_2 与 PPC_1 相切形成均衡点 A。由此可见，国有银行的商业化改革使其适应性效率得以提高，但是就金融资源的配置而言，国有银行依然没有改变向国有企业提供信贷的偏好，或者说市场化运作的商业虽然增加了向优质私营企业的信贷，但是其信贷投放结构并未发生较大变化。

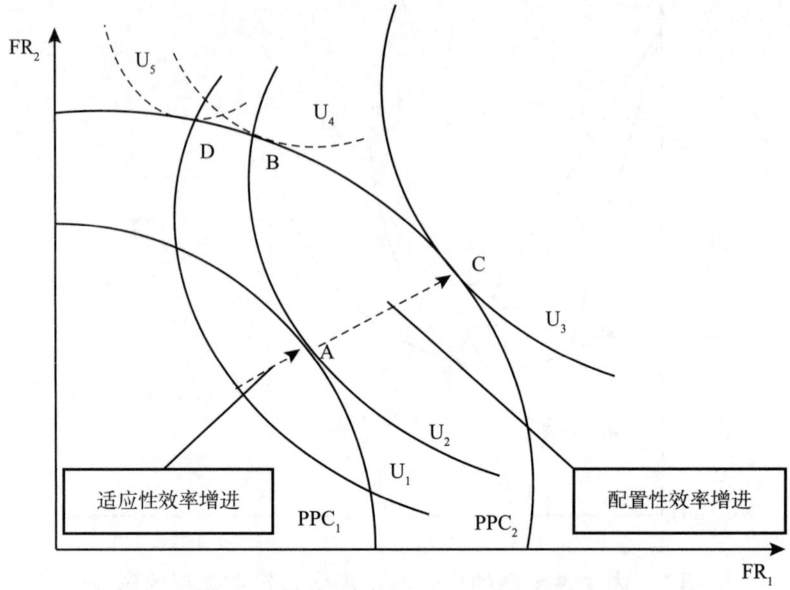

图 2　内生金融成长的效率增进含义

而内生金融的成长意味着整个金融产业生产效率的提高，金融业的生产可能性曲线边界变为 PPC_2，此时如果人们的偏好是稳定的，则无差异曲线就由 U_2 移向 U_3，U_3 与 PPC_2 相切形成均衡点 C。内生金融的成长意味着金融资源配置方向的较大变化，金融资源配置效率得以提高，这表明内生金融的成长主要表现为配置性效率的增进。重要的是，此时 U_1、U_2 和 U_3 处于同一簇无差异曲线上，这意味着不仅效率得到了增进，而且福利水平得到了提高。然而，产出的增加并不总是意味着福利水平的提高，如果内生金融的成长使人们的偏好发生了系统性变化，若此时形成的无差异曲线为 U_4，则从福利增进的视角来说，最优产出均衡从 A 到 C 的增进使福利水平没有变化，因为均衡点 B 仍位于原来的无差异曲线 U_2 之上，表明人们的满足程度没有变化；如果偏好改变后的无差异曲线为 U_5，则均衡点为 D，但是此时人们的福利水平却下降了，因为 D 点位于原来的无差异曲线 U_1 之上，而就满足程度而言 $U_1 < U_2 < U_3$。因此，国有商业银行改革和内生性金融的成长使金融资源配置的效率实现了帕累托改进，但却并不一定能够提高社会的福利水平。由此引申的一个政策含义是，在中国的金融体制改革和内生金融的成长中，不但要注重提高资源配置效率，而且也要更加注重公平，制度变迁中的获益者应该给予受损者适当的补偿，以促进整个社会福利水平的提高。

上述分析表明，虽然国有银行的市场化改革和内生金融的成长都有助于打破目前垄断均衡的制度结构，但是二者却有着不同的效率增进的含义。国有银行的市场化改革在于提高了其适应性效率，而内生金融的成长具有显著的增进配置性效率的含义。虽然配置性效率是一种静态效率，但这是一种新的、更高水平的资源配置效率。因此，只有大量的内生金融的成长（即便是非正规的民间金融），才能将以国有银行为主体的垄断均衡的制度结构的“极化效应”转变为增进福利的“涓滴效应”。①

三、内生性金融成长的动力机制：从交易成本到制度成本

（一）制度成本的结构

制度经济学的理论基石科斯定理清晰地说明，产权的界定和保护对于促进产出效率的提高是重要的。然而，产权的界定也是有成本的，由模糊产权走向清晰产权的过程中必然会耗费一定的经济资源。产权的界定无外乎两种手段，一种是由第三方如国家等界定和保护，所有人必须强制性地遵从；另一种是由自利动机的人们在交易中不断博弈而形成的，这是一种自发性的、自我实施的产权界定模式。产权在本质上是一种行为规则，这种行为规则界定了排他性地使用经济资源的权利。因而，产权的清晰界定能够增加交易频率，使原来不能进行的交易得以发生，从而使交易双方获得交易剩余，以此促进社会福利水平的提高。但是物品的交易本质上是产权的转让，而产权的转让会产生交易成本。虽然产权的清晰界定能够增加交易频率，但在降低交易成本方面却作用有限。经济活动中理性的人们总是选择使交易成本最小化的制度形态和制度结构，因此，人们不断降低交易成本的努力是形成各种经济制度（如公司、企业等）的动力源泉。

问题的关键在于，经济制度一旦建立起来，不论是否有市场交易或者是产权转让行为，制度的运行和维护总是有成本的。因而，张五常（Steven N. S. Cheung，1981、1983、1985）认为应将广义的交易成本扩展为制度成本（institutional costs）。更进一步地，他认为制度成本主要由两个部分组成，一个是制度运作和维护的成本（operating costs），另一个是制度转变的成本（changing costs），也即改变一项制度的成本；而制度转变的成本又由两部分

① 极化效应和涓滴效应（又称为“渗漏效应”“滴漏效应”等）来自于发展经济学，前者是指某一地区形成经济增长极进而拉动其他地区经济发展或者某一产业拉动其他相关产业的发展，而后者是指优先发展起来的地区或者群体通过消费、就业、投资等带动其他后进地区进而获得均衡发展的情形。本文在此指代生产性资金的流动。在垄断金融体系下，货币资金通过国有银行这一“极点”流入国有企业，民营企业只能获得极少数的“剩余资金”，此谓之“极化效应”；而内生金融的成长犹如在经济体中布满了资金流动的管道，可以将货币资金流动到每一个需求者那里，此谓之“涓滴效应”。

构成，一部分是寻求其他可行的制度安排的费用，称为“信息成本”（information costs），另一部分是来自与既得利益集团博弈以及谈判的费用，本文在此将其称为“博弈成本”（game costs）。也就说，下述等式成立：

$$\begin{cases} \text{制度成本} = \text{运作成本} + \text{转变成本} \\ \text{转变成本} = \text{信息成本} + \text{博弈成本} \end{cases} \tag{1}$$

如果将交易成本扩展为制度成本，那么就如人们总是试图选择和构建交易成本最低的制度一样，理性的经济人也总是选择和构建总的制度成本最低的制度形态和制度结构。此处的重要含义在于（张五常，1981、1985），第一，如果采用或者改变某个制度是无成本的，那么人们必定会选择运作费用最低的制度；第二，如果采用或者改变某个制度要付出高昂的代价，那么被采用的制度的运作费用不一定是最低的，理性的人们将会谋求总的制度成本（即转变成本与运作成本之和）的最小化；第三，如果有一个运作成本较低的制度，而制度改变的成本要小于该制度所能节省的费用，那么制度就会有发生变迁的强烈倾向。

事实上，将上述关于单个制度的表述扩展为整体性制度安排，其基本结论也是成立的。也就是说，作为一个整体性制度安排，总的制度成本也由运作成本和转变成本组成，类似的转变成本也包括信息成本和博弈成本；理性的人们将会谋求使总的制度成本最小化的整体性制度安排。如果这个整体性制度安排的运作费用越来越大而转变费用却越来越小，那么整体性制度安排本身及其内部结构将会发生显著变化。

（二）经济结构、制度成本与整体性金融制度的变迁

我们将中国的整个金融制度作为一个整体性制度安排来研究，探讨经济结构的变化对这个整体性制度安排制度成本的影响。对于任何一个外生建立的制度而言，一个合乎逻辑的推论是，该制度在建立之初会经历一个较高的运作成本和维持成本①。这是因为新建立的制度不但内部需要磨合，而且也有一个与外部环境相适应的过程。这个过程的长短与外生制度构建的主体有关，也与整个外部环境的兼容性有关。如果某项制度是由某个具有强大号召力和执行力的主体所构建，并与当时的外部环境有良好的兼容性，那么该项制度会很快经过运作成本较高的阶段。随着这一过程的完成，该项制度的运作成本将会下降。然而随着制度的不断运行，原有的制度安排将不能适应新

① 容易得出，该推论对于内生而来的制度并不成立。

的情势，人们的心智结构将出现异质化。[①] 因此可以预见，在该项制度的生命周期的中后期，其运作成本又开始上升。因而，制度的运作成本呈现出一个“U”型图景。

毫无疑问，中国的金融制度是一个典型的外生构建型的，这种外生而来的金融系统建立之初，也由国家出面付出了一笔固定成本（如国家注资、收购私营金融企业等）。与一般性的外生制度一样，这一金融体系也经历了一个运作成本较高的时期，但是由于国家强制力的作用，再加之该金融体系与当时的国家发展战略和政治结构相适应（周治富，2017），这一运作成本较高的时期比较短，随后迅速进入运作成本逐渐下降的时期。这一时期的突出表现就是以国有银行为主体的银行业体系支撑中国建立了完整的工业体系和国民经济体系，并且维持了改革开放长达近40年的高速增长。

这种以国有银行为主的外生性的金融制度结构是与当时以国有经济为主的经济结构相适应的。然而，随着民营经济的崛起，经济结构发生了显著变化。在理论上，如果国有银行体系不但能够给国有经济提供充足的信贷，而且也能够给民营经济或者中小企业提供良好信贷的话，那么该项制度安排依然是高度有效的。问题在于，国有银行体系天然地与私营经济不相兼容，而私营经济在经济体系中所占的比重又在逐渐增加。如果既有的金融制度不能给占产出比重愈来愈大的民营经济体或中小企业提供充足的信贷，那么金融资源的配置将被严重扭曲。这意味着，维护既有体制的成本越来越大。[②] 而从转变成本的角度来看，民营经济的崛起使转变成本迅速下降。大量的民营经济资金融通的需要必然使它们去寻求另外有效的金融手段，这一过程表现为内生金融（不论是正规的还是非正规的）的成长，而民营经济的发展也使寻求其他金融制度安排的信息成本得以在大量群体之间分摊；技术进步也使信息成本进一步降低。而且寻求内生金融成长的主体是一个共容利益集团，能够形成更加有效的集体行动和博弈行为，博弈力量的增大使博弈成本得以降低。因此，经济结构的变化增加了运作成本而降低了转变成本，当制度转变的收益大于总的制度成本时，整体性制度安排将会发生变迁。这一整体性金融制度变迁的机理可以用表1表示。

---

① 诺斯（North，2005）认为，人类演化变迁的关键在于参与者的意向性，也就是说参与者的意向性决定了人类制度变迁的方向，而参与者的意向性又是根据学习以及人类相互交往所形成的心智结构（mental structure）决定的。因此，人类的心智结构决定了制度变迁的方向，信念成为理解经济变迁过程的关键。

② 这种维护成本很大程度上表现为机会成本，即不能够给民营经济或中小企业提供充足信贷而造成的效率损失、产出损失和福利损失。

表1　运行成本与转变成本的变化与中国整体性金融制度安排的变迁

运行成本的变化	+	转变成本的变化	=	制度变迁
(1) 建立之初经历了短暂的较高的运行成本；(2) 随后经历了运行成本的逐步下降；(3) 民营经济的崛起使经济结构发生了显著变化，原有制度运行成本增加		(1) 民营企业的成长使单位企业承担的制度变迁的信息成本下降；(2) 技术进步也降低了信息成本；(3) 共容利益集团增加了博弈力量，降低了博弈成本（周治富，2015）		整体性金融制度安排的变化，主要表现为内生金融（正规和非正规）的成长

（三）对整体性金融制度变迁的一个形式化分析

我们建立一个形式化的模型对上述机理进行进一步分析。以中国的整体性金融制度安排为研究对象，有如下假定：(1) 这一整体性制度安排的成本由两部分组成，运作成本和转变成本，记制度成本为“IC”，运作成本为“OC”，转变成本为“CC”；(2) 随着时间的推移，运作成本呈现U型曲线，这一曲线可用一个二次函数来表示；(3) 随着时间的推移，民营经济逐渐发展壮大，转变成本将一直呈下降态势，我们假定转变成本是线性下降的，可以用一个线性函数来表示；(4) 当制度转变的收益大于总的制度成本时，将会发生制度变迁。

将上述成本都表示为时间 t 的函数，就可以研究曲线的形状和位置。运作成本 OC 的函数可以表示为 $OC = at^2 + bt + c$，由于运作成本均为正，则参数满足条件① $a>0$、$b<0$ 和 $c>b^2/4a$。转变成本 CC 可以表示为 $CC = -dt + e$，由于假定转变成本是线性下降的，则参数满足条件② $d>0$、$e>0$。一般而言，在制度创建初期，即 $t=0$ 时，制度的转变成本大于运作成本，则有 $e>c>0$。由于总的制度成本 $IC = OC + CC$，则 IC 关于时间 t 的函数就可以表示为 $IC = at^2 + (b-d)t + (c+e)$，其中的参数满足上述参数的条件。③ 由此可见，总的制度成本的函数曲线仍然是二次的，这就存在一个最小的制度成本点，而且就曲线的位置而言，IC 曲线至少有一部分位于 OC 曲线之上，且 IC 曲线的对

① 运作成本总是正的表示该函数顶点坐标 $(-b/2a, (4ac-b^2)/4a)$ 均大于零，运作成本先下降再上升表示该二次曲线开口向上，即 $a>0$，由 $-b/2a>0$ 可以推出 $b<0$，再由 $(4ac-b^2)/4a>0$ 可以推出 $4ac-b^2>0$，即 $c>b^2/4a$。

② $d>0$ 保证了该函数曲线向下倾斜的性质，即转变成本线性下降，而 $e>0$ 表示当 $t=0$ 时，即制度建立之初，转变成本必然是大于零的。

③ 由于 $b<0$，$d>0$，则有 $b-d<0$，因而保证了其对称轴曲线 $X=-(b-d)/2a$ 大于零。

称轴比 OC 曲线的对称轴更靠右。① 上述分析表明下式成立：

$$\begin{cases} OC = at^2 + bt + c; \ a > 0, \ b < 0, \ c > b^2/4a \\ CC = -dt + e; \ d > 0, \ e > c > 0 \\ IC = OC + CC \\ IC = at^2 + (b-d)t + (c+e) \end{cases} \tag{2}$$

如图 3 所示，制度运作成本的曲线由 OC 曲线来表示，呈“U”型；制度变革成本的曲线由 CC 曲线来表示，呈现线性下降趋势，总的制度成本曲线用 IC 曲线来表示。如前所述 OC 曲线和 IC 曲线分别在 $t = -b/2a$ 和 $t = -(b-d)/2a$ 处达到最低点（图中的 B 点和 C 点）。当总的制度成本曲线 IC 达到最低点时，制度处于高效运行的状态。然而，当越过最低点时，总的制度成本将开始逐渐上升。这意味着该整体性制度安排已经不能适应新的情势。然而，总的制度成本开始上升，并不意味着就立刻会发生制度变迁。这是因为制度变迁的收益可能并不足以支付变迁成本，因而维持既有的制度结构是理性的。如果将线性的转变成本曲线向右下方延伸，其在纵轴的取值会产生负值，如图中曲线部分所示。我们将负的转变成本视作转变收益（changing income）②，将第四象限中的直线映射到第一象限，即有 $\angle 1 = \angle 2$ 成立，用 CI 表示转变收益曲线，则 CI 曲线将与 CC 曲线的函数有着对偶关系，即有 $CI = dt - e$。当 CI 曲线越过 A 点时，变革收益曲线将位于总的制度成本曲线 IC 曲线之上。③ 这意味着转变收益大于总的制度成本，如果制度变革的收益足以支付总的制度成本，那么一项制度和某个整体性制度安排必然会发生变迁。这是因为，即使维持原有的制度形态，变革收益也足以支付其制度成本后还有剩余，整个社会的福利水平会得到增进。在 A 点有 $CI = IC$，即满足等式 $dt - e = at^2 + (b-d)t + (c+e)$，求解该等式可得 T 值的表达式为：

---

① 推导过程如下，两条曲线的位置由其顶点坐标确定。OC 曲线的顶点坐标为 $(-b/2a, (4ac - b^2)/4a)$，而 IC 曲线的顶点坐标为 $\{-(b-d)/2a, [4a(c+e) - (b-d)^2]/4a\}$。就顶点纵坐标而言，因为总的制度成本曲线是制度运作成本曲线和转变成本曲线的加总。因而，总的制度成本曲线至少有一部分位于制度运作曲线之上，但是总的制度成本曲线的最低点却不易判断，这个最低点是由两个曲线顶点坐标的纵坐标决定的，将二者相减即得 $[4a(c+e) - (b-d)^2]/4a - (4ac - b^2)/4a = 4ae + 2bd - d^2$，该式在现有的参数条件下不能判断是大于零还是小于零。其中的原因在于线性的转变成本曲线向下延伸，其纵轴会取到负值（横轴表示时间，总是正的），抵消了正的运作成本，使得最低点难以判断。但是两条曲线左右的相对位置比较明确，二者的左右位置由对称轴曲线决定，OC 曲线的对称轴曲线为 $X = -b/2a$，而 IC 曲线的对称轴曲线为 $X = -(b-d)/2a$，用后者减去前者有 $[-(b-d)/2a] - [-b/2a] = d/2a > 0$，因而 IC 曲线更靠右。

② 此处负的制度转变成本纯粹是与假设条件有关，如果转变成本不是呈线性下降的，而是呈指数下降的，如转变成本曲线函数为 $CC = 1/t^2$，则随着时间的推移，转变成本无限逼近零而不是负数。此时总的制度成本函数将是高次方程，此处的线性转变成本较为简化。

③ 应当说明，直线 CI 与曲线 IC 的交点可能有一个、两个或者无交点三种情形，本文假定转变收益曲线与总的制度成本曲线有且仅有一个交点。

$$T=\frac{(2d-b)+\sqrt{4a(c+2e)-(b-2d)^2}}{2a} \quad (3)$$①

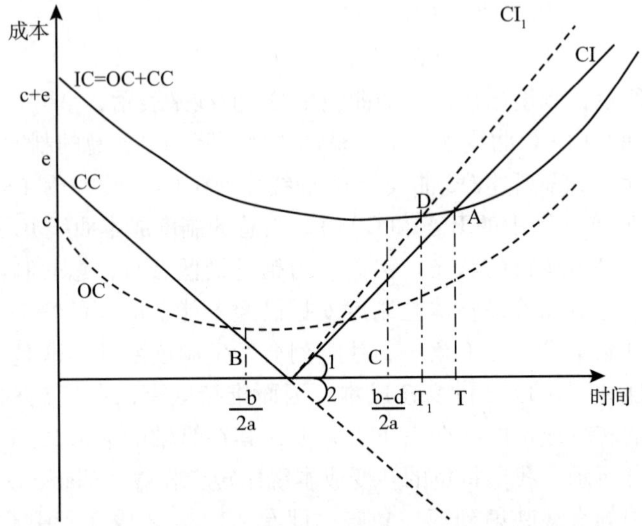

图3 制度成本、变革收益与整体性制度安排的变迁

上述参数决定了制度变迁的时间点。② 总的来说，制度变迁的时间点是与转变成本曲线（或转变收益曲线）的斜率是负相关的，这意味着 $T_d^1<0$。它表明，在运作成本变化趋势不变的情况下，如果某整体性制度安排随着时间的变化其转变成本下降得更快（或转变收益上升得更多），那么这项制度发生变迁的时间就越早。如图3所示，CI_1 曲线的斜率比 CI 曲线的斜率更大，意味着在同一时间段下，该条曲线的制度转变收益上升得更多，因而制度变迁发生得越早。CI_1 曲线与 IC 曲线相交于 D 点，其所形成的制度变迁的时间点为 T_1，满足 $T_1<T$，上述命题得证。

制度转变成本是由信息成本和博弈成本构成的，因此信息成本和博弈成本决定了制度转变成本以多快的速度下降。除了技术变迁以外，信息成本受到制度变迁主体数量的影响，如果推动制度变迁的利益集团足够大，则单个主体所承担的信息费用是极小的，而且也能寻找更多的制度变迁路径以供试错，因而更能创造合意的制度结构；博弈成本也与推动制度变迁的利益集团有关（周治富，2015）。然而，在本质上，利益集团能否成长壮大并采取有效的集体行动与外部既定的制度条件有关，这意味着良好的制度条件更有利于推动制度变迁。这似乎是一个悖论，如果制度条件是良好的，则不存在变

① 假定根号下 $4a(c+2e)-(b-2d)^2>0$ 成立；另有一根因不符合经济含义予以舍弃。

② 当然，在实际情形中，制度变迁发生的时间更有可能是一个区间。

迁的空间，为什么还会有利于推动制度变迁呢？这里的关键是有效的制度结构在于其强大而及时的纠错能力。如果外部制度条件是良好的，若整体性制度安排中局部制度出现失效，就能迅速实现纠正，进而制度总是处于动态变迁之中，并保持一个接近最优的制度结构；相反，如果外部制度条件极为恶劣，即使整体性制度安排是低效或者无效的，也不足以形成强大的纠错能力，进而形成了僵化的制度结构。因此，制度变迁可能有较强的正反馈效应。

中国既有的整体性金融制度安排，已经面临着越来越高的维持成本和越来越低的转变成本。上述分析表明，国家的重要作用在于创造良好的制度条件，以促进整体性制度安排及时纠错并不断逼近最优的制度结构，而在良好的制度条件下的内生金融的成长，是中国整体性金融制度安排变迁的重要组成部分。①

四、内生金融成长的边界：从自然状态到国家控制

上一节的分析探明了内生金融成长的动力机制，当制度转变的收益大于制度成本时，制度变迁将会发生，且一项制度的制度转变成本下降得越快，则其制度变迁发生的时间越早。随之而来的问题是，内生金融的成长将在达到何种体量时停止？显然，在一个有限的地域和有限的经济资源的约束下，内生金融的成长并不是无边无际的。因此，我们需研究内生金融的边界问题。② 一个合乎逻辑的推论是，在一个自然状态下演进的内生金融与在一个强有力的政府约束下演进的内生金融有着不同的边界及其决定边界的因素。基于此，我们分为几种情形来讨论。

（一）自然边界

自然状态理论最初是资产阶级政治学家用于解释国家的起源，如霍布斯的《利维坦》（中文版 2010）、洛克的《政府论》（中文版 1982）、休谟的《人性论》（中文版 2012）以及罗尔斯的《正义论》（中文版 2011）等。美国经济学家安德鲁·肖特（中文版 2004）在《社会制度的经济理论》（The Economic Theory of Social Institutions）中将自然状态引入制度变迁的研究。在

---

① 整体性金融制度变迁另外一个重要的部分是对于外生性的国有银行体系以及资本市场体系的改革。

② 关于金融边界问题学者们的专门论述较少，杨秀萍和白钦先（2015）曾对金融边界理论做了系统的梳理和研究，并正确地指出：金融边界问题，是金融发展偏离实体经济究竟应该有多远的可能性边界问题。本文对于内生金融成长的边界依然立足于金融与实体经济的相互关系，并考虑技术进步、国家对金融成长边界的影响。

这个自然状态中，最初根本没有任何社会制度，但赋予人天然具有平等、自由、独立的权力，再加之行为人偏好以及将投入转换为产出的技术，在此最初经济状态下研究货币、银行、产权、国家等的起源和发展。事实上，这种自然状态研究类似一个“思想实验”。

在一个自然状态中，内生金融的演进没有受到任何约束，是一个自然演进的历程。当内生金融的演进达到动态稳定的制度结构时，将会形成一个自组织临界系统，[①] 此时这个系统就决定了内生金融的边界，我们将这个边界称为“自然边界”。与混沌系统不同，混沌系统是指初始条件的极小变化会导致最终结果难以预测或者具有很小初始条件差异的两个系统会有截然不同的演进结果，而自组织临界系统具有相当稳定的制度结构，即使初始条件有显著差异，也都会演进到这一稳定的临界值。如果将货币的演进看作是一个自组织系统，那么由此可以解释，为什么世界各国的货币最终都演变为纸币的形式。因此，如果内生金融系统是一个自组织临界系统，那么该系统的边界将由其自身的自然演进来决定，从而形成的是一个“自然边界”。

（二）技术边界

技术进步是推动制度变迁的重要力量，它可以通过影响经济资源的价值、影响产权界定的成本和影响信息成本等促使制度变迁的发生。技术进步的影响往往是普遍的，因而影响对象更是聚焦于整个金融产业组织，因此我们需要研究技术变迁对于金融产业组织的影响。

我们将金融业产业组织作为一个研究对象，[②] 并做出如下假定：（1）金融业的产业组织结构由外生金融与内生金融的相对规模来衡量。（2）外生金融自上而下产生，内部运行采用集权形式。内生金融自下而上产生，内部运作采用分权形式。（3）金融业特定结构的产业组织具有相应的产业组织成本，[③] 总的组织成本由两类组成，一类是“因目标不一致而引起的成本”，另一类是“因缺乏信息而引起的成本”。（4）知识（信息）分为两种，一种是

① 关于自组织临界系统的一个著名例证是“沙堆模型”（Bak，1996）。考虑如下情境：在一个极为平坦的平面上向同一个地点一粒一粒地落下沙子，进而会形成沙堆，当这个沙堆的高度达到一定量值后，再落下一粒沙子就有可能导致整个沙堆坍塌；如果继续扔沙子，沙堆高度会逐渐增加，但到增加到同样的高度时也会发生坍塌。因此，沙堆的高度是由其本身决定的，沙堆就形成了一个自组织临界系统。

② 此处所构建的模型的基本原理是詹森和麦克林（Jensen & Meckling，1992）在研究企业最优决策权的分配时所提出的，但与其不同的是本文将整个金融产业组织作为一个研究主体，来研究在产业组织成本最小化时的最优产业组织结构，即内生金融和外生金融所占比例的多少。

③ 类似于单个企业存在组织成本，整个产业也存在“产业组织成本”。在此，产业组织成本可以视作企业组织成本的简单加总，以及政府为了产业规范运行所付出的各类成本（如制定法律法规、设立监管机构等）之和。

专业知识，此类知识在代理人中转换成本（传递成本）很高，因而代理人所占有的工作岗位具有较低的替代性。另一类是一般知识，其传递成本较低（Jensen & Meckling，1992）。（5）因目标不一致而引起的成本主要是由一般性知识引起的，而因缺乏信息而引起的成本主要是由专业知识引起的。（6）在集权化经营的外生金融中，其目标是由顶层结构明确规定的且具有强制性，因而因目标不一致而引起的成本较低，但是由于科层结构形成多重代理问题，它们对于实体经济的融资需求缺乏信息，因缺乏信息而引起的成本较高；对于分权经营的内生金融而言，其成本结构刚好相反，由于其本来就内生于实体经济，因此它们信息较为充分，但是分权化的决策造成了目标冲突，使目标不一致的成本较高。也就是说外生金融的成本主要是缺乏信息所引起的成本构成，而内生金融的成本主要是由目标不一致所引起的成本构成。（7）技术进步有利于降低一般性信息的传递，但对于专业性知识和信息的传递影响较小，因为专业性知识和信息的获得主要是一个学习的过程。因此技术进步对于因目标不一致而导致的成本具有更大幅度的降低作用，这就使技术进步对于外生金融和内生金融而言，其降低成本的效应具有不对称性，对内生金融成本的降低幅度要大于外生金融。

在上述假定下，技术进步对于最优金融产业组织结构可以做如下分析，如图 4 所示。在一个金融业组织结构是完全外生的情况下，主要成本是由缺乏信息所引起的；完全内生的情形下，主要是由目标不一致所引起的。总的产业组织成本的最低点决定了外生金融和内生金融的最优结构，即 A 点，产业组织结构更靠近外生金融一端。现在假定经济体中出现了技术进步，技术进步对于因目标不一致所引起的成本具有显著的降低作用，从而导致该条曲线下降，总的产业组织成本曲线也下降，最优的产业组织结构由 A 点移向 B 点，更靠近内生金融一端。上述分析表明，技术进步由于降低了信息成本而促进了内生性金融的发展。

上述分析表明，当考虑技术进步时，技术变迁决定了金融体系的最优产业组织结构，进而也就决定了内生金融的边界。我们把这种由技术水平和技术变迁决定的内生金融的边界称为“技术边界”。

（三）市场边界

当我们将视角由产业缩小到金融机构本身时，就涉及金融机构本身的进入和退出。在理论上，金融企业家是否创建内生金融机构并进入金融行业也是经过成本收益权衡的结果。[①] 如前所述，内生金融的成长将使得原有的垄断

① 当然技术状态也能够影响内生金融机构的成本收益。

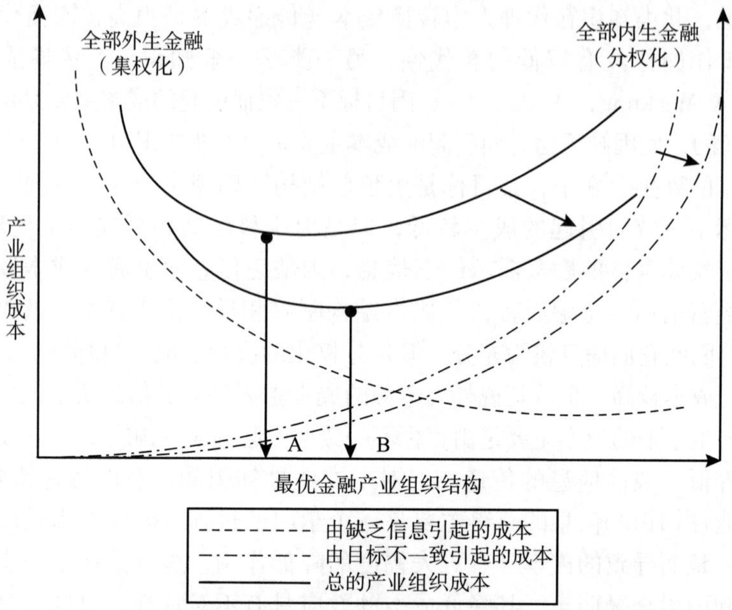

图4　技术变迁、信息成本与最优金融产业组织结构

均衡的市场结构走向垄断竞争。在垄断竞争的短期均衡中，内生金融机构是可以获得超额利润的；而在垄断竞争行业的长期均衡中，则只能获得正常利润。在只能获得正常利润的情形下，内生金融机构将没有足够的激励进入金融行业，而金融业中的机构数量也达到了相对稳定的状态。因此，如果从市场结构的角度来考虑，垄断竞争的长期均衡决定了内生金融成长的边界，我们把这种由市场决定的边界称为“市场边界”。

（四）实际边界

然而，上述三种边界的确立都过于理想化了，均没有考虑国家的作用。事实上，由国家负责构建的基础性制度条件对于内生金融的成长有着显著影响，而国家是一个有着自身效用函数和行为逻辑的实体。即使在上述几种边界中国家也能发挥作用，如国家能够影响技术进步，国家的政策也能够影响进入金融行业的成本等。因此，国家极大地影响着内生金融演进的外部环境，进而决定着内生金融成长所能达到的边界；特别是在中国这样一个有着强有力的政府影响的经济体中，尤其如此。国家的效用偏好决定着国家的行为，而国家的行为又决定着内生金融成长的边界，我们把这种边界称为内生金融成长所能达到的“实际边界”。

从对内生金融成长的约束的角度来看，自然边界、技术边界、市场边界和实际边界逐渐增加。一个合理的推论是，约束越多，则内生金融成长的所可能达到的边界范围就越小。因而，上述四种边界可能具有图 5 所示的圈层包含关系。

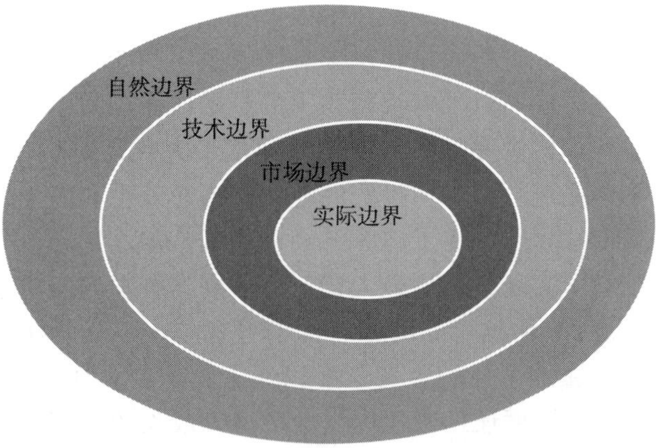

图 5　内生金融成长的四种边界之间的圈层关系

五、内生性金融成长的动态历程：基于国家效用函数的分析

关于内生金融成长的动力机制以及边界确定的研究为内生金融制度变迁确定了起点与终点，而内生金融成长的动态历程则与金融制度结构的动态变化紧密关联。在现实中，国家对于金融行业总是存在多种形式、多种渠道的深度干预，这种干预也有着国家自身的行为逻辑。正如林毅夫等（2009）所指出的，作为现代社会最重要的制度安排之一，政府在本国经济发展和金融体系的形成和演变过程中处于特殊的位置。而本文关于金融结构的定义正是以是否由政府创办作为根本分野的。因此，任何关于金融制度变迁的研究都不能忽略国家这一重要因素，将国家效用及其行为纳入金融制度变迁的研究极为必要。

（一）关于国家效用函数的说明

前文已经说明，国家效用函数以及由其所决定的国家行为①大致框定了内生金融成长的实际边界。在现代经济社会中，国家一般是由政党操控的，

① 对于金融制度的变迁而言，这里的国家行为主要是国家的制度构建行为，即国家可以选择将有限的资源是用于构建国有银行为主的外生金融制度，还是用于构建内生金融成长的制度条件。

因而国家的效用和国家行为往往反映了政党及其所代表的利益集团的利益诉求，而这又与政党所秉承的意识形态和执政理念有关。本文在此并不关注政党行为对于国家行为的影响，而是将注意力仅仅集中在国家这个层面上。并且假定，国家具有自身的效用函数和相对稳定的偏好。

在此，我们将国家进行人格化。影响国家效用的变量有两个：一个是外生金融制度，在我国即指以国有银行为主的金融体系；另一个是内生金融制度。这是因为，无论国家是追求经济增长速度最大化还是税收最大化,① 都必须要依靠金融体系进行储蓄向投资的转化，因而外生和内生的金融体系的"存量"就在很大程度上决定了国家的经济增长②进而决定了国家效用的大小。进而，国家为了实现其效用最大化，可以用其有限的资源来构建外生或者内生的金融制度,③ 而这个又与国家的偏好有关。一个偏好集权的国家必然投入大量资源构建外生性的金融制度以便于其控制金融资源。进一步地，无论是构建外生金融制度还是构建内生金融得以成长的外部制度条件，都需要一定的成本；这两种金融制度支持下的实际经济所创造的物质财富则构成了整个国家的财富。因此，国家是在其财富约束下选择制度构建行为，并以此决定了国家效用的大小。

需要指出的是，随着经济社会条件的变化，国家的偏好将会发生相应的变化。国家并不是在何时何地都选择去构建外生性的金融制度。一个合理的推论是，随着内生金融相对价值的提升，追求效用最大化的理性国家有足够的激励去构建内生金融得以成长的制度条件。也就是说，较之以前，国家可能把一部分偏好由外生金融转移到了内生金融，进而相应的资源也进行同方向的转移。然而有一点需要指明，内生金融的成长并不意味着外生金融的边界就在收缩，二者可能都是一个成长的过程，只不过成长的速度有所差异。鉴于国家偏好的缓慢变化，因此我们需要研究国家在短期偏好稳定和长期偏好变化的情形下内生金融的动态成长。

（二）国家效用最大化下的内生金融成长：静态情形

根据上述关于国家效用函数的说明，做出如下假设：（1）有两种金融制度影响国家效用，外生金融制度（以国有银行为主的金融体系）用 F_s 表示，内生金融制度用 F_e 表示；（2）国家有一个柯布—道格拉斯式的效用函数，且国家的偏好 ρ 处于（0，1）之间，即 $\rho \in (0, 1)$，国家效用函数的表达式

---

① 追求最大程度的赋税是诺斯（1990）和奥尔森（1993，2000）国家模型中国家的主要目标。

② 大量的研究亦表明，对于经济增长有重要影响的技术进步也与金融体系有很大关系。

③ 在此并不是指国家直接构建金融制度，否则这种金融制度依然是外生的；这里所谓的国家用于构建内生金融是指国家将有限的资源投入到内生金融得以产生的外部制度条件和制度环境。

为 $U=F_s^{\rho}F_e^{1-\rho}$；ρ 的大小反映了国家偏好的不同，① 事实上，该函数表现出规模效应不变的性质，因此，ρ 和（1－ρ）分别表示了在整个国家效用中，外生金融和内生金融所占比例的大小；②（3）其中外生金融的价格③为 P_s，内生金融价格为 P_e，由于金融体系为实体经济的映射，在假定没有泡沫金融的经济环境中，金融体系的总量应与实体经济总量大致相当，因此用 $F_sP_s+F_eP_e=W$ 能够基本代表国家的财富约束。

在一个短期中，国家的偏好是固定不变的，其所拥有的财富数量也是既定的，这是一个静态的约束条件下的最优化问题。该问题可表述为下式：

$$\begin{cases}\max: \ U=F_s^{\rho}F_e^{1-\rho}\\ s.t: \ F_sP_s+F_eP_e=W\end{cases} \tag{4}$$

构建拉格朗日函数为：

$$L(F_s, F_e, \lambda)=F_s^{\rho}F_e^{1-\rho}+\lambda(F_sP_s+F_eP_e-W) \tag{5}$$

对拉氏函数中三个变量分别求偏导数并令其为零可得：

$$\begin{cases}\dfrac{\partial L}{\partial F_s}=\rho F_s^{\rho-1}F_e^{1-\rho}+\lambda P_s=0\\ \dfrac{\partial L}{\partial F_e}=(1-\rho)F_s^{\rho}F_e^{-\rho}+\lambda P_e=0\\ \dfrac{\partial L}{\partial \lambda}=F_sP_s+F_eP_e-W=0\end{cases} \tag{6}$$

推导可得结果为：④

---

① 二者的边际效用替代率为 $MRS=-\dfrac{\partial U/\partial F_s}{\partial U/\partial F_e}=-\dfrac{\rho F_s^{\rho-1}F_e^{1-\rho}}{(1-\rho)F_s^{\rho}F_e^{-\rho}}=-\dfrac{\rho F_e}{(1-\rho)F_s}<0$，满足边际效用替代率递减规律。

② 外生金融在整个效用中所占比例可表示为 $F_s\dfrac{\partial U}{\partial F_s}$，类似地，内生金融占比部分为 $F_e\dfrac{\partial U}{\partial F_e}$。由于函数的规模效应不变，所以满足欧拉定理，即有 $F_s\dfrac{\partial U}{\partial F_s}+F_e\dfrac{\partial U}{\partial F_e}=U$，因而下式成立：

$$F_s\frac{\partial U}{\partial F_s}+F_e\frac{\partial U}{\partial F_e}=F_s\rho F_s^{\rho-1}F_e^{1-\rho}+F_e(1-\rho)F_s^{\rho}F_e^{-\rho}=\rho F_s^{\rho}F_e^{1-\rho}+(1-\rho)F_s^{\rho}F_e^{1-\rho}=\rho U+(1-\rho)U=U$$

因此，ρ 和（1－ρ）分别表示了外生金融和内生金融对国家效用的贡献比例。

③ 由于金融机构提供的金融产品和服务是多种多样的，故此价格为综合平均价格或者“价格指数”的概念。

④ 推导过程如下：

$$\text{原式}\Rightarrow\begin{cases}\rho F_s^{\rho-1}F_e^{1-\rho}=-\lambda P_s\\ (1-\rho)F_s^{\rho}F_e^{-\rho}=-\lambda P_e\\ F_s=\dfrac{W-F_eP_e}{P_s}\end{cases}\Rightarrow\begin{cases}\rho\left(\dfrac{F_e}{F_s}\right)^{1-\rho}=-\lambda P_s\\ (1-\rho)\left(\dfrac{F_e}{F_s}\right)^{-\rho}=-\lambda P_e\\ F_s=\dfrac{W-F_eP_e}{P_s}\end{cases}\Rightarrow\begin{cases}\dfrac{F_e}{F_s}=\dfrac{P_s}{P_e}\times\dfrac{1-\rho}{\rho}\\ F_s=\dfrac{W-F_eP_e}{P_s}\end{cases}\Rightarrow\begin{cases}F_s=\rho W/P_s\\ F_e=(1-\rho)W/P_e\end{cases}$$

$$\begin{cases} F_s = \dfrac{\rho W}{P_s} \\ F_e = \dfrac{(1-\rho)W}{P_e} \end{cases} \tag{7}$$

上式表示了在一个静态情形中，内生金融和外生金融的规模和边界。由内生金融规模决定的表达式 $F_e = (1-\rho)W/P_e$ 可知，内生金融的边界既与国家的偏好 ρ 和财富水平 W 有关，也与自身的价格因素 P_e 有关。简单说来，如果国家更偏好于外生金融（国有银行体系），则内生金融的边界越小；国家的财富越多，则内生金融的边界越大；内生金融的价格越是低廉，则其边界越大。事实上，一个国家整体的财富规模提供了可金融化或者可货币化的物质实体，因而对内生金融的成长起需求诱致作用；而国家的偏好决定了国家动用资源构建何种类型的金融制度，或者决定了将有限的资源在两种金融制度中作何分配。因此，国家的偏好决定了内生金融成长的外部环境和制度条件，内生金融的价格因素既与国家偏好有关，也与内生金融自身的体系有关。一个没有良好外部条件的内生金融或者没有一个发育良好的内部中间结构的内生金融系统，必然有着较高的风险溢价，因此其价格必然向上攀升（周治富，2014）。前文已经指出，我国民间借贷利率要显著高于银行同期的贷款基准利率，高昂的价格因素或许也是我国内生金融体量较小的一个重要原因。然而，若要究其根本，可能在于国家对国有银行体系的偏好造成了内生金融成长所需的外部制度条件的供给严重不足，从而造成了内生金融在夹缝中艰难成长。但是，民营经济的崛起使经济结构发生了重大变化，推动了在民营经济体内形成的内生金融价值的上升，国家的偏好也在随之变化。因此动态和长期地看，内生金融边界可能有着独特的决定因素。

（三）国家效用最大化下的内生金融成长：动态情形

国家的存在显然不是短期的，即使在西方轮流执政的国家中，具有偏好一致性的国家至少也会存在一个执政周期。① 一个理性的国家将追求其长期的总效用的最大化。基于前面的研究，我们补充如下假定：（1）国家在时间段［0，T］内存在，且国家的偏好 ρ 将随着时间的变化而变化，即它将成为时间 t 的一个函数，记为 $\rho = \rho(t)$；（2）进一步假定，随着时间的变化，国家对内生金融的偏好将逐渐增加，据此我们拟定 $\rho = \rho(t)$ 的具体函数形式为

① 在此排除总统或者首相遭遇弹劾或其他意外的极端情形。

$\rho = t/T$，且满足 $t \in (0, T)$；[①]（3）内生金融与外生金融在区间［0，T］内的价格和规模也是变化的，分别记二者的价格为 P_{et} 和 P_{st}，由于该区间内国家财富为财富增量的累加，故定义 P_{et} 和 P_{st} 为内生金融和外生金融的净价格（即收入 - 成本，对于商业银行而言可视为贷款利率减去存款利率的净利差），由净价格乘以各自的规模为金融体系的财富总量，同样在假定无金融泡沫的经济中，金融财富增量的总量与实体财富大致相当。此外分别记内生金融与外生金融的规模为 F_{et} 和 F_{st}；（4）为了与假设（2）相符且便于计算，我们将原有的国家效用函数改写为 $U(F_{et}, F_{st}) = F_{et}^{\rho(t)} F_{st}^{1-\rho(t)}$；（5）国家追求在时间段［0，T］内总效用的最大化。

在上述补充假定下，该动态最优化问题可表述为：

$$\begin{cases} \max: U(F_{et}, F_{st}) = \int_0^T F_{et}^{\rho(t)} F_{st}^{1-\rho(t)} dt;\ \rho(t) = t/T,\ t \in (0, T) \\ s.t: W(T) = \int_0^T (F_{st}P_{st} + F_{et}P_{et}) dt \end{cases} \tag{8}$$

上式中的 P_{et}，P_{st}，F_{et}，F_{st} 均为可变量且形式未做设定，故求解上述动态规划较为困难。由于我们的目的在于观察内生金融与外生金融的规模、价格与国家偏好三者之间的关系，在国家具有一致性偏好的情况下，国家偏好的动态变化一般会引起二者规模和价格的同时调整，进而满足这一时期内国家效用最大化的要求。这就犹如在一个均衡的市场上，当均衡状态被打破时，通过价格调整和数量调整有可能达到新的均衡。为了便于求解，我们对这一时期国家偏好变化时累计效用最大化作为目标函数，并且进一步假定：（1）在［0，T］区间内，内生金融与外生金融的平均规模分别为 F_e 和 F_s，平均净价格分别为 $P_s = P_s(T)$、$P_e = P_e(T)$；[②]（2）假定国家在这一区间拥有的平均财富总量为 $W(T)$，则平均财富水平为 $F_sP_s(T) + F_eP_e(T) = W(T)$；（3）以平均规模为 F_e 和 F_s 为基准，国家偏好按照 $\rho = t/T$ 的形式变化，其在区间内累计效用最大化记为 $U(F_e, F_s)$，其平均最大效用为 $U(F_e, F_s)/T$；（4）国家追求在这一时期的平均效用最大化。[③]

根据上述进一步假定，可将动态优化问题表述为：

---

① 仅从具体函数形式来看，国家对内生金融的偏好可分布在 0 到 1 的任何区间，但是在以国有银行为主的金融体系中，国家对内生金融的偏好更接近 0 一端，几乎不可能达到 1。

② 通过该假定，将原来四个变量 P_{et}，P_{st}，F_{et}，F_{st} "临时"作为常量处理，求得目标函数最大化的值，并研究目标函数最大化时，四个变量之间呈何种关系。这种求解类似于 Excel 中单变量求解的思路，规定好目标值与可变量之间的函数关系，通过给可变量赋值，求得一个目标值；其后通过改变目标值，反求可变量。

③ 由平均效用的表达式可知，在［0，T］区间，平均效用最大化与区间累计总效用最大化完全一致。

$$\begin{cases}\max: U(F_e, F_s) = \dfrac{1}{T}\int_0^T F_e^{\rho(t)} F_s^{1-\rho(t)} dt;\ \rho(t) = t/T,\ t \in (0, T) \\ s.t: F_s P_s(T) + F_e P_e(T) = W(T)\end{cases} \tag{9}$$

构建拉格朗日函数为：

$$L(F_e, F_s, \lambda) = \frac{1}{T}\int_0^T F_e^{\rho(t)} F_s^{1-\rho(t)} dt + \lambda[F_s P_s(T) + F_e P_e(T) - W(T)] \tag{10}$$

为了便于对拉格朗日函数求解，我们将其中的定积分求解为普通表达式，推导可得如下方程：①

$$\begin{cases}\dfrac{1}{T}\int_0^T F_e^{\rho(t)} F_s^{1-\rho(t)} dt = \dfrac{F_e - F_s}{\ln\dfrac{F_e}{F_s}} = \dfrac{F_e - F_s}{\ln F_e - \ln F_s} \\ F_e \neq F_s\end{cases} \tag{11}$$

其中 $F_e \neq F_s$ 是为了保证效用函数大于零且上式有意义。②

因此动态优化问题可变更为：

$$\begin{cases}\max: U(F_e, F_s) = \dfrac{F_e - F_s}{\ln F_e - \ln F_s} \\ s.t: F_s P_s(T) + F_e P_e(T) = W(T)\end{cases} \tag{12}$$

---

① 推导过程如下：

$$\frac{1}{T}\int_0^T F_e^{\rho(t)} F_s^{1-\rho(t)} dt \xrightarrow{\rho(t) = t/T} \frac{1}{T} \times T\int_0^T F_e^{t/T} F_s^{1-t/T} d(t/T) \xrightarrow[\because t \in (0, T), \therefore x \in (0, 1)]{\text{令 } \rho(t) = t/T = x} \int_0^1 F_e^x F_s^{1-x} dx$$

$$\xrightarrow{\because \text{对 x 积分}, \therefore F_s \text{ 和 } F_e \text{ 为常量}} F_s\int_0^1 F_e^x F_s^{-x} dx \Rightarrow F_s\int_0^1 \left(\frac{F_e}{F_s}\right)^x dx \Rightarrow F_s \frac{1}{\ln\frac{F_e}{F_s}}\left(\frac{F_e}{F_s}\right)^x \Bigg|_0^1$$

$$\Rightarrow F_s \frac{1}{\ln\frac{F_e}{F_s}}\left(\frac{F_e}{F_s} - 1\right) \Rightarrow F_s \frac{1}{\ln\frac{F_e}{F_s}}\frac{F_e}{F_s} - F_s \frac{1}{\ln\frac{F_e}{F_s}}$$

$$\Rightarrow \frac{F_e}{\ln\frac{F_e}{F_s}} - \frac{F_s}{\ln\frac{F_e}{F_s}} \Rightarrow \frac{F_e - F_s}{\ln\frac{F_e}{F_s}} \Rightarrow \frac{F_e - F_s}{\ln F_e - \ln F_s}$$

② 分析如下：

$$\text{对于式：} \frac{F_e - F_s}{\ln\frac{F_e}{F_s}} \Rightarrow \begin{cases}\text{当 } F_e > F_s > 0 \text{ 时，} \frac{F_e}{F_s} > 1\text{，则 } F_e - F_s \text{ 和 } \ln\frac{F_e}{F_s} \text{ 同时大于0，该式大于0} \\ \text{当 } 0 < F_e < F_s \text{ 时，} \frac{F_e}{F_s} < 1\text{，则 } F_e - F_s \text{ 和 } \ln\frac{F_e}{F_s} \text{ 同时小于0，该式大于0} \\ \text{当 } F_e = F_s > 0 \text{ 时，} \frac{F_e}{F_s} = 1\text{，则 } F_e - F_s \text{ 和 } \ln\frac{F_e}{F_s} \text{ 同时等于0，因分母为零，该式无意义}\end{cases}$$

在本文的经济学含义上，$F_e = F_s$ 意味着外生性金融的平均规模与内生性金融大致相当，与均衡的概念极为类似，在此我们排除这种极端巧合的情形。

因此可构建拉格朗日乘数为：

$$L(F_e,\ F_s,\ \lambda) = \left(\frac{F_e - F_s}{\ln F_e - \ln F_s}\right) + \lambda[F_sP_s(T) + F_eP_e(T) - W(T)] \tag{13}$$

对拉氏函数中三个变量分别求偏导数并令其为零可得：

$$\begin{cases} \dfrac{\partial L}{\partial F_e} = \dfrac{\ln F_e - \ln F_s - (F_e - F_s)\dfrac{1}{F_e}}{(\ln F_e - \ln F_s)^2} + \lambda P_e(T) = 0 \\ \dfrac{\partial L}{\partial F_s} = \dfrac{\ln F_e - \ln F_s - (F_e - F_s)\left(-\dfrac{1}{F_s}\right)}{(\ln F_e - \ln F_s)^2} + \lambda P_s(T) = 0 \\ \dfrac{\partial L}{\partial \lambda} = F_sP_s(T) + F_eP_e(T) - W(T) = 0 \end{cases} \tag{14}$$

推导可得结果为：①

$$\begin{cases} \dfrac{A\ln A + 1 - A}{A\ln A + A^2 - A} = \dfrac{P_e(T)}{P_s(T)} \\ A = \dfrac{F_e}{F_s} \end{cases} \tag{15}$$

上式中的 $A = F_e/F_s$ 表示外生金融和内生金融相对规模的比例，如果 A 得以确定，也就间接确定了动态情形中内生金融成长的边界。由 A 的隐函数表达式可知，在长期，只有内生金融与外生金融的相对净价格因素即 $P_e(T)/P_s(T)$ 决定了二者的相对规模，而国家的偏好对于二者的边界没有影响。然而，上述结论是在我们假定有一个明确的国家偏好函数的情形下得出的，我

① 推导过程如下

$$原式 \Rightarrow \begin{cases} \dfrac{\partial L}{\partial F_e} = \dfrac{\ln F_e - \ln F_s - 1 + \dfrac{F_s}{F_e}}{(\ln F_e - \ln F_s)^2} + \lambda P_e(T) = 0 \\ \dfrac{\partial L}{\partial F_s} = \dfrac{\ln F_e - \ln F_s + \dfrac{F_e}{F_s} - 1}{(\ln F_e - \ln F_s)^2} + \lambda P_s(T) = 0 \\ \dfrac{\partial L}{\partial \lambda} = F_sP_s(T) + F_eP_e(T) - W(T) = 0 \end{cases} \Rightarrow \begin{cases} \dfrac{\partial L}{\partial F_e} = \dfrac{\ln\dfrac{F_e}{F_s} - 1 + \dfrac{F_s}{F_e}}{\left(\ln\dfrac{F_e}{F_s}\right)^2} = -\lambda P_e(T) \\ \dfrac{\partial L}{\partial F_s} = \dfrac{\ln\dfrac{F_e}{F_s} + \dfrac{F_e}{F_s} - 1}{\left(\ln\dfrac{F_e}{F_s}\right)^2} = -\lambda P_s(T) \\ \dfrac{\partial L}{\partial \lambda} = F_sP_s(T) + F_eP_e(T) = W(T) \end{cases}$$

$$\Rightarrow \frac{\partial L/\partial F_e}{\partial L/\partial F_s} = \frac{\ln\dfrac{F_e}{F_s} - 1 + \dfrac{F_s}{F_e}}{\left(\ln\dfrac{F_e}{F_s}\right)^2} \Bigg/ \frac{\ln\dfrac{F_e}{F_s} + \dfrac{F_e}{F_s} - 1}{\left(\ln\dfrac{F_e}{F_s}\right)^2} = \frac{-\lambda P_e(T)}{-\lambda P_s(T)}$$

$$\frac{\partial L/\partial F_e}{\partial L/\partial F_s} = \frac{\ln\dfrac{F_e}{F_s} - 1 + \dfrac{F_s}{F_e}}{\ln\dfrac{F_e}{F_s} + \dfrac{F_e}{F_s} - 1} = \frac{P_e(T)}{P_s(T)} \xrightarrow{令\frac{F_e}{F_s} = A} \frac{\ln A - 1 + \dfrac{1}{A}}{\ln A + A - 1} = \frac{A\ln A + 1 - A}{A\ln A + A^2 - A} = \frac{P_e(T)}{P_s(T)}$$

们先验地假设了 $\rho = t/T$，即随着时间的推移，国家对于内生金融的偏好会增多。但是在一个较长的历史时期，即当 $T \to +\infty$ 时，内生金融相对价值的变化将会推动理性国家偏好的相应变化，也就是说，在长期国家偏好并不是先验给定的，而是内生形成的。因此，长期视角下内生金融与外生金融的相对净价格已经内涵了国家偏好的因素，进而决定了二者的比例，再利用相应时期的国家财富数量 W(T) 就能够确定二者的边界规模。更进一步地，国家财富 W(T) 只能决定二者的绝对规模，而在长期中决定二者相对规模的因素只有相对净价格。由于国家偏好已经内生化，因此国家行为也是内生的，即国家选择用有限的资源构建何种形式的金融制度也取决于二者的相对净价格。由此可见，在长期，内生金融是一个自然演进的历史进程。在此种情形下，一个合乎逻辑的推论是，金融体系将自然地迈向垄断竞争的制度结构，进而在长期，内生金融所能达到的“实际边界”将与“市场边界”接近或重合。

（四）对动态情形的进一步讨论：金融制度结构变迁的动态历程

最后推导的结论$\frac{A\ln A + 1 - A}{A\ln A + A^2 - A} = \frac{P_e(T)}{P_s(T)}$展示了内生金融与外生金融相对规模与相对净价格之间的关系。基于该式，一旦确定了二者的相对规模，则就能确定二者价格的相对比例；反过来，一旦确定了二者的价格相对比例，则也能确定二者的相对规模。利用该隐函数的表达式，可以通过给 A 赋值来研究函数值的规律及其经济学含义。

显然，A 取值在（0，+∞）之间，即 $A \in (0, +\infty)$。但由于上式分母不应为0，则 $A \neq 1$。事实上，在前文规定效用函数的时候，已经表明 $F_e \neq F_s$，即 $A \neq 1$。因此我们可以研究 A 在（0，1）和（1，+∞）之间函数取值即相对净价格的变化情况。首先，对于函数的整体形状进行研究。对于 A 以 0.1 为间距单位，从 0.1 开始赋值一直到 10，中间除去赋值为 1 的情形，共 99 个模拟值，其所形成的函数图像如图 6 所示。

从图 6 来看，可以将图像分为三段，第一段是内生金融的规模小于外生金融规模（即 $F_e/F_s < 1$）和相对净价格同向变化，且相对净价格为负的阶段；第二阶段是内生金融的规模大于外生金融的规模（即 $F_e/F_s > 1$）和相对净价格同向变化，但相对净价格为正的阶段；第二阶段是内生金融的规模大于外生金融的规模（即 $F_e/F_s > 1$）和相对净价格反向变化，且相对净价格为正的阶段。上图中最高点出现在 14.52% 处（此时 $F_e/F_s = 4.4$），之后逐步下降。

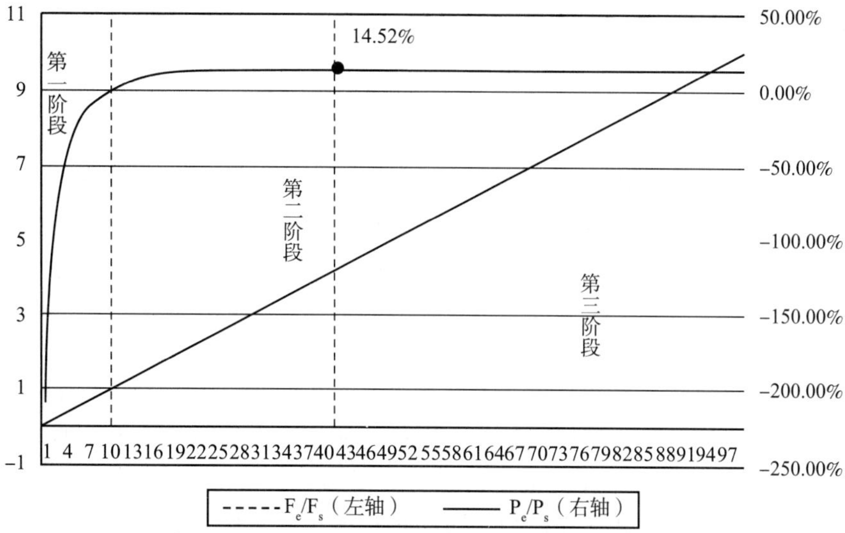

图 6　以 0.1 为间距的 0.1～10 数值模拟图像

第一阶段，在体量上表现为内生金融的平均规模小于外生金融。这种情况在新中国成立初期以及在政府主导型发展模式的很多发展中国家均存在。金融机构基本为国有，民间金融较少，此时金融产业的市场结构为垄断市场。然而此阶段二者相对净价格比值为负，这意味着二者必有一方向社会提供了"净价格为负"的金融产品和服务。① 一般来说，内生金融出于商业性、盈利性的要求，其价格总是大于零的，否则其生存和发展将不可持续。而外生金融由于国家创办，更重要的是承担了储蓄动员、维护金融稳定、提供基本金融服务等多重职能，其发展是多目标的权衡和统一。正是基于此，外生金融往往存在相当程度的国家"财政补贴"。由于其可持续发展（至少在初期）依赖于国家财政补贴，② 为了实现国家战略目标，就有可能提供低于成本价的金融服务。如在计划经济时期，国有金融机构对于国家政策性、半政策性或其他国家支持的项目，存在贴息贷款、存贷利率倒挂等情形。类似情况至今仍个别存在。在这种情形下，外生性金融机构给国有企业或国家项目的贷款不足以覆盖其成本，因此就出现了净价格为负的情形，其实质是一种"金融补贴"。因此，外生性金融机构往往承担着将国家的"财政补贴"转化为

---

① 例如当内生金融规模是外生金融的 0.1 倍即十分之一时，$F_e/F_s=0.1$，此时 $P_e/P_s=-209.13\%$；假定内生金融的净价格为 $P_e=6\%$，则可计算外生金融的净价格为 $P_s=-2.87\%$。由于函数设定的形式，有的赋值会得到与现实不甚相符的数据，因此本文更关心数据背后的经济逻辑和制度内涵。

② 借用林毅夫（2003）的"自生能力"概念，则该阶段外生性金融尚无自生能力。林毅夫定义的企业自生能力是指：在一个开放、竞争的市场中，一个具有正常管理的企业在没有政府或其他外力的扶持或保护的情况下，可以获得市场上可以接受的正常利润率。

“金融补贴”的职能，而这种职能，有可能在国家长远发展中具有重要的基础性作用，进而形成国家在抢抓战略性发展机遇时所形成的一种战略性金融制度安排，并通过该战略性金融制度安排实现战略性资源的跨期配置（张杰，2016）。更进一步地，如果这种基础性作用具有强大的正外部性，则国家的财政补贴促使金融机构的私人成本和私人收益大体一致，此时财政补贴就是必要的。从这个角度讲，外生性金融机构并不必然就是效率低下的，外生金融的存在和发展，依然能够极大地促进经济发展和全社会福利水平的提高。

第二阶段，在体量上表现为内生金融的平均规模大于外生金融，内生金融虽然快速发展但依然没有得到充分有效的发育，外生金融依然举足轻重。此时金融产业的市场结构为寡头垄断市场。在价格方面，二者相对净价格均为正，意味着已经没有任何性质的金融机构向市场提供净价格为负的金融产品和服务，内生金融与外生金融自身具有了独立、可持续发展的自生能力。然而，该阶段二者的相对规模与相对净价格成正向变化，意味着内生金融的净价格水平在提高的同时，其市场份额也在不断增加，即对内生金融需求的价格弹性为正。其原因可能在于：一方面随着内生金融的成长，在寡头垄断市场上的议价能力在提高；另一方面，经济发展所带来的市场空间足够广大，内生金融进一步挤占了外生金融的市场份额。

第三阶段，在体量上仍然表现为内生金融的平均规模大于外生金融，但是此阶段内生金融经过充分发展，其体量已足够庞大，成为金融体系中的主力。此时金融产业的市场结构为垄断竞争市场，这是一个接近可自由出入的可竞争市场。① 在价格方面，二者的相对净价格均为正。但是二者的相对规模与相对净价格呈负向变化，表明当内生金融的价格降低时，其市场份额进一步增加，即对内生金融需求的价格弹性为负，符合一般商品的价格规律。在这一阶段，由于内生金融之间以及内生金融与外生金融之间较为激烈的竞争，价格将成为占据市场份额并形成自身规模的决定因素。因此，长期来看，内生金融与外生金融的相对规模以及内生金融自身的绝对规模，唯一地取决于二者相对净价格的水平。事实上，若将期限进一步拉长，赋值进一步增大，则二者的负向关系表现得更为明显。对于 A 以 0.5 为间距单位，从 1.5 开始赋值一直到50，共98 个模拟值，其所形成的函数图像如图7 所示。从数值模拟图像来看，二者的相对规模和相对净价格在长期形成了“剪刀差”的负向关系。

① 事实上，由于金融机构所具有的规模效应，完全竞争的金融产业组织几乎不存在，更接近实际的是一个垄断竞争市场。之所以说“接近可自由出入”，是因为作为持牌金融机构，其进入总需要经过一定的资质审核，其退出也应履行相应的程序，以避免对金融体系造成较大震荡。

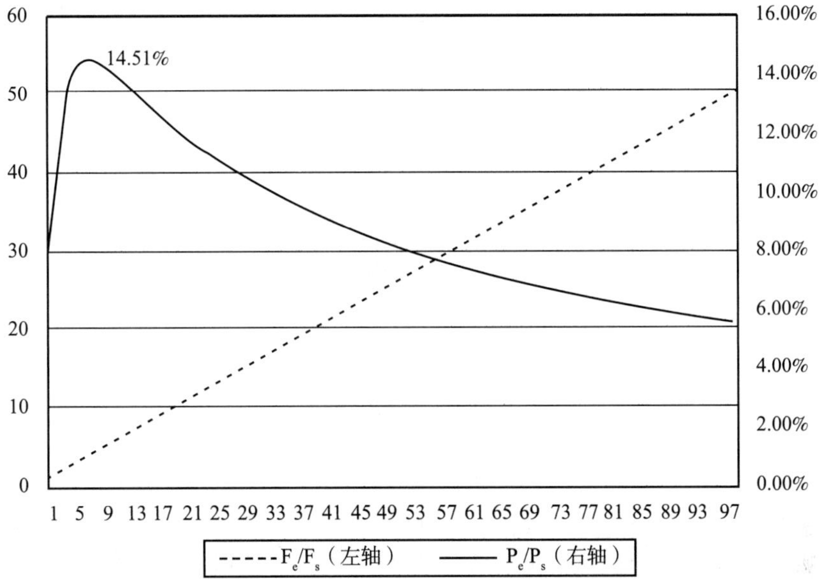

图7　以0.5为间距的1.5～50数值模拟图像

以上演进历程可总结为表2。

表2　金融制度演进的三个阶段性特征

阶段	相对规模	相对净价格	市场格局
第一阶段	$F_e/F_s<1$	$P_e/P_s<0$	接近垄断
第二阶段	$F_e/F_s>1$	$P_e/P_s>0$	寡头垄断
第三阶段	$F_e/F_s>1$	$P_e/P_s>0$	垄断竞争

（五）“价格”的制度经济学含义

上述分析表明，在金融制度结构的长期动态演进中，相对净价格是极其重要的决定性因素，而且几乎是唯一重要决定因素。然而在金融制度变迁的视野下，这个相对净价格并不是简单的由内生金融或者外生金融的供求关系决定。相对净价格表示了内生金融和外生金融所获取预期超额收益的对比情况，而二者所能获取的预期超额收益，既取决于二者之间和二者内部的竞争情况，也取决于市场需求情况；既取决于二者自身运营成本，又取决于实体经济所能负担的成本，而金融机构自身运营成本和实体经济所能负担的成本，又受到技术进步、管理模式的影响，受到政府提供的法律法规、产权保护、契约执行等公共服务产品的影响，还受到整个社会的信用文化乃至道德、宗教习俗等非正规制度因素的影响，等等。因此，二者向微观经济主体提供金融服务索要的价格以及可能获取预期收益的净价格是各种综合制度结构和制度变量影响的结果，反映了一国的制度结构和制度形态，价格本身就成为各类制度浓缩的产物。更进一步地，二者的相对净价格也具有丰富的制度内涵，前面关于制度演进的三阶段论述就清楚地反映了这一点。对于内生性金融而言，如果有一个良好的外部环境，并能够发育一个厚实的内部中间结构，[①]那么内生金融的运营成本将大大降低，运营效率也将大大提高（周治富，2014、2017），进而其在相对价格竞争中就处于优势地位，推动金融制度向内生金融方向演进。

六、结论性评论

长期以来，市场主导与银行主导的二分法成为研究金融制度和金融结构差异的基本范式，但在这一范式指导下形成的众多理论却难以对以中国为代表的诸多发展中国家的金融结构与经济绩效做出令人信服的解释。以西方标准的金融体系来衡量，中国的金融体系无疑庞大而笨重。2011 年，两位美国学者卡尔·沃尔特（Carl E. Walter）和菲舍尔·霍伊（Fraser J. T. Howie）出版的小册子——《红色资本主义：中国非凡崛起的脆弱金融基础》即反映了西方学者的代表性见解。然而，就是这一看似“低效”的金融体系却支撑着中国经济 40 年的高速增长。事实上，无论是金融市场还是金融机构，其所发挥的金融的基本功能并无二致。在履行同样的金融功能的前提下，形成什么样的金融制度结构则是内生于一国已有的宏观制度框架中。因此，强行区分市场主导和银行主导并评判哪个更优就有失偏颇。

本文的研究认为，内生性金融和外生性金融的划分对于以中国为代表的许多发展中国家而言具有更加实质的意义。两种类型的金融制度结构反映了国家权力、市场力量的对比，更能准确地刻画中国金融制度结构的动态演进，并更加贴切的反映金融结构与经济发展绩效之间的关系。由外生性金融和内生性金融共同组成的金融体系，如果该体系能够有力地支持实体经济的发展，且其结构也在随着实体经济的发展而动态变化，最终促使实际经济增长速度逼近潜在增长速度、经济实际发展质量逼近潜在发展质量，则这种金融制度结构就是最优的。因此，在制度金融学的视野中，不存在僵化的、先验最优

① 周治富（2014、2017）曾提出金融体系的内外三重结构理论，金融体系的外部三重结构是指：上层结构是指国家制度，中间结构是指产权结构、市场结构、法律结构、社会结构，下层结构是指居民和家庭；金融体系的内部三重结构是指：上层结构是指金融中介和金融机构，中间结构是指提供信息服务、法律咨询、产权界定、契约执行的各类政府和非政府机构，下层结构是指借贷人员和企业等微观经济主体。其中外部中间结构决定了金融体系的制度结构和演进方向，内部中间结构决定了金融体系的运行效率。

的金融制度结构。所谓接近最优的金融制度结构，都是在动态博弈和历史演进中逐步形成的，是经济社会各层级制度约束下人类活动在金融领域中的制度结晶和制度浓缩。

本文关于金融结构长期演进动态历程的研究表明，长期来看，国家偏好也将内生于经济结构的变化之中。这似乎印证了凯恩斯的名言：在长期，我们都将死去。基于本文的研究，或许后面还可以再加上一句话：唯有市场之树常青！然而，著名的诺斯悖论告诉我们，国家是经济增长不可或缺的条件，但同时也是经济衰退的根源。因此，如何评判国家或政府在短期与长期经济发展中的作用以及如何推动形成“好的”政府（抑或国家制度）则是需要进一步研究的问题。

参考文献

1. 安德鲁·肖特：《社会制度的经济理论》，上海财经大学出版社 2004 年版。

2. 大卫·休谟：《人性论》（上、下册），商务印书馆 2012 年版。

3. 道格拉斯·C·诺斯：《理解经济变迁过程》，中国人民大学出版社 2008 年版。

4. 道格拉斯·C·诺斯：《制度、制度变迁与经济绩效》，格致出版社、上海三联书店、上海人民出版社 2009 年版。

5. 龚强、张一林、林毅夫：《产业结构、风险特征与最优金融结构》，载于《经济研究》2014 年第 4 期。

6. 霍布斯：《利维坦》，商务印书馆 2010 年版。

7. 林毅夫、孙希芳、姜烨：《经济发展中的最优金融结构理论初探》，载于《经济研究》2009 年第 8 期。

8. 洛克：《政府论》（上、下册），商务印书馆 1982 年版。

9. 马勇：《金融结构、银行发展与经济增长》，载于《财经科学》2010 年第 2 期。

10. 曼瑟·奥尔森：《国家的兴衰：经济增长、滞涨和社会僵化》，上海世纪出版集团 2011 年版。

11. 帕萨·达斯古普特、伊斯梅尔·撒拉格尔丁编：《社会资本——一个多角度的观点》，中国人民大学出版社 2005 年版。

12. 辛祥晶、武翠芳、王峥：《当代金融结构理论综述与最优金融结构》，载于《经济问题探索》2008 年第 6 期。

13. 杨秀萍、白钦先：《金融边界理论初探》，载于《金融评论》2015 年第 6 期。

14. 约翰·罗尔斯：《正义论》，中国社会科学出版社 2011 年版。

15. 张成思、刘贯春：《最优金融结构的存在性、动态特征及经济增长效应》，载于《管理世界》2016 年第 1 期。

16. 张杰：《中国金融制度的结构与变迁》，中国人民大学出版社 2011 年版。

17. 张杰：《二重结构与制度演进——对中国经济史的一种新的尝试性解释》，载于《社会科学战线》1998 年第 6 期。

18. 张杰：《风险承诺、金融市场化与国有银行体系》，载于《国际金融研究》2017 年第 5 期。

19. 张杰：《金融资源跨时配置与国有银行体系的角色》，载于《IMI 研究动态》（中国人民大学国际货币研究所）2016 年第 20 期。

20. 张五常：《中国的前途》，香港信报出版社 1985 年版。

21. 周治富：《理解中国金融改革——一个制度金融学范式的解释框架》，载于《金融监管研究》2017 年第 2 期。

22. 周治富：《利益集团、金融企业家与内生性金融成长》，载于《制度经济学研究》2015 年第 2 辑。

23. 周治富：《内生性金融的演进逻辑与契约本质——兼论中国民营银行的制度属性》，载于《当代财经》2014 年第 4 期。

24. 周治富：《二重结构、社会资本与中国农村金融的产业组织》，载于《产业经济评论》2014 年第 12 期。

25. Allen, F., Gale, D., 2000. *Comparing Financial Systems*. MIT Press, Cambridge, MA.

26. Beck, T., Demirgüç – Kunt, A., Levine, R., 2003. "Law, endowments, and finance". *Journal of Financial Economics*, Vol. 70, pp. 137 – 181.

27. Carl E. Walter and Fraser J. T. Howie, Red Capitalism: The Fragile Financial Foundation of China's Extraordinary Rise, John Wiley & Sons (Asia) Pte Ltd, 2011.

28. Chuck C. Y. Kwok, Solomon Tadesse, 2006. "National Culture and Financial Systems", *Journal of International Business Studies*, Vol. 37, No. 2 (Mar., 2006), pp. 227 – 247.

29. Eirik G. Furubotn and Svetozar Pejovich, "Property Rights and Economic Theory: A Survey of Recent Literature", *Journal of Economic Literature*, Vol. 10, No. 4 (Dec., 1972), pp. 1137 – 1162.

30. Goldsmith, R., 1969. Financial Structure and Development. *Yale University Press*, New Haven, CT.

31. Guiso, L., Sapienza, P., Zingales, L., 2000. "The Role of Social Capital in Financial Development". *NBER Working Paper*, No. 7563.

32. Haber, S., 2008. Political Institutions and Financial Development: Evi-

dence from the Political Economy of Bank Regulation in Mexico and the United States. In: Haber, S., North, D., Weingast, B. (Eds.), *Political Institutions and Financial Development. Stanford University Press*, Stanford.

33. La Porta, R., F. Lopez-de - Silanes, A. Shleifer, and R. Vishny, 1997. "Legal Determinants of External Finance", *Journal of Finance*. Vol. 50, pp. 1131 - 1150.

34. La Porta, R., F. Lopez-de - Silanes, A. Shleifer, and R. Vishny, 1998. "Law and Political Economy", *Journal of Political Economy*, Vol. 106, pp. 1113 - 1155.

35. La Porta, R., F. Lopez-de - Silanes, A. Shleifer, and R. Vishny, 2000. "Investor Protection and Corporate Governance", *Journal of Finance Economics*, Vol. 58, pp. 3 - 27.

36. Levine, R., 1997. "Financial Development and Economic Growth: Views and Agenda". *Journal of Economic Literature*, Vol. 35, pp. 688 - 726.

37. Levine, R., 2005. Financial and Growth: Theory and Evidence. In: Aghion, Philippe, Durlauf, Steven (Eds.), *Handbook of Economic Growth*. North Holl and Elsevier Publishers, Amsterdam.

38. Mancur Olson, "Dictatorship, Democracy, and Development", *The American Political Science Review*, Vol. 87, No. 3 (Sep., 1993), pp. 567 - 576.

39. Merton, R. C. and Z. Bodie, 1995, A Conceptual Framework for Analyzing the Financial Environment", In: *The Global Financial System: A Functional Perspective*, Eds: D. B. Crane, et al., Boston, MA: Harvard Business School Press.

40. Michael C. Jensen and William H. Meckling, Specific and General Knowledge, and Organizational Structure, *Contract Economics*, Lars Werin and Hans Wijkander, eds. (Blackwell, Oxford 1992), pp. 251 - 274.

41. Per Bak, How Nature Works: The Science of Self - Organised Criticality, New York, NY: *Copernicus Press*, 1996.

42. Sambit Bhattacharyya, 2013. "Political Origins of Financial Structure", *Journal of Comparative Economics*, Vol. 41, pp. 979 - 994.

43. Steven N. S. Cheung, "The Contractual Nature of the Firm", *Journal of Law and Economics*, Vol. 26, No. 1 (Apr., 1983), pp. 1 - 21.

44. Wallis, J., 2008. Answering Mary Shirley's question, or: What can the World Bank Learn from American History? In: Haber, S., North, D., Weingast, B. (Eds.), *Political Institutions and Financial Development*. Stanford University Press, Stanford.

Endogenous Financial Growth and the Dynamic Evolution of China's Financial Structure: An Analysis Based on Institutional Financial Paradigm

ZHOU Zhifu

(School of Economics, Peking University;
China Cinda Asset Management Co. , Ltd. 100031)

[**Abstract**] For a long time, market-based and bank-based dichotomy has become a basic paradigm for studying differences in financial systems and financial structures, but it is difficult to make a compelling explanation of the financial structure and economic performance of many developing countries represented by China under the guidance of this paradigm. In fact, in government-dominated developing countries, financial services are provided by the state or the market is a more fundamental and substantive issue. If the origin of financial institutions is traced back, it will inevitably involve the endogenous and exogenous problems of the financial system. In this paper, through the division of endogenous finance and exogenous finance, studies the logical starting point, dynamic mechanism, evolution boundary and dynamic course of endogenous financial growth, and theoretically portrays the dynamic evolution of China's financial structure that is defined as the relative size of endogenous finance and exogenous finance.

[**Key Words**] Endogenous Financial Exogenous Financial Financial Structure Dynamic Evolution National Utility Function

JEl Classifications: G21 P14 P16

制度的空间关联与溢出效应研究*

——兼论“一带一路”国家制度的空间影响

武力超　张馨月　周永瑞　林　澜**

【摘　要】本文基于世界范围的国家样本数据，使用空间滞后与空间误差综合模型研究国家间制度的空间关联与溢出问题。我们将地理、政治中心、经济、国际直接投资、文化等不同维度临近的国家定义为相关国家，细致考察空间相关国家间存在的制度集聚与溢出现象，进一步对“一带一路”国家的制度空间影响进行分析。研究表明制度空吸的可能性存在，在空间相关的国家中，制度发展水平较高的国家对制度建设资源吸引力更大，不同制度发展水平的国家间存在制度建设资源的掠夺与制度改善的阻碍等负面作用。此外本文证实了城市化与制度空间溢出的正相关关系，并且发现影响制度建设的国别异质性因素存在空间溢出现象，一国异质性因素的改变不仅对本国还对与本国空间相关国家的制度水平产生作用。“一带一路”国家样本的回归结果表明，“一带一路”国家间的经济合作具有更为显著的制度优势，有基于制度共同进步的广阔发展空间。

【关键词】**空间相关　制度溢出　空吸效应　城市化**

中图分类号：**F061.3**　文献标识码：**A**

---

* 本文是国家社科基金青年项目“金融生态环境与技术创新空间集聚效应的机制研究与对策建议”的阶段性成果（项目批准号：15CJL052）。感谢教育部人文社会科学重点研究基地重大项目（项目批准号：16JJD790036），中央高校基本科研业务费专项资金“厦门大学人文社科创新团队”项目（20720171001），国家留学基金（201706315059）的资助。

** 武力超（通讯作者）：厦门大学经济学院国际经济与贸易系副教授，南开大学世界经济博士，英国伯明翰大学、利兹大学访问学者，地址：厦门市思明区422号厦门大学经济学院国际经济与贸易系B107室（361005），邮箱，xmwulichao@163.com；张馨月，广东金融学院中国服务经济与贸易研究院助理教授；周永瑞，中国社会科学院研究生院讲师；林澜，厦门大学经济学院国际经济与贸易系硕士研究生。

一、引　言

现实中，大多数政治经济现象如战争、民主政治、经济自由化等均存在空间溢出。近年来空间计量经济学研究不断取得进展，这为更有效地评估空间溢出效应提供了新的分析工具，促进了国家间溢出效应的相关研究（Easterly & Levine，1997；Fujita et al.，2001；Simmons & Elkins，2004；Persson & Tabellini，2006；Kudamatsu，2012）；同时也为制度的影响因素研究提供了新的视角（Acemoglu & Robinson，2006；Beck & Laeven，2006；Ayyagari et al.，2007）。本文将运用空间计量经济学的分析工具来检验国家之间的制度空间关联与溢出效应，为制度效力的影响因素提供新的经验证据。

国外学者运用空间计量经济学进行研究的起步较早。亨德森（Henderson，2003）运用空间计量分析方法通过70个国家1960~1990年的数据发现空间集聚与经济增长之间存在正相关关系。罗德里克等人（Rodrik et al.，2004），博斯克和加勒森（Bosker & Garresten，2009）的研究表明制度对于经济发展的影响在相邻国家间存在显著的空间溢出效应。此外，空间计量方法还用于分析地区间公共政策的溢出效应（Revelli，2005）等方面的研究。

国内学者对空间计量经济学的运用目前主要集中于以下几个方面：（1）运用空间计量经济学研究地方政府间政策的互动关系。尹恒和徐琰超（2011）的研究指出中国地级市政府之间的公共支出存在溢出和竞争效应，尤其在相邻的地区（地理或行政相邻）更为显著；骆祖春等（2011）通过空间自相关模型分析中国省级土地财政收入问题，相邻省区之间的土地财政收入存在正向空间溢出。朱翠华和武力超（2013）借助博弈模型进行理论分析后运用空间计量方法，证明在我国相邻地级市之间的财政竞争存在多样与灵活选择的特征。目前地级市间财政竞争呈现以支出竞争为主，而且在我国经济发展水平不同的地区，政府间支出竞争能力不尽相同，这种差异在一定程度上可能加剧各地区经济发展的不均衡性。（2）考察知识技术的空间溢出效果。符淼（2009）引入反映地区相邻的空间权重矩阵考察我国FDI技术溢出的空间辐射性，结果表明FDI对于技术进步的作用存在空间相关性。刘满凤和唐厚兴（2010）基于空间杜宾模型证明我国邻近省份之间存在创新知识的溢出，并且这种溢出效应存在最优的空间溢出距离。（3）研究空间集聚的经济效应。余泳泽等（2013）考察了金融集聚与我国工业发展之间的关系，证明了金融集聚与工业发展集聚具有正向相关性。刘修岩（2014）指出我国目前由经济的空间集聚带来的扩散效应并未到来，因此促进经济空间集聚是我国经济发展的重心所在。（4）学者们还运用空间计量方法考察经济发展的集聚与经济失衡问题。魏浩和王宸（2011）的研究表明我国各省区的对外贸易存在显著的空间集聚和空间分布不均衡，贸易强省集中在东部地区且存在优势逐步增强的现象。朱虹等（2012）的研究发现，环沪城市群较环京城市群发展更为均衡，主要原因在于上海的发展对周围城市经济资源带来反哺效应，而北京则对周围城市资源存在空吸效应，这两种效应导致了两个城市群的不同发展情况。

关于制度的空间溢出，伊斯特利和莱文（Easterly & Levine，1997）的研究指出相邻国家间的经济政策[①]有相互模仿和渗透的趋势，政策间相互影响还表现为“政策乘数”效应，即相邻国家实施类似或相同政策将会导致这一政策在这些国家间被放大。博斯克和加勒森（2009）提出相邻国家的制度对本国的制度具有直接作用，这种直接作用一般通过政策模仿、政策相互学习体现。实证研究方面，西蒙斯和埃林克斯（Simmons & Elinks，2004）从经济政策扩散的途径出发，构建了有别于简单地理相邻的空间权重矩阵，从两国间经济活动（以贸易量衡量）的角度出发建立反向经济距离权重矩阵，对上个世纪兴起的经济自由化转型在经济往来国家间的扩散进行研究，证实经济政策扩散的存在。塞戴尔等人（Seldayo et al.，2010）以及卡莱吉恩等人（Kelejian et al.，2013）选取不同时间范围的样本，分别运用最大似然法和空间两阶段最小二乘法进行估计，证实国家间存在制度的空间溢出。

第一，现有实证研究对于制度空间溢出渠道的考察不足，而且大多只考察了相互接壤或简单地理临近国家间制度的溢出，忽略政治中心、经济、国际直接投资和文化等方面接近的国家之间制度的相互影响。第二，国内学者对于制度在国家间（区域间）的溢出鲜少关注。国内运用空间计量经济学的研究集中于国内地区间的财政税收不平衡，经济聚集的外溢等有限问题，缺乏对制度研究的关注。考察全球范围内制度发展的影响事实上有助于对我国地区间发展不平衡的全面理解。第三，现有文献只关注了制度的空间溢出效应，大多数忽略了对影响制度的国家异质性因素的空间溢出效应的考察。第四，现有文献无一例外地关注国家间制度的正向溢出效应，忽略了国家间制度存在的负向溢出，这与研究中只关注地理相邻国家间的制度空间溢出有关。研究亟须从更为多样的视角，全面考察制度在国家（地区）间的相互影响。第五，现有文献缺乏对城市化与制度关系的研究。本文将城市化这一热点问题纳入分析框架，提出相关假说并加以检验。

与之前的研究相比，本文的创新性主要体现在以下三个方面：

（1）从理论机制上阐述了制度扩散的空间成因和制度扩散成本，提出城市化与制度存在正向相关性的假说，并对这一假说进行实证考察。

---

① 在相关研究中，制度与政策的概念界定模糊。制度可以看作以往政策的集合。因此，研究中如无特别声明，对二者不加以特别区分。

（2）本文定义了（空间）相关国家这一概念，将地理邻近国家，政治中心临近国家，经济活动临近国家，国际直接投资临近国家、文化临近国家等定义为相关国家，通过引入不同权重矩阵这一关键设计，区分了不同空间相关国家间的制度空间溢出渠道。本文研究证实国家间制度空间溢出在非地理邻近国家间也广泛存在，而且非地理空间相关的国家间制度发展水平差距较大时，高制度水平国家对于低制度水平国家的制度建设存在负向作用，即制度空吸效应存在。

（3）本文考察了国家参与经济区域合作与国家间制度空间溢出的关系，对于推进新形式的国家间合作具有重要意义。具体而言，本文使用“一带一路”42 个国家的样本，研究证实这些国家间较强的制度空间溢出关系有助于国家间经济合作的顺利展开；同时这样较强的制度相互作用也有助于国家间政策协调乃至国家间以整体形象参与世界经济规则秩序的重构。为了避免内生性对估计结果产生影响，本文使用广义空间两阶段最小二乘法对回归结果进行稳健性检验。

本文的结构安排如下：第二部分是与制度空间溢出相关的理论分析；第三部分介绍计量模型设定与变量选择；第四部分是领土接壤国家制度溢出效应的实证结果与分析；第五部分展示基于空间杜宾模型国家异质性因素的检验结果与分析；第六部分是其他类型相关国家制度溢出的实证结果与分析；第七部分是“一带一路”国家制度溢出效应的考察；第八部分是内生性问题的处理；最后是评述性结论。

二、制度扩散的空间过程

一个国家制度的形成，由其国家内部异质性因素（经济、历史、文化、地理因素等）与相关国[①]制度水平共同决定（North，1990；Rodrik et al.，2004）。考察制度扩散的空间过程有助于更好地理解影响一国制度形成的相关因素以及相关国家间制度的空间溢出问题。

（一） 制度扩散的空间成因

国家制度发展、扩散离不开国家内部与国家之间的经济、政治和历史各领域的影响。经济与制度发展相互依存。经济活动由国家内部逐渐扩展为国家间的重要活动是带来国家间制度相互影响及扩散的重要原因，国家间日益

① 本文研究的相关国家不仅包括接壤的地理相关国家，还包括在政治经济领域相关程度高的国家。

密切的经济往来通过国际贸易，跨国公司发展，区域经济一体化与经济全球化等促成了国家间的制度扩散。

罗德里克等人（2000）指出贸易自由化带来的最大收益来自于其引起的政策革新。此外，基于技术差距的不同，贸易会对双方的制度产生完全不同的作用。文雁兵（2012）构建了包含技术水平与制度水平的模型，证明了在技术水平与制度水平不同组合的条件下，贸易对于制度的影响存在差异，只有当贸易双方制度水平差异较大但技术水平已经较为接近时才有可能发生制度的扩散。国际直接投资也是国家间制度扩散的原因，为了吸引国际直接投资，国家间政策的竞争会产生空间溢出的效果（Stockman & Hernandez，1989；Globerman & Shapiro，2002）。黎布朗（Leebron，1996）认为实力强大的跨国公司进入东道国后为建立跨国的区域市场，跨国公司会主动参与政策的制定，寻求当地法律的支持，带来母国相应法律政策在东道国的扩散。巴格瓦蒂和邬达克（Bhagwati & Hudec，1996）指出一些有着较为严苛的环境或劳工标准的国家试图改变他们贸易（投资）伙伴的相关标准，实质上引致了更高标准的制度向这些国家的扩散，如欧盟要求新加入的国家拥有与现任成员国相似的法律与制度，并接受监督（Winters，1993；Grilli，1997）。

城市化作为全球经济发展中的一个重要现象，其存在对于经济、制度的影响引人关注。发达国家城市化水平已较高，而发展中国家城市化水平普遍偏低，且大多处于城市化高速发展的时期（Fuller & Romer，2014）。对于发展中国家而言，城市化的推进对其制度发展产生重要影响。一方面，经济发展推动的自发城市化进程，通过吸引高素质劳动力、经济活动的聚集等促进制度的发展与溢出。另一方面，发展中国家还存在政府主导型的城市化（Henderson，2003）。这类城市化过程在带来城市化发展的同时可能存在资源配置低效，对制度发展、溢出可能产生负面影响。具体而言，城市化可以通过直接渠道和间接渠道两种主要方式促进国家间制度的溢出，直接渠道即在城市化过程中，人口特别是高素质人口在地理范围内的集聚是城市化的重要特征之一。这一过程将带来大量的知识特别是隐性知识的传递、扩散。制度具有鲜明的隐性知识特征，伴随城市化的演进，制度得到扩散，事实上形成了制度的空间溢出。在全球化的背景下，城市化不再是简单的国家内部人口的流动，更多的包含了跨国境的高素质人才流动，这进一步促进了制度在国家间的扩散；第二个渠道即间接渠道，城市化作为规模经济、集聚经济的重要表现，与经济（工业、服务业等）发展关系密切，同时也促进了贸易、投资等活动的繁荣。由此促进了制度通过贸易活动，经济聚集为纽带的溢出。此外，国家间制度空间溢出与城市群分布有重要联系，各国内部城市群作为经济发展的较高形式，对开展贸易、吸引 FDI 进入、促进地区间经济互动等具有重要作用（Cheng & Kwan，2000；Bobonis et al.，2007）。城市群作为各个国家经济活动的主要舞台，发展较为成熟的城市群具备更为完善的基础设施，更为合理的产业结构都将更易于制度的建设和扩散。城市群间距离的接近事实上反映了国家间经济活动的空间接近，由此通过经济往来带动制度相互溢出成本也较低。

国家间的政治活动无论是政策模仿或是政策竞争均会推动制度的扩散。尤其是各国政府对本国经济政治发展所需资源以及国家间国际影响力的竞争制度空间溢出效应明显。布吕克纳（Brueckner，2003）指出国家间在政府支出、税收政策、环保政策等方面的竞争会带来国家间制度的相互影响。当政策信息在国家间交流畅通，国家间的制度扩散效应更加明显（Axelrod，1997；Rogers，2010）。同时，政策效果的可观察度与可测度的增加，以及相关领导人对于国际名誉（以其政策在本国之外国家获得有效实施程度度量）等的追求，在一定程度上有助于制度扩散（Simmons & Elinks，2004）。

历史、宗教因素差异对于国家间制度扩散也同样存在影响。研究表明，与制度相关的知识更易在拥有相近历史、宗教与经济背景的国家间传播。相近的历史宗教背景将会促进国家间政策制度等的相互模仿，从而促进国家间制度扩散（Dow & Karunaratna，2006）。西蒙斯和埃林克斯（2004）以及卡莱吉恩等人（2013）的研究均表明，相近的历史宗教背景的国家间制度扩散更容易发生。嘉吉和帕克（Cargill & Parker，2001），沃赫拜和穆希丁（Wahba & Mohieldin，1998），明发（Beng – Huat，1999）以及戈夫（Goff，2000）关于世界范围内国家制度选择与发展的研究也证实了上述观点。历史事件的发生会改变地区原有制度发展模式，如殖民地的建立对于被殖民国家制度发展的影响（Acemoglu et al.，2001），干扰国家原有的制度发展轨迹事实上改变了一国制度并会对相关国家产生制度扩散。现当代，苏联模式的建立对原苏联国家的制度发展产生了深远的影响。遵循这一思路，殖民地、转型国家等历史因素将作为影响各国间制度扩散的重要因素引入本文的回归分析。

国家主要宗教信仰包含历史、文化等多重信息，对于国家文化（Simmons & Elkins，2004）国家或内部企业管理执行能力（Berry et al.，2010）以及国家长期经济增长具有显著作用（Doppelhofer et al.，2004）。因此，宗教因素对于国家制度发展与国家间制度空间溢出的影响也将纳入本文的分析框架。

（二）制度扩散的成本

制度扩散存在成本首先是空间距离产生的成本。穆坎德和罗德里克（Mukand & Rodrik，2002）提出了制度模仿，制度改革试验效益与地理距离之间的关系可以由一条 U 型曲线来表示。

可构建如下模型分析制度扩散的距离成本。设世界上有许多国家它们呈离散分布，国家 i 对应的位置记作 Z_i。各国的政策制度选择记为 a_i。下角标 h 表示高效制度。一个国家在做出政策选择时可以自主选择高效制度，此时选择的制度记为 a_{ih}。一个国家的制度选择取决于其地理位置以及相应制度对应的收益，具体有 $a_{ih}=z_i+\eta_i$，其中 η 是服从独立同分布的随机项，其均值为零，方差分别是 σ_η^2。选择高效率制度可带来经济类租金收入，即由制度选择带来的国家经济变化带来的租金，记为 r，记国家通过制度选择带来的收益为 V。制度发展水平低的国家，其自主选择的高水平制度可以视作对其他高水平制度国家的追随，即模仿领导国的高效制度。记制度发展水平较低国家为追随国（f），追随国模仿并改变制度选择的期望收益如下：

$$V_f=E[-\theta(a_f-a_{ih})^2+r]=-\theta(z_f-z_{ih})^2+\pi_f^i\cdot r \tag{1}$$

其中，$a_f-a_{ih}=z_f-z_{ih}$，表示追随国现有制度选择与领导国制度选择之间差异，这一差异带来了制度模仿的收益。π_f^i 表示追随国（f）模仿高水平制度得到国内接受并持续运行的概率。

z_f-z_{ih}即代表了追随国与领导国之间的距离差距。穆坎德和罗德里克（2002）的研究证明随着追随国与领导国之间的距离变化，存在一条选择的 U 型曲线。当国家间距离超过一定范围时，制度落后国家将不再模仿该高制度水平国家。该曲线表明，当存在一个制度优秀的国家即领导国，追随国（制度较为落后的国家）若与该领导国地理距离足够接近，采用制度模仿优化自身制度的效用越大，主要体现在模仿对本国制度的促进作用以及对领导国制度的“搭便车”效用。追随国与领导国之间的距离越远，则采用制度模仿的效率越低。U 型曲线的存在说明制度的扩散存在空间距离成本，制度更易在邻近国家间传播，相邻国家间制度互相影响的程度更深。来自邻国的经济主体远比其他外国经济主体对制度相关知识的扩散及制度选择的影响要大得多，这促使各领土接壤国家之间竞相改善制度环境，加强彼此贸易与吸引投资。但是随着全球化的推进，国家间的相互关系不再仅依靠是否相互接壤判断。因此有必要更为全面地度量国家间的距离，考察不同类型空间距离的国家间的制度溢出。

制度具有更为显著的隐性知识的特征，简单地理邻近的考察不足以反映制度作为隐性知识的传播与扩散。本文将考察经济发展带来的经济集聚与制度扩散的关系。具体而言，首先考察城市化对于国家（地区）制度空间溢出的影响。其次，考察国家间城市群距离代表的经济距离对于国家间制度扩散的影响。经济聚集对于经济活动具有吸引力（Hohenberg & Lees，1985；Bairoch，1993；Hohenberg，2004）。城市群作为经济集聚的重要形式，对外商直接投资，贸易具有显著吸引作用（Guimaraes et al.，2000；Huang & Wei，2015）。城市群对于经济活动的吸引力可以通过促进经济发展间接的促进制度发展。此外，城市群作为各个国家经济活动的主要舞台，城市群间距离的接近事实上反映了国家间经济活动的空间接近，表明两国间经济活动距离较近，由此通过经济往来带动制度相互溢出成本较低。因此，我们有理由认为，国家间城市群距离的接近，有助于两国间制度的溢出。

国家间频繁的经贸往来密切了国家间联系，缩短了国家间的相对距离。国际直接投资作为经济全球化的重要推动力，其主要形式跨国公司是经济全球化的重要载体，国际直接投资已经被广泛认为是促进世界经济增长的重要因素之一。作为制度空间溢出的重要渠道之一，我们有必要基于国家间国际直接投资距离考察国家间的制度关联与溢出。此前研究主要从国家间资产特别是股票市场交易的角度来考察，本文将使用双边直接投资密度定义国际直接投资距离。国际直接投资会带来新的生产流程和管理经验的引入、生产率的提高、技术外溢、人力资本培养以及构建国际生产网络等诸多效应（Hermes，2003；陈涛涛，2003；Alfaro et al.，2004，2010），国际直接投资密度提升有助于制度的空间溢出。

国家间文化背景差异也是影响国家间制度扩散的重要因素。与具有强制约束力的正式制度相对应，存在仅具有软约束力的非正式制度，文化正是这类具有软性约束力的非正式制度之一（Cyrus，2015；施炳展，2016）。非正式制度可以为正式制度的设立、执行等提供基础。因此，具有相似文化的国家间在制度设立、政策实施等方面更易于相互借鉴、模仿，从而促进了国家间的制度溢出。此外，文化相近的国家间具有相似的观念、习惯。国家居民的活动如储蓄、消费选择等更为趋近（易行键、杨碧云，2015），国家间政策模仿等更易实现，由此有助于国家间的制度溢出。最后，文化接近国家间存在更为频繁的经济合作（蒋璐等，2013）、贸易往来（Guiso et al.，2009；施炳展，2016）及国际直接投资活动（Chakrabart et al.，2009；Beracha et al.，2014）等。高频率的经贸往来带动了国家间人口、信息的流动，双边合作的加深对于国家间相关信息传递，政策效果的传播等具有促进作用，因此，有必要从国家间文化距离考察国家间的制度溢出。

制度扩散的成本越低，制度的空间溢出将越显著（Craft & Venables，2001；Kelejian et al.，2013）。空间权重矩阵是本文考察制度空间扩散的成因与成本的重要设计。接下来我们从国家间地理、政治中心、经济、国际直接投资、文化不同角度定义国家间的距离，引入不同特征空间权重矩阵，反映制度空间溢出成本，全面考察制度的空间溢出效应。

三、研究方法、数据以及参数

本节将建立空间计量模型，通过引入相关变量反映制度空间溢出的影响因素，研究制度的空间关联与溢出效应。

（一）制度变量的选择

实证分析中我们选用世界银行“世界治理指标”数据库提供的政府治理水平指标，从执政民主程度、政府执政能力与国家法制程度等不同角度反映国家制度发展的水平。

世界银行的政府治理指标是目前最为全面权威的综合反映一国制度发展水平的指标体系。在建立与一国制度相关的回归分析中这一指标被广泛使用。该指标体系从政治稳定程度（political stability，PS）、言论自由与政府责任（voice and accountability，VA）、政府效能（government effectiveness，GE）、监管质量（regulatory quality，RQ）、法制水平（rule of law，RL）以及政府反腐力度（control of corruption，CC）六个方面综合反映一国的制度发展水平。各项指标在正负2.5之间评分，得分越高所对应的该项政府治理水平越高①。依据考夫曼（Kaufmann et al.，2002）的研究可将政府治理指标分为三类：(1）反映执政民主程度的指标。政治稳定程度（PS）、言论自由与政府责任（VA）两个指标属于第一类指标，考察国家权力机构的选举产生与更迭等相关程序及其衍生。政治稳定程度指标（PS）衡量政府实施政策进而导致政局动荡，违宪行为或是各种暴力行为（家庭暴力，恐怖主义行为）出现的可能性。经验事实表明，相关国家间的政治稳定程度有密切关系（Easterly & Levine，1997；Moore & Shellman，2007）。言论自由与政府责任指标（VA）主要考察一国公民参与政府选举，以及拥有的言论、结社自由的程度；相关国家的言论自由度等对于本国的言论自由乃至其他制度的建设存在溢出（Murdoch & Sandler，2002）。(2）反映政府执政能力的指标。第二类指标包括政府效能（GE）、监管质量（RQ）两个指标，用于考察政府制定与实施有效率的政策的能力。政府效能指标（GE）着重考察公共服务的质量，国家官僚主义程度，公务员的能力等较为广义的政府执政能力。而监管质量（RQ）则更多的集中考察政策本身，本文选择政府效能指标（GE）作为第二类指标的代表。(3）反映国家法制程度的指标。第三类指标考察关乎居民与政府间关系处理协调的制度发展水平，法制水平（RL）关注公众对法制社会建设的信心，对社会法规的遵守程度以及对犯罪、暴力等行为的惩戒。政府反腐力度（CC）考察了政府控制腐败行为，本文选择法制水平指标（RL）作为第三类指标的代表。基于上述考虑，本文选择了其中四个指标政治稳定程度（PS）、

① 该指标由考夫曼等人（Kaufmann et al.，2002）提出并使用，其在2005年前统计数据为隔年统计一次，此后为每年统计一次，为保证回归的时效性和稳健性，本文使用政府治理指标时间跨度为2005～2013年。

言论自由与政府责任（VA）、政府效能（GE）与法制水平（RL）[①] 反映一国的制度水平并进行相关实证研究。

（二）空间计量模型的建立

为考察制度的空间溢出效应，本文综合使用空间滞后模型（SAR）和空间误差模型（SEM）构建如式（2）所示的综合模型考察制度的空间溢出。

$$Y_t = X_t\beta_1 + H\beta_2 + \lambda WY_t + u_t \tag{2}$$

$$u_t = \rho Wu_t + \varepsilon_t,\ t = 1,\ \cdots,\ T \tag{3}$$

其中，Y_t 是国家制度水平，X_t 是随时间变化的国家异质性因素，[②] H 是不随时间变化的国家异质性因素，W 是 $n \times n$ 的加权矩阵。u_t 是随机干扰项，ε_t 随时间独立同分布。世界各个国家，特别是邻近国家间面临相似的冲击，将导致随机扰动项 u_t 呈现相关性，忽略这种相关性将导致模型中系数估计发生偏误，为此我们让 u_t 以式（3）所示的形式相关。

空间权重矩阵 W 是本文考察制度是否存在空间溢出的重要设计。式（2）中，WY_t 定义作为解释变量的国家制度水平，其本质是与一国制度发展有影响的所有相关国家的制度发展水平的加权。进一步，不考虑空间权重矩阵的具体设定，现假定 $|\lambda| < 1$，$|\rho| < 1$，并令 $G = (I - \lambda W)^{-1}$，接着我们将结果代入式（2）、式（3）中的方程：

$$Y_t = GX_t\beta_1 + GH\beta_2 + Gu_t \tag{4}$$

$$u_t = (I - \rho W)^{-1}\varepsilon_t \tag{5}$$

式（4）表明每个国家的制度因变量 Y 取决于世界上所有国家的异质性因素，同时也受所有国家的制度变化冲击的影响。因此，通过检验 λ 是否显著可以检验制度空间溢出效应是否显著。同理，通过 ρ 可以检验国家间制度的随机误差项经过空间加权后相互影响的显著性。

（三）空间权重矩阵的介绍

为了考察制度在国家间的空间溢出效果，选择适当的权重矩阵反映制度的空间影响是关键。实证研究中，定义空间权重矩阵时一般依据邻近标准（Anselin，1988；Rey & Montouri，2000）或距离标准（Abreu et al.，2004）。邻近标准认为，两个空间单元之间相邻则他们空间相关；距离标准则是从两个空间单元之间的距离（包括政治中心、经济、人口、文化等）大小来确定

---

① 由于篇幅有限，选取 PS，VA 作为第一类指标代表，GE，RL 分别作为第二、第三类指标的代表，另外两个指标（RQ，CC）的相关回归结果如有需要可向作者索取。

② 关于国家异质性因素的具体定义见后文。

空间相关度。此前针对制度溢出进行实证研究的文章多以相邻标准考察国家间的相关度，忽略了国家间政治中心、经济、人口、国际直接投资、文化接近等其他因素的影响，因此，本文将通过八个空间权重矩阵，更为全面地考察制度在相关国家间的空间溢出。

1. 领土接壤矩阵（W_1）

定义权重矩阵 W_{ij}，[①] 反映两国是否相邻。两国是否接壤是最为常用的反映国家（地区）间距离，接近程度的指标（López - Bazo，2004；尹恒、徐琰超，2011；Kelejian，2013）。具体表达如式（6）：

$$W_{ij}=\begin{cases}1\text{，两国接壤}\\0\text{，两国不接壤}\end{cases}\tag{6}$$

i 国的制度直接取决于其领土接壤各国的制度变量的平均水平。一个国家的制度水平受到与它接壤的所有国家的制度水平的影响。

除领土接壤国家制度建设的相互影响外，国家间其他形式的相关度对于制度空间溢出同样存在影响。进一步，本文定义了五种不同空间相关概念的距离反映国家间的接近程度，并以此为基础定义了七个反距离空间权重矩阵（具体形式见下文式（7）、式（8）、式（10）、式（11）、式（13）、式（18）及式（19）），分别检验这五种空间相关对国家间制度空间溢出的影响。

2. 国家人口空间相关距离矩阵（W_2）

定义国家 i 人口最稠密城市与国家 j 人口最稠密城市之间距离为 $dist_{ij}$（千米），该距离表示国家间人口距离。以国家间人口距离为基础，我们定义简单反距离权重矩阵 W_{ij}，形式如式（7）：

$$W_{ij}=1/dist_{ij}\tag{7}$$

即国家 i 的制度受到国家 j 制度影响的权重定义为国家 i 人口最稠密城市与国家 j 的人口最稠密城市之间距离（$dist_{ij}$）的倒数。国家间人口空间相关距离矩阵反映自然、历史、政治等因素决定的国家人口密度条件（Abreu et al.，2004）。

3. 国家政治中心空间相关距离矩阵（W_3）

定义国家 i 的首都与国家 j 的首都之间距离为 $distcap_{ij}$（千米），该距离记为国家间的政治中心距离。这种方法考察的国家间距离是较为常用的国家间地理距离之一，在对于双边贸易，直接投资等的研究中较为常见（Madariaga & Poncet，2007；Ojala & Tyrvataga，2007；李涛、周业安，2009）。本文在研究制度空间关联与溢出时，从政策制定层面强调首都在制度建立中的作

① 一般会对接壤矩阵进行标准化处理，具体过程如下。权重矩阵 W_{ij} 中假定 i_{th} 国拥有 ϕ_i 个国家与其接壤。矩阵 W 的第 i_{th} 行中，除第 ϕ_i 个位置对应着第 ϕ_i 个邻国外，其余位置全部为零。在对应于第 ϕ_i 位置中，第 i_{th} 行的值为 $\frac{1}{\phi_i}$。此矩阵行归一化，每行的元素加和统一。由于一个国家不会将本国作为邻国，因此权重矩阵 W_{ij} 的对角线元素为零。

用，以首都间距离考察政治中心间距离的影响。因此本文以此距离为基础，定义简单反距离权重矩阵 W_{ij}，形式如式（8）：

$$W_{ij}=\frac{1}{distcap_{ij}} \tag{8}$$

即国家 i 的制度受到国家 j 制度影响的权重定义为国家 i 的首都与国家 j 的首都之间的距离（$distcap_{ij}$）的倒数。首都作为各个国家的政治中心，在制度建设中有十分重要的地位。两国的首都越接近，两国间政策制定等的相互影响越明显，则被赋予的权重越大。

4. 城市群空间相关距离矩阵

现代国家发展中，城市群作为城市发展到成熟阶段的最高空间组织形式，反映了经济活动空间集聚的较高形式（Fuller & Romer，2014）。两个国家城市群间地理距离越接近，城市群中人口占一国总人口数越多以及国家城市群间贸易开放度越高，则由城市群间距离决定的国家间空间距离越近。

根据黑德和迈尔（Head & Mayer，2002），定义国家 i 与 j 之间的距离如式（9）：

$$d_{ij}=\left(\sum_{k\in i}\left(\frac{pop_k}{pop_i}\right)\sum_{l\in j}\left(\frac{pop_l}{pop_j}\right)d_{kl}^{\theta}\right)^{\frac{1}{\theta}} \tag{9}$$

式（9）中，$\frac{pop_k}{pop_i}$表示国家 i 中城市群 k 的人口在 i 国所占比重；$\frac{pop_l}{pop_j}$表示国家 j 中城市群 l 的人口占 j 国人口比重；d_{kl}表示城市群 k 与城市群 l 之间的距离（单位：千米）；θ 表示的是 k 与 l 两个城市群之间贸易的距离弹性。当 $\theta=1$ 时，计算的权重距离记为 distw，称为基本城市群距离；当 $\theta=-1$ 时计算的权重距离记为 distwces，称为经济城市群距离。与基本城市群距离相比，经济城市群距离（distwces）将贸易引力模型中关于两地贸易总量与两地空间距离之间的关系纳入考虑范畴，表明随着两地空间绝对距离增大，城市群间贸易额降低，两国间接近程度下降。城市群是基于每个国家人口密度大于250 人/平方公里的城市进行筛选，国家内部先进行距离加权，之后再计算国家之间的城市群空间距离。城市群距离作为国家间简单距离的重要改进，被更为广泛地运用于考察国家（地区）间存在的交易成本的研究中（Mayer & Zignago，2005；陈媛媛等，2010；Dinda，2014）。本文因此考虑用这一组距离矩阵来考察国家间经济距离在制度空间溢出中的作用。在基本城市群距离（distw）以及经济城市群距离（distwces）的基础上，分别定义两个新的简单反距离权重矩阵。

（1）基本城市群距离矩阵（W_4）。记国家 i 与国家 j 的基本城市群距离为 $distw_{ij}$，以此距离为基础，定义简单反距离权重矩阵 W_{ij}，形式如式（10）：

$$W_{ij}=\frac{1}{distw_{ij}} \tag{10}$$

式（10）表明 i 国的制度受到 j 国制度影响的权重为 i 国与 j 国间基本城市群距离（$distw_{ij}$）的倒数。两国有重大影响的城市群间越接近，则 i，j 两国间基本城市群距离越小，i 国受到 j 国制度外溢的影响越显著，则 j 国的制度水平在回归分析中被赋予的权重越大。

（2）经济城市群距离矩阵（W_5）。定义国家 i 与国家 j 的经济城市群距离为 $distwces_{ij}$，以此距离为基础，定义简单反距离权重矩阵 W_{ij}，形式如式（11）：

$$W_{ij} = \frac{1}{distwces_{ij}} \tag{11}$$

i 国的制度受到 j 国制度影响的权重定义为国家 i 与国家 j 经济城市群距离（$distwces_{ij}$）的倒数。与由式（10）定义的空间权重矩阵相比，该矩阵增加了对城市群双边贸易的度量（Head & Mayer，2002）。在此距离定义下，i 国与 j 国间城市群经济距离越接近，j 国制度对 i 国制度的影响越明显，则在模型中被赋予的权重越大。

5. 国际直接投资空间相关距离矩阵（W_6）

从国家间资本流动程度考察国家间距离的研究已有不少（La Porta et al.，1998）。对这类距离的度量也较为多样，如从国家主要股票市场间地理距离（Bayoumi et al.，2007），国家间企业市值差异（La Porta et al.，1998；Berry，2010）等股票、债券资产交易的角度加以度量。本文在研究影响国家间制度溢出的因素时，以国际直接投资为出发点考察 FDI 流动对国家间制度溢出的影响，这一角度的考察可以更为直接地检验国际直接投资在制度空间溢出中的作用。根据费尔南德斯—阿维莱斯等人（Fernández – Avilés et al.，2012）的研究，从国家间双边 FDI 流量的角度，定义国家间直接投资空间相关距离矩阵如式（12）：

$$disfina_{ij} = 2 - \left(\frac{|FDI_{j,i}|}{GDP_j} + \frac{|FDI_{i,j}|}{GDP_i} \right) \tag{12}$$

式（12）中，$FDI_{j,i}$表示 j 国流向 i 国对外直接投资，$FDI_{i,j}$表示 i 国流向 j 国的对外直接投资。两国间国际直接投资流量占各自国民生产总值比例越大，则说明两国间的国际直接投资距离越接近①。以此距离为基础，定义简单反距离权重矩阵，形式如式（13）：

$$W_{ij} = \frac{1}{distfina_{ij}} \tag{13}$$

即国家 i 的制度受到国家 j 制度影响的权重定义为国家 i 与国家 j 之间国际直接投资的距离（$distfina_{ij}$）的倒数。FDI 是国家间资本流动的重要形式，在制度空间溢出方面，国际直接投资会带来新的生产流程和管理经验的引入、

① 本文国际直接投资距离的测算方法在国内使用尚属首次，限于数据可得性，我们使用了 21 个国家的样本数据。

生产率的提高、技术外溢、人力资本培养以及构建国际生产网络等诸多效应（Hermes，2003；陈涛涛，2003；Alfaro et al.，2004，2010），都会对东道国的制度建设产生影响。因此本文从双边 FDI 流量角度考察国家间直接投资距离对于国家间制度空间溢出的影响。

6. 国家文化距离矩阵（W_7、W_8）

本文使用 GLOBE 项目针对全球不同国家文化特征进行调查并设计的文化特征指标，基于国家间的文化差异定义国家间的文化距离。GLOBE 指标此前已广泛地运用于研究文化差异对跨国企业发展（Javidan et al.，2005）、国家间经贸合作（蒋璐等，2009）及企业跨国合作（Javidan et al.，2005）等。该指数是目前标准化考察国家文化特征的代表性指标。因此本文选用这一指标，并进一步参考道和卡鲁纳拉特纳（Dow & Karunaratna，2006）的计算方法，定义国家间的文化距离。我们具体选取权力距离①（power distance，PD）和公共集体主义②（soceital collectivism，SC）两个指标，分别从一国国内基于等级、权力不平等和一国文化的融合性、包容性两个角度定义文化距离。文化距离表达如式（14）、式（15）。

$$\mathrm{distcul}_{ij}^{1} = |PD_i - PD_j| \tag{14}$$

$$\mathrm{distcul}_{ij}^{2} = |SC_i - SC_j| \tag{15}$$

以上述两个文化距离式（14）、式（15）为基础，定义简单反距离权重矩阵如式（16）、式（17）所示。

$$W_{ij} = \frac{1}{\mathrm{distcul}^{1}} \tag{16}$$

$$W_{ij} = \frac{1}{\mathrm{distcul}^{2}} \tag{17}$$

文化差异越小，国家间以文化为制度的软性约束，相互学习模仿制度设计更为容易。同时相近的文化便利了国家间的经贸联系，频繁的经贸往来也为制度在国家间的溢出提供了途径。两国间文化越接近，制度扩散的渠道越便利，相关国家被赋予的权重更大。

本文通过上述 8 个权重矩阵从不同维度考察制度空间溢出效应。

（四）控制变量

一国的制度演化，除受到相邻国家制度空间溢出的影响外，还与其他社

---

① 权力距离具体考察群体当中人与人之间在等级、权利和威望等方面的不平等程度。

② 公共集体主义具体考察个人表现出来对更大范围群体的融入性，大群体对个人的吸纳性以及大群体中个体相处的融洽性。

会、经济、历史和宗教因素有关，这些因素即影响制度的国家间异质性因素。[①] 在本文的实证分析中，将引入相关控制变量反映国家间异质性因素，具体介绍如下。

城市化变量。城市化作为经济空间聚集的一种表现形式，现有研究表明，城市化发展将带来人口、技术、信息在某一个区域内的集中，这样的集聚有利于降低知识信息特别是隐性知识的交易成本（Aydogan & Lyon，2004），便于制度在国家间的扩散。制度的一个重要组成部分即各类与之相关的显性和隐性知识。得力于经济活动的空间集聚，包含高水平制度信息的相关知识获得广泛而有效的传播，这些知识的扩散事实上带来发展水平较高的制度的扩散。研究也证明城市化与经济增长在一定范围内存在正向关系，而经济增长又对制度建设提出了更高要求（Kaufmann & Kraay，2002；Seldayo et al.，2010）进而促进了高发展水平的制度扩散。因此城市化对于制度扩散具有间接效应即城市化促进地方经济发展，并以此传导了其对制度水平的促进作用。基于“城市化与制度建设间正相关”的假说，本文在回归分析中引入城市人口占总人口比重（Urbpop）这一指标反映不同国家的城市化水平。Urbpop 代表全球范围内的城市化率，该指标是由世界银行综合考察全球收入，人口以及其他与城市发展关系密切的数据后提出的判断城市发展水平的综合指标。目前，这一指标被广泛运用于衡量世界各国的城市化水平。Urbpop 的绝对值反映一个国家的城市化水平，即一国的 Urbpop 指标绝对值越高，该国城市化水平越高。运用 Urbpop 作为考察一国城市化水平的指标，可以反映一般条件下城市人口的集聚与制度的建设以及相应的空间溢出效应的互动关系。

依据阿西莫格鲁等人（Acemoglu et al.，2001），塞戴尔等人（2010），卡莱吉恩等人（2013）的研究，本文模型中选取的其余控制变量包括 GDP 增长率（GDP growth rate，GDPG），贸易开放度（openness），接受中学教育年限（years secondary schooling，简写为 Absyr）及宗教起源（religious affiliation），是否为前殖民地国家（colony），纬度（absolute latitude）和代表该国否为内陆国的虚拟变量（landlocked）。

GDP 增长率是衡量一国现阶段的经济发展水平。经济发展水平越高，能够为制度建设提供的支持也更多（Easterly & Levine，1997；Keefer & Knace，1998；Kaufmann & Kraay，2002）；另一方面，伴随着一个国家经济发展水平的提高，人们对国家的制度会提出更高的要求，这两方面都表明经济发展水平对于一国制度有正向促进作用。贸易开放度（openness）可以反映一国经济对于国外市场的依赖程度，反映一国的开放程度。罗德里克（2002）认为

---

① 国家间异质性因素如城市化水平，人口水平等实际上是决定一国制度的异质性因素，考虑到国家间异质性因素差异对于国家制度发展的影响，本文选用异质性因素（idiosyncratic features）一词统称此类因素。

贸易开放可以减少国内政府的腐败以及寻租行为，促进国内财产权的巩固，有助于一国制度的优化。其他研究也指出贸易开放对于制度建设具有正向作用（Bonaglia et al.，2001；Dollar & Kraay，2003；Knack & Azfar，2003）。接受中学教育的年限（years secondary schooling）用以衡量一国的人力资本存量，一国拥有较高的人力资本可以保证制度的稳定，促进制度的建设（Alesina & Perotti，1996；Glaeser，2004）。

纬度（absolute latitude）可以反映绝对地理区位因素对于制度的影响。纬度接近的国家（地区）气候环境相似，在国家建立之初，农业文明发展阶段，纬度接近的国家也易于选择相近的农业发展方式进而演化出类似的初始经济制度形式，具有相似的制度基础。此外，引入纬度反映国家的绝对地理位置并考察其影响显著性的做法在此前研究中也较为普遍（Acemoglu et al.，2005，2006；Olsson & Hibbs，2005）。是否为内陆国（landlocked）对一国的制度建设的作用具有不确定性，内陆国一方面容易被邻国的破坏行动如侵略战争等影响（Bloom & Sachs，1998）；另一方面，由于交通不便，内陆国历史上开放时间较晚，受到殖民入侵等的影响较沿海国家有限，制度发展较沿海国家有所不同。现代以来，内陆国家同样存在开放缓慢，与世界经济发展接轨有限等特征。因此，内陆国家制度发展受到制度空间溢出的影响较小（Beck & Laeven，2006）。本文通过引入虚拟变量 landlocked① 分析是否为内陆国这一因素对于一国制度的影响。

宗教起源与是否是前殖民地国家作为考察国家发展中宗教历史特征的重要变量，也作为控制变量引入本文的回归。具有相似宗教起源的国家，因受到宗教的影响更易于发展相似的制度。因为具有相同的宗教信仰，无论经济往来或是文化交流都更为便利和频繁，从而促进国家间的制度交流（Ghemawat，2001；Dow & Karunaratna，2006；Berry et al.，2010）。前殖民地国家其制度受到宗主国强烈影响，制度建立发展均受到宗主国的引导。殖民地时期结束后，这些国家与前宗主国也长期保持密切的经济往来，制度发展轨迹仍然受到影响（Acemoglu et al.，2001）。宗主国相同的前殖民地国家制度建设体系较为相似，也较为长期地保持经济联系（Ghemawat，2001；Dow & Karunaratna，2006）。这些因素导致了是否是前殖民地国家这一条件对于国家制度建设发展乃至国家间制度空间溢出具有重要影响。

考虑到历史、地理因素对一个国家制度形成和发展的作用，本文引入了区域虚拟变量：西欧国家（Eu），拉丁美洲及加勒比海地区国家（Latam）以及东亚与东南亚地区国家（Eseasia）。区位因素会对一个国家的制度形成发展产生一定的影响（Chun，2000；Alesina et al.，2003；Guiso et al.，2006）。

① 虚拟变量设定具体形式为 $landlocked_i = \begin{cases} 1, & \text{i 国是内陆国} \\ 0, & \text{i 国非内陆国} \end{cases}$

转型经济体国家（Transit）从历史发展角度，区分了苏联体制与非苏联体制国家，将苏联体制作为现当代重要的制度影响因素加以考察，研究具有独特历史相似条件国家间的制度相互影响。

最后，本文进一步考察“一带一路”国家间制度空间溢出现象。“一带一路”国家间具有悠久的历史渊源，地理关系紧密。这些国家间制度相互影响关系是建立与促进区域合作的重要条件。成员间良好的制度溢出关系有助于成立之初建立国家间的互信关系，也有助于国家日后在合作领域有所成就。因此将这一特殊子样本国家间制度溢出关系纳入本文的回归具有鲜明的现实意义和必要性。

表 1 列示了本文研究中涉及的变量及其相关信息。

表 1　　变量列表

<table>
<tr><th>名称</th><th>变量符号</th><th>含义</th><th>数据来源</th><th></th></tr>
<tr><td rowspan="4">制度变量</td><td>政治稳定程度</td><td>PS</td><td>政治稳定程度指标</td><td rowspan="4">World Bank（2014）</td></tr>
<tr><td>言论自由与政府责任</td><td>VA</td><td>言论自由指标</td></tr>
<tr><td>政府效能</td><td>GE</td><td>政府效能指标</td></tr>
<tr><td>法治水平</td><td>RL</td><td>法制水平</td></tr>
<tr><td rowspan="10">控制变量</td><td>GDP 增长率</td><td>GDPG</td><td>一国国民收入增长率</td><td>World Bank（2014）</td></tr>
<tr><td>内陆国家</td><td>landlocked</td><td>内陆国家取值 1</td><td>CEPII（2006）</td></tr>
<tr><td>纬度</td><td>Ablat</td><td>一国的绝对地理位置</td><td>拉波塔等人
（La Porta et al.，1999）</td></tr>
<tr><td>接受教育年限</td><td>Absyr</td><td>国家人力资源水平</td><td>World Bank（2014）</td></tr>
<tr><td>城市人口</td><td>Urbpop</td><td>城市化率</td><td>World Bank（2014）</td></tr>
<tr><td>东正教</td><td>Ortho</td><td>主要信仰东正教</td><td>拉波塔等人（1999）</td></tr>
<tr><td>伊斯兰教</td><td>Muslim</td><td>主要信仰伊斯兰教</td><td>拉波塔等人（1999）</td></tr>
<tr><td>天主教</td><td>Catholic</td><td>主要信仰天主教</td><td>拉波塔等人（1999）</td></tr>
<tr><td>贸易开放度</td><td>Openness</td><td>贸易开放程度</td><td>World Bank（2014）</td></tr>
<tr><td>前殖民地国家</td><td>Colony</td><td>是否为前殖民地国家</td><td>拉波塔等人（1999）</td></tr>
<tr><td rowspan="4">区域虚拟变量及转型经济体虚拟变量</td><td>西欧</td><td>Eu</td><td>西欧国家取值为 1</td><td rowspan="2">拉波塔等人（1999）</td></tr>
<tr><td>拉美及加勒比海地区</td><td>Latam</td><td>拉美及加勒比海地区国家取值为 1</td></tr>
<tr><td>东亚及东南亚</td><td>Eseasia</td><td>东亚及东南亚国家取值为 1</td><td rowspan="2">World Bank（2014）</td></tr>
<tr><td>转型经济体</td><td>Transit</td><td>转型经济体国家取值为 1</td></tr>
</table>

四、领土接壤国家间制度空间溢出分析

为了检验制度的空间溢出效应，我们选择全球116个国家2005~2013年间的政治稳定程度（PS）、言论自由与政府责任（VA）、政府效能（GE）以及法制水平（RL）这四个方面综合反映一国的制度建设水平，同时选择领土相互接壤的国家进行基础方程的回归分析。具体即用国家间领土是否接壤的空间权重矩阵 W_1（式（6）定义）反映制度的空间滞后和随机扰动项的空间相关性。

（一）制度空间集聚效应的检验

为了考察领土相互接壤的国家间的制度是否存在空间集聚现象，本文计算了样本国家制度水平的全局 MORAN 值、Geary GC 值以及 Getis - Ords 值，并进行相关检验。具体结果如表2所示。

表2　领土接壤国家间制度空间集聚效应的检验

统计量		PS	VA	GE	RL
GLOBAL Moran MI	Value	0.731***	0.866***	0.725***	0.512***
GLOBAL Geary GC	Value	0.526***	0.862***	0.765***	0.748**
GLOBAL Getis - Ords	Value	-18.523***	-17.485***	-16.421***	-18.947***

注：*** 表示1%水平上显著，** 表示5%水平上显著，* 表示10%水平上显著。后文各表相同。

表2结果表明在1%的显著性水平上，领土相互接壤国家间的制度发展水平存在显著的空间集聚效应。

具体而言，空间集聚存在四种不同的具体形式，分别是高高集聚（HH）、低低集聚（LL）、高低集聚（HL）以及低高集聚（LH）。我们测算局部 Moran 值并绘制局部 Moran 散点图（如图1所示），考察制度集聚的具体形式。局部 MORAN MI 值显著为正，说明了此时制度的空间集聚以高高（HH）集聚和低低（LL）集聚为主。高高集聚是指距离接近国家的制度水平接近且制度发展水平均较高；低低集聚是指距离接近国家制度水平接近且制度发展水平均较低。图1[①] 所示的散点图中，代表样本国家制度发展水平的

① 本文仅展示了全球言论自由与政府责任（VA）的空间聚集度图，政治稳定程度（PS），政府治理效能（GE）以及法制水平（RL）的情况相类似，不具体展示。

点主要集中在第一和第三象限，说明制度集聚表现出高高集聚与低低集聚为主的特征。这样的同类集聚之间发生空间外溢的可能性更大（Easterly & Levine，1997；Redding & Venables，2004）。

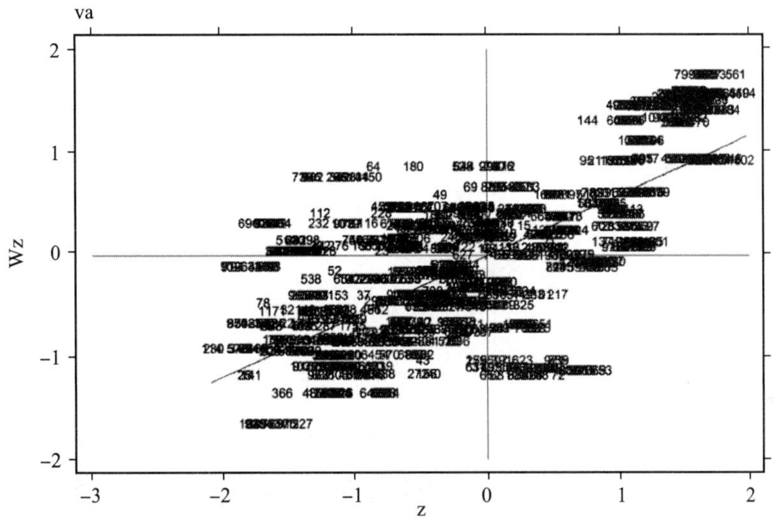

图1　相互接壤的国家间言论自由与政府责任（VA）的空间集聚度（2008年）

上述检验证明领土相互接壤国家间的制度发展水平存在显著的空间集聚现象，为了选择合适的空间计量模型，依据安瑟兰（Anselin，1988）以及安瑟兰等人（Anselin et al.，1996）的理论，我们对样本进行简单OLS回归后，对回归结果的残差序列进行LM检验以及稳健性LM检验①，考察制度的空间溢出效果。具体检验结果见表3。

表3　　领土接壤国家制度发展水平的空间相关性检验

		PS	VA	GE	RL
空间相关性检验					
LM SAC （LMErr + LMLag_R）	Value P值	3 403.871 *** 0.00	3 134.707 *** 0.00	3 349.978 *** 0.00	4 127.647 *** 0.00

① 稳健性检验是为了保证一种空间效应的存在对于另一种空间效应存在与否的检验不会带来干扰。

续表

		PS	VA	GE	RL
空间误差检验					
LM Error（Burridge）	Value P 值	2 465. 876 *** 0. 00	1 994. 039 *** 0. 00	2 142. 077 *** 0. 00	2 917. 97 *** 0. 00
LM Error（Robust）	Value P 值	3 286. 182 *** 0. 00	3 134. 285 *** 0. 00	3 349. 718 *** 0. 00	4 096. 266 *** 0. 00
空间滞后检验					
LM Lag（Anselin）	Value P 值	117. 689 *** 0. 00	80. 422 *** 0. 00	125. 259 *** 0. 00	131. 381 *** 0. 00
LM Lag（Robust）	Value P 值	937. 996 *** 0. 00	1 140. 668 *** 0. 00	1 207. 901 *** 0. 00	1 209. 677 *** 0. 00

表 3 的回归结果表明，制度存在显著的空间相关性，同时空间误差与空间滞后效应均显著不为零。因此，我们选择式（2）和式（3）模型进行回归分析。

（二）制度空间溢出效应的考察

运用式（2）建立的模型考察制度的空间溢出效应，具体结果如表 4 所示。

表 4　　　　领土接壤国家间制度空间溢出效应检验

		PS	VA	GE	RL
空间滞后（λ）	Coefficient P 值	0. 00955 *** 0. 00	0. 00126 *** 0. 00	0. 00225 *** 0. 00	0. 00286 *** 0. 00
空间误差（ρ）	Coefficient P 值	−0. 00287 *** 0. 00	−0. 00734 *** 0. 00	−0. 00225 ** 0. 04	−0. 00105 *** 0. 00
控制变量					
Landlocked	Coefficient P 值	0. 181 *** 0. 00	0. 0529 0. 88	0. 211 *** 0. 00	0. 239 *** 0. 00
Ablat	Coefficient P 值	0. 00159 * 0. 06	0. 00243 *** 0. 00	0. 00541 *** 0. 00	0. 0101 *** 0. 00

续表

		PS	VA	GE	RL
GDPG	Coefficient P 值	0.00098 0.77	0.00381 0.21	0.00327 0.44	0.00381 0.36
Absyr	Coefficient P 值	0.00252 *** 0.00	0.00287 *** 0.00	0.00257 * 0.06	0.00086 0.51
Urbpop	Coefficient P 值	0.00432 *** 0.00	0.00821 *** 0.00	0.0214 *** 0.00	0.0131 *** 0.00
Openness	Coefficient P 值	0.00207 *** 0.00	0.00225 *** 0.00	0.00163 *** 0.00	0.00071 * 0.07
Ortho	Coefficient P 值	-0.399 *** 0.00	-0.416 *** 0.00	-0.741 *** 0.00	-0.708 *** 0.00
Muslim	Coefficient P 值	-0.202 *** 0.00	-0.378 *** 0.00	-0.661 *** 0.00	-0.775 *** 0.00
Catholic	Coefficient P 值	0.0142 0.64	0.00949 0.74	0.0628 0.16	0.144 *** 0.00
Eu	Coefficient P 值	0.185 *** 0.00	0.324 *** 0.00	0.562 *** 0.00	0.296 *** 0.00
Latam	Coefficient P 值	-0.194 *** 0.00	-0.222 *** 0.00	-0.468 *** 0.00	-0.134 0.11
Eseasia	Coefficient P 值	0.291 *** 0.00	0.0481 0.84	0.236 *** 0.00	0.369 *** 0.00
Transit	Coefficient P 值	-0.094 0.12	-0.131 *** 0.00	-0.174 ** 0.02	-0.454 *** 0.00
Colony	Coefficient P 值	0.104 * 0.01	0.0429 0.31	0.273 *** 0.00	0.089 0.05
Constant	Coefficient P 值	0.175 * 0.03	0.227 *** 0.00	0.834 *** 0.00	0.356 * 0.01
样本国家数		116	116	116	116
R^2		0.4232	0.5234	0.5905	0.5038
Log likelihood		-53.743	-23.9462	-140.521	-82.388
空间滞后模型检验	$LR_{\lambda=0}$	81.036	40.093	73.323	61.013
	$LR_{\rho=0}$	10.735	9.091	12.625	3.083
	$LR_{\lambda+\rho=0}$	150.034	103.42	166.815	70.098

回归结果表明制度在领土接壤的国家间存在空间溢出。基于四个指标衡

量的116个国家的制度水平进行的回归中，空间自相关系数在1%的置信水平上均显著为正，表明相邻国家之间的制度存在正向溢出效应，一国的制度发展水平受到其邻国制度水平的显著影响。处于高高集聚区域的国家，自身制度建设与邻国的制度建设均较为完备，邻国的制度水平对其发展具有拉升作用；相反在低低集聚地区，相邻国家的制度恶化对于本国的制度具有显著消极影响。如政治动荡的国家间传染与政治稳定水平（PS）存在显著的空间溢出效应相一致。

邻近国家之间受到相同外生冲击进而引起制度水平变动这一空间滞后形式也得到一定证明。回归结果表明，空间误差项系数对于一国的言论自由与政府责任（VA）、政治稳定程度（PS）有显著负面影响，对于政府效能（GE）和法制水平（RL）同样存在显著的负向影响；即当面临区域性负向冲击时该区域内国家的执政民主程度，政府执政能力与国家法制发展等均将受到影响。值得指出，虽然一国的法制水平与国内法律体系，国内执法机构效力等不易被外生冲击影响的因素有紧密的联系，但是国家间制度的相互影响效应在领土相邻国家间存在显著影响，表现为国家间的执法能力与法制建设程度存在紧密相关。

在影响制度发展的异质性因素方面，一国城市化水平对制度发展和空间溢出具有正向作用的假说得到验证。观察表4，国家城市化发展水平（Urbpop）的系数在统计意义上显著，其经济意义表明，一个国家以城市人口占总人口比重衡量的城市化程度的增加对于其制度建设具有显著促进作用，证实了城市化发展与制度建设水平存在正相关的假说。尽管本国经济的发展速度（以国家GDP增速衡量）提高对于本国制度改善有一定正面作用，但这一促进作用并不具有统计显著性。这对于新兴经济体国家的经济发展与制度建设的不一致性作出了有力解释。目前新兴经济体国家经济发展迅速，经济水平显著提高，但在国内制度建设方面它们往往落后于发达国家。新兴经济体国家的经济增速较快，但是其城市化进程起步晚，目前正处于城市化发展的上升期（Fuller & Romer，2014）。城市群在国内分布不均衡，这些因素造成了新兴经济体国家经济高速发展与制度建设发展间不平衡。这种不平衡本质上与经济发展速度和以城市化为代表的经济的空间集聚对于制度建设影响的显著程度不尽相同有关。

一个国家的地理位置对于其制度建设水平的影响是否显著与其所处地理区位密切相关。在绝对地理位置层面，表现为纬度较高国家及内陆国家具有较高的国家制度水平。结合全球国家的地理分布，较高纬度国家集中分布于温带以及亚寒带地区，适宜的气候环境为其经济发展提供了良好支持，这些国家的制度发展起步较早（基于经济发展的要求），制度建设也较为完善。内陆国家的高水平制度发展表明，现代内陆国家发展受到交通制约主要是航运的制约下降，通过其他现代交通运输方式以及现代信息传递方式，内陆国家也能获得良好的制度发展条件。

处于同一个地区的国家间历史、文化背景相似，地理位置临近，因此国家的区域因素对国家制度存在影响，表现为同一区位国家制度发展水平趋同且存在相互影响。世界不同地区区位因素对其内部国家的制度建设影响不尽相同。西欧地区，是现代政治制度发展的起源，制度发展较其他地区充分，制度稳定性、系统性良好，表4中代表国家处于西欧的变量Eu对各制度被解释变量在统计与经济意义方面均显著为正，证实了这一点。与西欧地区相反，拉丁美洲（Latam）等地区国家所处的地理位置在不同程度上对于国家的制度发展具有显著的消极作用，这与该地区总体制度建设水平偏低等有关。值得注意的是，东亚地区的国家制度发展较快，东亚地区这一区位因素对国家制度发展水平具有显著的促进作用。东亚地区作为第二次世界大战后，后发国家经济迅速发展的代表，该区域变量对国家的经济长期增长具有显著的促进作用（Doppelhofer et al.，2004）。经济长期高速发展对制度建设提出了相应的发展要求，因此东亚地区国家较世界其他发展中国家制度发展水平更高。政治民主程度与经济自由化不同步是东亚地区发展的一个显著特征。回归中东亚国家的政治民主程度（以VA为代表）并未受到该区域变量的显著促进，这一结果与该地区发展特征相符。

五、领土接壤国家间影响制度的异质性因素的空间溢出

（一）空间杜宾模型

为了考察控制变量即国家异质性因素对于制度发展水平的作用渠道，本文进一步运用空间杜宾模型检验异质性因素（即控制变量）的空间溢出效应。异质性因素的空间溢出是指，在其他条件不变的情况下，对于一国制度发展水平有影响的某一异质性因素对其邻国的制度发展水平也会产生影响。

为了考察国家间制度异质性因素的空间相关性，我们建立空间杜宾模型如式（18）、式（19）。

$$Y_t = X_t\beta_1 + H\beta_2 + \lambda_1 WX_t + \lambda_2 WH + u_t \tag{18}$$

$$u_t = \rho W u_t + \varepsilon_t,\ t = 1,\ \cdots,\ T \tag{19}$$

空间杜宾模型中 Y_t，X_t，H，W，u_t，ε_t 与式（2）、式（3）所构建模型中对应变量意义相同。式（18）中，λ_1 表示随时间变化的异质性因素 X_t 在

国家间的空间溢出对于制度决定的作用；λ_2 表示不随时间变化的异质性因素 H 的空间溢出对一国制度决定的作用。

（二）异质性因素的空间相关性检验

我们在运用空间杜宾模型进行研究中，选用由式（6）定义的考察国家间是否接壤的空间权重矩阵 W_1 反映异质性因素（X_t，H）的空间滞后与随机扰动项的空间相关性；具体的样本选择方面与基于空间矩阵 W_1 的研究一致。

此前研究已证明，领土相互接壤国家间的制度水平呈现显著的高高或低低集聚的特征。为进一步考察运用空间杜宾模型进行分析是否合理，我们考察了对于制度建设存在影响的异质性因素是否存在空间相关性，即对异质性因素的全局 Moran 值，Geary GC 值以及 Getis – Ords 值进行相应检验。具体结果见表 5。

表 5　基于空间杜宾模型领土接壤国家间制度空间集聚效应的检验

统计量		PS	VA	GE	RL
GLOBAL Moran MI	Value	0.506***	0.412***	0.624***	0.529***
GLOBAL Geary GC	Value	0.798***	0.866***	0.708***	0.617***
GLOBAL Getis – Ords	Value	–18.214***	–13.016***	–11.025***	–14.098***

检验结果表明影响制度发展水平的异质性因素存在显著的空间相关性。进一步计算局部 Moran 值并绘制散点图，[①] 我们发现异质性因素的空间集聚主要集中在第一、第三象限，表现为影响制度发展水平因素的空间高高集聚或低低集聚，说明领土接壤国家之间的异质性因素发展水平差异不大。

进一步，我们对样本数据基于式（18）、式（19）进行简单的 OLS 回归后并对残差进行分析，检验空间杜宾效应是否存在，具体结果如表 6 所示。

表 6　基于空间杜宾模型领土接壤国家间制度发展水平空间相关性检验

		PS	VA	GE	RL
空间相关性检验					
LM SAC （LMErr + LMLag_R）	Value P 值	1.09e+05*** 0.00	6.94e+04*** 0.00	4.73e+04*** 0.00	4.62e+04*** 0.00

① 散点图由于篇幅有限不具体展示，如有需要可联系作者取得。

续表

		PS	VA	GE	RL
空间误差检验					
LM Error（Burridge）	Value P 值	2 309.503 *** 0.00	1 449.536 *** 0.00	1 504.187 *** 0.00	1 941.583 *** 0.00
LM Error（Robust）	Value P 值	1.08e+05 *** 0.00	6.91e+04 *** 0.00	4.71e+04 *** 0.00	4.61e+04 *** 0.00

表6的检验结果表明，影响制度建设水平的异质性因素存在显著的空间相关性，相应的空间滞后效应显著不为零，此外随机扰动项的空间相关性也显著不为零，因此我们选用空间杜宾模型进行研究。

（三）异质性因素的空间溢出效应

运用式（18）、式（19）建立的空间杜宾模型考察影响制度异质性因素的空间溢出效应，具体结果如表7所示。影响制度发展的异质性因素存在显著的空间溢出效应，各个不同的异质性因素及其空间滞后项对于制度发展影响不同。

表7　基于空间杜宾模型领土接壤国家间制度空间溢出效应检验

		PS	VA	GE	RL
空间误差（ρ）	Coefficient P 值	0.00187 *** 0.00	0.00329 *** 0.00	0.00123 *** 0.00	0.00268 *** 0.00
控制变量					
Landlocked	Coefficient P 值	0.171 *** 0.00	0.0118 *** 0.14	0.216 *** 0.00	0.246 *** 0.00
Ablat	Coefficient P 值	0.00155 *** 0.06	0.00207 *** 0.00	0.00537 *** 0.00	0.00998 *** 0.00
GDPG	Coefficient P 值	0.00048 0.88	0.00375 0.21	0.00313 0.44	0.00406 0.32
Absyr	Coefficient P 值	0.00248 *** 0.00	0.00263 *** 0.00	0.00281 ** 0.04	0.00093 0.47
Urbpop	Coefficient P 值	0.00396 *** 0.00	0.00852 *** 0.00	0.0254 *** 0.00	0.0126 *** 0.00

续表

		PS	VA	GE	RL
Openness	Coefficient P 值	0. 0022 *** 0. 00	0. 00231 *** 0. 00	0. 00154 *** 0. 00	0. 00077 * 0. 05
Ortho	Coefficient P 值	−0. 421 *** 0. 00	−0. 423 *** 0. 00	−0. 759 *** 0. 00	−0. 721 *** 0. 00
Muslim	Coefficient P 值	−0. 199 *** 0. 00	−0. 366 *** 0. 00	−0. 647 *** 0. 00	−0. 731 *** 0. 00
Catholic	Coefficient P 值	0. 0172 0. 59	0. 00544 0. 85	0. 0749 * 0. 09	0. 158 *** 0. 00
Eu	Coefficient P 值	0. 197 *** 0. 00	0. 356 *** 0. 00	0. 595 *** 0. 00	0. 312 *** 0. 00
Latam	Coefficient P 值	−0. 184 *** 0. 00	−0. 224 *** 0. 00	−0. 446 *** 0. 00	−0. 171 *** 0. 04
Eseasia	Coefficient P 值	0. 305 *** 0. 00	0. 028 0. 89	0. 223 *** 0. 00	0. 358 ** 0. 01
Transit	Coefficient P 值	−0. 0834 0. 17	−0. 094 * 0. 05	−0. 146 * 0. 05	−0. 447 *** 0. 00
Colony	Coefficient P 值	0. 117 *** 0. 00	0. 041 0. 34	0. 279 *** 0. 00	0. 088 * 0. 05
控制变量空间滞后					
w_1x_Landlocked	Coefficient P 值	0. 0136 0. 13	0. 0143 * 0. 09	0. 00761 0. 52	0. 00801 0. 46
w_1x_Ablat	Coefficient P 值	0. 00016 ** 0. 03	0. 00012 * 0. 06	0. 00034 0. 37	0. 000145 0. 64
w_1x_GDPG	Coefficient P 值	0. 00023 * 0. 07	8. 71e −06 0. 11	0. 00028 0. 27	0. 00062 0. 55
w_1x_Absyr	Coefficient P 值	1. 80e −06 * 0. 09	0. 00023 0. 14	0. 000163 ** 0. 04	0. 000481 ** 0. 02
w_1x_Urbpop	Coefficient P 值	0. 00016 * 0. 08	0. 00032 0. 11	0. 000114 ** 0. 03	0. 000617 * 0. 05
w_1x_Openness	Coefficient P 值	5. 98e −05 ** 0. 04	3. 26e −05 * 0. 06	5. 11e −05 0. 16	8. 71e −05 0. 35

续表

		PS	VA	GE	RL
w_1x_Ortho	Coefficient P值	−0. 0126 ** 0. 04	−0. 00601 0. 62	−0. 00656 0. 73	−0. 015 0. 51
w_1x_Muslim	Coefficient P值	0. 00222 0. 28	−0. 0203 ** 0. 04	−0. 0324 ** 0. 02	0. 0004 0. 96
w_1x_Catholic	Coefficient P值	0. 0126 * 0. 09	0. 00634 0. 69	0. 00293 0. 45	0. 00323 0. 27
w_1x_Eu	Coefficient P值	−0. 012 0. 45	0. 0079 0. 61	−0. 0107 0. 59	−0. 0146 0. 43
w_1x_Latam	Coefficient P值	0. 00676 0. 62	−0. 0234 * 0. 06	−0. 0299 0. 26	−0. 00521 0. 67
w_1x_Eseasia	Coefficient P值	−0. 00343 0. 18	0. 0194 0. 38	0. 0158 0. 60	0. 0294 0. 30
w_1x_Transit	Coefficient P值	−0. 00567 * 0. 06	−0. 0194 ** 0. 04	−0. 0227 0. 11	−0. 0234 * 0. 08
w_1x_Colony	Coefficient P值	−0. 0096 0. 36	0. 00506 0. 60	0. 0116 * 0. 09	−0. 00462 0. 71
Constant	Coefficient P值	0. 164 * 0. 05	0. 242 *** 0. 00	0. 821 *** 0. 00	0. 327 ** 0. 02
样本国家数		116	116	116	116
R^2		0. 4101	0. 5099	0. 5890	0. 4959
Log likelihood		−47. 384	−15. 695	−135. 193	−74. 484
空间杜宾模型检验	$LR_{\rho=0}$	19. 296	22. 896	37. 085	15. 458
	$LR_{\lambda_1+\lambda_2}=0$	213. 641	310. 937	111. 098	154. 228

空间杜宾模型的回归结果再次验证了城市化对于制度的发展具有正向促进作用的假说。此外，领土接壤国的城市化水平提高对于本国的制度建设同样具有正向促进作用。分析这一促进作用的产生途径，领土接壤国自身的城市化水平提高无疑对于其自身的制度发展水平具有正向促进作用，进而通过制度的空间溢出影响本国的制度发展，因此表现为正向促进作用。同时，通过类似途径，与本国领土接壤国家城市化发展与经济水平提高对于本国制度水平提升也会产生推动作用。

国家人力资本水平提升不仅显著促进本国制度水平，同时对于其邻国制度发展也产生正向促进作用。具体而言，国家人力资本水平提升对于国家制度发展的多个方面均具有显著的促进。人力资本这一作用与制度的隐性知识特征密切相关。领土相邻国家间人员往来频繁，伴随着地区区域经济一体化的进一步发展，相邻国家间有更多的贸易往来，经济发展水平较高的国家也会率先选择在邻近国家进行对外直接投资。这些活动伴随着高质量人才的流动，从而促进邻国的制度发展。

国家贸易开放度提升对制度建设也具有类似的作用。国家贸易开放度较易于从国家政策层面加以体现，在相邻国家间具有高度的可视性；同时，相似制度设计也更易于被相邻国家模仿，一般表现为一国贸易开放度的提升会刺激其相邻国家选择更为开放的贸易政策等，从而对邻国制度建设产生促进作用。

历史因素对于制度发展的影响存在空间溢出。我们发现，转型经济体国家作为苏联制度的历史产物，其自身制度建设受到这一历史因素的显著负面影响，制度发展较为滞后的同时，转型国家对其相邻国家的制度具有负面影响。转型经济体国家虽然较为邻近，但是其与非转型经济体国家也广泛接壤。东欧国家大多数属于转型经济体国家，同时他们又与其他欧洲国家紧密相邻，正是这种广泛存在的地理邻近带来了转型经济体国家对与其领土相邻国家制度存在显著的负向影响。前殖民地国家受到曾经作为西方国家殖民地这一历史事件的影响，制度发展水平较高。这与殖民地时期民主思想、政体结构、法制等逐步完善具有密切关系。但是，这一历史事件对其相邻国家的影响有限。这进一步证明历史因素对于国家制度存在影响的同时，这种影响可能伴随时间逐渐减弱。

综合此前分析，城市化发展、国家人力资本积累、国家区域因素对制度建设均有影响。但是作用途径、方向以及作用的显著性并不相同。这种差异充分说明，影响制度发展的各种异质性因素对制度发展的作用途径不尽相同

六、不同空间相关国家的制度溢出效果考察

相互接壤是当前对政治经济现象空间相关性问题研究中最为常用的相关国家的定义。但事实上对相关国家的定义仅仅只考虑是否接壤是片面的。国家间政治经济问题的空间相关不仅体现在接壤国家间相互影响，更与日益密切的国家间政治经济往来带来的空间效应有关。正是因为这样的作用途径存在，许多领土并不接壤的国家间却存在显著的政治经济的空间相关性，例如横跨亚欧大陆的俄罗斯与西欧诸国，与美国等存在的密切联系即通过政治经济接近发生传递。因此，我们认为，有必要引入新的国家间距离测算方式，

以此为基础从更多角度考察国家间的制度空间溢出问题。

具体研究中，本文选取了除简单相邻（即国家领土相互接壤）外其余五种方式，[①] 分别从人口、政治中心、经济、国际直接投资、文化的紧密程度方面测度国家间的距离，并以此为基础构建相应的空间权重矩阵考察国家间制度的空间关联与溢出。本文接下来使用全球116个国家2005～2013年政治稳定程度（PS）、言论自由与政府责任（VA）、政府效能（GE）以及法制水平（RL）反映的国家制度建设水平为研究对象，对基于不同空间权重矩阵的研究结果进行具体分析。

（一）基于人口空间相关视角的研究

我们定义两国之间的城市人口距离并以此为基础定义空间距离权重矩阵 W_2 如式（5）。首先我们检验在人口距离接近的国家间制度是否存在空间集聚现象，具体检验结果如表8所示。

表8　　　　人口空间相关国家制度空间集聚效应的检验

统计量		PS	VA	GE	RL
GLOBAL Moran MI	Value	-0.035***	-0.062***	-0.0143***	-0.0115***
GLOBAL Geary GC	Value	0.986***	0.998***	1.015***	1.014***
GLOBAL Getis-Ords	Value	2.44e+04***	4.49e+03***	9.99e+04***	8.02e+04***

表8结果表明人口距离接近的相邻国家制度发展水平存在显著的空间集聚效应。值得注意的是，全局Moran值（GLOBAL Moran MI）显著为负表明在城市人口距离接近的国家间存在异常的制度空间集聚，制度水平表现为高制度水平国家为低制度水平国家包围的高低集聚，或恰好相反的低制度水平国家被高制度水平国家包围的低高集聚。为了进一步分析制度集聚的具体特征，本文测算并绘制了局部Moran散点图，如图2所示。[②]

图2表明，空间集聚主要出现在第二象限，呈现出低高集聚为主的特征，同时表8中的Getis-Ords值显著为正，也说明了区域单位周围制度集聚以高水平集聚为主。这表明在以城市人口距离考察的相邻国家中出现制度水平较低的国家被制度水平较高的国家包围的低高集聚现象。

① 城市群距离测算方法下包含两种距离测度，因此五种方式共六种距离。

② 本文仅展示了全球言论自由与政府责任（VA）的空间聚集度图，政治稳定程度（PS），政府治理效能（GE）以及法制水平（RL）的情况相类似，不具体展示。

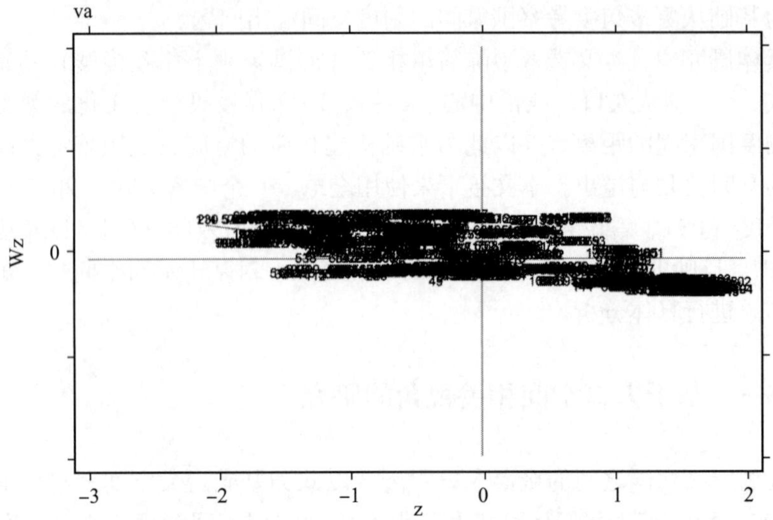

图 2　人口距离接近的国家间言论自由与政府责任（VA）的空间集聚度（2008 年）

进一步考察制度出现低高集聚特征情况下人口距离接近国家之间的制度空间溢出情况。与基于 W_1 的研究相类似，经过相关检验①我们选择式（2）、式（3）定义的模型进行研究。部分回归结果如表 9 所示。②

表 9　人口空间相关国家间制度空间溢出效应检验

		PS	VA	GE	RL
空间滞后（λ）	Coefficient	－3.29e－09***	－6.01e－09***	－2.70e－09***	－1.04e－09***
	P 值	0.00	0.00	0.00	0.00
空间误差（ρ）	Coefficient	－2.79e－08	4.16e－08	－1.72e－07**	－1.23e－07***
	P 值	0.19	0.60	0.02	0.00
样本国家数		116	116	116	116
R^2		0.4193	0.5221	0.5730	0.4820
Log likelihood		－54.065	－24.704	－138.003	－78.494
空间滞后模型检验	$LR_{\lambda=0}$	42.083	119.262	64.088	82.902
	$LR_{\rho=0}$	32.016	15.553	20.152	67.006
	$LR_{\lambda+\rho=0}$	72.398	126.661	105.936	185.962

① 此处检验即基于 OLS 回归残差项的 LM 检验以及稳健性 LM 检验。由于篇幅限制具体检验结果省略，如有需要，可联系作者索要。

② 检验中也对异质性因素即控制变量进行了相关考察。本部分主要研究制度的空间溢出，因此省略关于控制变量的回归结果。后文的表 11、表 14、表 15、表 17、表 20、表 21、表 23 也只列示部分回归结果，如有需要，可联系作者索要。

人口空间相关的国家之间存在制度建设的负向溢出效应。本文针对四个不同侧面的制度水平的考察结果均表明，在1%的显著性水平下，国家间人口空间相关度高的国家间存在制度的空间溢出，高制度水平国家对被包围的低制度水平国家的制度发展有显著负向作用。

人口距离接近的国家间制度水平呈现明显的低高集聚特征，制度水平较高的国家对于被其包围的低制度发展水平国家制度建设存在一定程度的空吸效应，这是产生制度负向溢出的原因。资源空吸现象的产生主要与两个方面的因素有关。一方面是因为较高的制度发展水平对制度建设所需的资源如人力资本或是可以带来资源的活动如外商直接投资等具有更大的吸引力，造成这些资源远离制度建设水平较低的国家，削弱其优化制度的努力从而产生了空吸现象。更重要的是这与制度发展水平不同国家间城市化类型不尽相同紧密相关。城市化的初级阶段，人口在某地的集聚可能由于政府政策的鼓励，自然资源的吸引等，城市人口稠密可以认为是简单的人口集聚，此时虽然出现人口集聚，但总体人力资本水平以及地区经济发展水平不高，制度水平较低。而当一个地区的经济水平有一定发展后往往会形成拥有高技术，知识等的人力资本水平较高的人口集聚，形成较为成熟城市化，制度发展也较好。成熟的城市化对政治经济资源的吸引力更大，因此在这种制度发展水平呈现低高集聚的邻近国家间，中心国家制度建设的相关资源会因为邻国拥有较多的高质量人力资本集聚产生的吸引力而被周围国家吸引，产生制度资源的空吸，进而对中心国的制度建设产生一定的削弱效果。

（二）基于政治中心空间相关视角的分析

本文定义国家之间的政治中心空间相关距离即国家间首都距离，在此基础上定义反距离空间权重矩阵 W_3 如式（8）。首先检验政治中心空间相关国家间制度是否存在空间集聚，具体检验结果如表10所示。

表10　　政治中心空间相关国家制度空间集聚效应检验

统计量		PS	VA	GE	RL
GLOBAL Moran MI	Value	−0.103***	−0.162***	−0.146***	−0.114***
GLOBAL Geary GC	Value	0.977***	0.997***	1.014***	1.020*
GLOBAL Getis − Ords	Value	2.31e+04***	4 422.306***	1.04e+05***	8.11e+04***

进一步测算局部空间 Moran 值并绘制散点图。经过检验分析后发现，与基于国家间人口距离检验结果类似，政治中心距离接近的国家间制度存在显著地低高集聚，即制度发展水平较低的国家往往被制度发展水平较高的国家

包围。

选用与此前一致的由式（2）、式（3）定义的同时包含空间滞后与空间误差项的模型，[①] 进一步考察制度的空间溢出效果，结果如表11所示。

表11　　　　政治中心空间相关国家间制度溢出检验

		PS	VA	GE	RL
空间滞后（λ）	Coefficient P值	−2.12e−09*** 0.00	−5.80e−09*** 0.00	−2.33e−09*** 0.00	−1.03e−09*** 0.05
空间误差（ρ）	Coefficient P值	−2.37e−08* 0.08	4.16e−08 0.16	−1.70e−07** 0.02	−1.24e−07** 0.01
样本国家数		116	116	116	116
R^2		0.4207	0.5220	0.5727	0.4819
Log likelihood		−54.072	−24.721	−138.062	−78.459
空间滞后模型检验	$LR_{\lambda=0}$	37.059	139.267	62.135	74.929
	$LR_{\rho=0}$	16.065	7.321	6.112	23.059
	$LR_{\lambda+\rho=0}$	74.391	116.293	52.822	128.035

观察表11可知，此时高制度发展水平国家对于制度发展水平较低国家的制度建设存在显著的负面影响。但与人口距离接近国家间周围国家对中心国家制度发展存在负面影响的产生原因不同，政治中心接近国家间制度空间溢出的主要途径是政府间的相互竞争和国家间的政策模仿。政治中心距离越近，国家之间的政策可见度和可测度增加。被包围的中心制度发展水平较低的国家更易受到周围高制度发展水平国家的政策影响，更容易模仿政治中心空间相关国家的政策，却也更容易忽略国家之间经济、文化、现有制度发展水平等其他重要因素的差异。这样的盲目模仿对低制度国家的制度建设会产生负面的影响。

（三）基于基本城市群与经济城市群空间相关视角的分析

式（10）定义基于国家基本城市群距离的空间权重矩阵 W_4，式（11）定义基于国家经济城市群距离的空间权重矩阵 W_5，基于上述定义，考察在国家城市群距离接近条件下制度是否存在空间集聚现象，具体的检验结果如表12（对应空间权重矩阵 W_4）、表13（对应空间权重矩阵 W_5）所示。

① 基于 W_3，W_4，W_5，W_6，W_7 及 W_8 的相关研究在模型选择时同样进行了相应的LM及稳健LM检验，具体检验过程及结果不再具体列示，如有需要，可联系作者索要。

表 12　　城市群空间相关国家制度空间集聚效应检验

统计量		PS	VA	GE	RL
GLOBAL Moran MI	Value	-0.136***	-0.157***	-0.142***	-0.113***
GLOBAL Geary GC	Value	1.173***	1.19***	1.017**	1.012*
GLOBAL Getis - Ords	Value	2.50e+04***	4 556.943***	1.02e+05***	7.95e+04***

表 13　　经济城市群空间相关国家制度空间集聚效应检验

统计量		PS	VA	GE	RL
GLOBAL Moran MI	Value	-0.135***	-0.142***	-0.134***	0.127***
GLOBAL Geary GC	Value	1.07***	1.23***	1.016***	1.019***
GLOBAL Getis - Ords	Value	2.47e+04***	4 864.089***	1.00e+05***	7.90e+04***

观察表 12、表 13 所示检验结果可知，以国家城市群距离接近定义的邻近国家间制度存在显著的集聚现象。我们进一步计算对应的局部 Moran 值并绘制相应散点图，结果表明与人口距离以及政治中心距离接近定义下的邻近国家间制度的空间集聚情况一致，此时相邻国家间的制度集聚同样表现为典型的低高集聚，低制度发展水平国家被高制度发展水平国家包围。

分别以空间权重矩阵 W_4，W_5 为基础，运用式（2）、式（3）定义的模型，我们进一步分别考察不同城市群距离定义下相邻国家间的制度溢出情况，检验结果如表 14（对应空间权重矩阵 W_4）、表 15（对应空间权重矩阵 W_5）所示。

表 14　　城市群空间相关国家间制度溢出检验

		PS	VA	GE	RL
空间滞后（λ）	Coefficient P 值	-3.51e-09** 0.01	-5.98e-09** 0.01	-1.96e-09*** 0.00	-9.24e-09*** 0.09
空间误差（ρ）	Coefficient P 值	-2.85e-08** 0.03	4.08e-08 0.46	-1.71e-07* 0.04	-1.20e-07* 0.08
样本国家数		116	116	116	116
R^2		0.4190	0.5224	0.5723	0.4823
Log likelihood		-54.062	-24.709	-138.078	-78.612
空间滞后模型检验	$LR_{\lambda=0}$	47.182	102.252	37.146	124.181
	$LR_{\rho=0}$	18.863	5.549	20.778	230.941
	$LR_{\lambda+\rho=0}$	55.402	137.648	89.793	217.718

表 15　　经济城市群空间相关国家间制度溢出检验

		PS	VA	GE	RL
空间滞后（λ）	Coefficient P 值	-3.04e-09** 0.01	-6.03e-09** 0.01	-2.08e-09*** 0.00	-1.16e-09* 0.09
空间误差（ρ）	Coefficient P 值	-2.65e-08* 0.07	4.15e-08 0.43	-1.68e-07** 0.04	-1.18e-07** 0.03
样本国家数		116	116	116	116
R^2		0.4196	0.5222	0.5728	0.4827
Log likelihood		-54.067	-24.706	-138.113	-78.634
空间滞后模型检验	$LR_{\lambda=0}$	34.756	114.261	44.035	132.743
	$LR_{\rho=0}$	20.133	8.558	28.091	216.073
	$LR_{\lambda+\rho=0}$	62.396	70.656	67.715	196.676

观察表 14、表 15 可知，基本城市群距离接近的国家同经济城市群距离接近的国家的制度空间溢出效应基本相同。这说明城市群距离接近的国家间，一国城市群的发展不仅对本国同时对邻国的制度发展也有影响，而这种影响的作用途径更可能是通过促使邻近国家积极模仿政策以鼓励经济集聚进一步发展，进而产生制度的空间溢出。因此，基本城市群距离接近与经济城市群接近的国家间的制度空间溢出作用相近。

回归结果同时说明，高制度发展水平国家对低制度发展水平国家的制度建设存在显著的负向作用。这种以空间集聚接近定义的邻近国家之间的制度空间负向溢出产生原因与相邻国家间的城市化发展水平差异有关。不同发展水平的城市化对于制度建设的促进作用大小不同。发展水平较高的城市化更能促进制度优化，对于与制度建设相关的资源的吸引力更大，从而造成了城市群距离接近的国家间出现高制度水平国家制度建设对于低制度发展水平国家相应制度建设资源的更大吸引力，最终导致了制度建设的负向溢出效应。

具体考察对制度发展不同方面的影响。对言论自由与政府责任（VA）的负面影响较大。这与城市化推进中，一些经济落后的国家（地区）城市化进程依赖于政府主导有关。这一类型的城市化虽然带来了落后国家地区城市化的发展，缩短了其与发达国家城市群间距离，但是也进一步导致了以城市群距离为基础的国家间制度非同类集聚现象（高低、低高集聚）显著。言论自由等民主相关的制度资源进一步逆向流入高水平地区，表现出言论自由等受到逆向溢出影响显著。

（四）基于国际直接投资空间相关视角的分析

国际间资本流动是经济全球化的重要方面。伴随着国家资本市场的开放，国家间以对外直接投资（FDI）为主的跨国资本流动进一步增加。有理由认为，国家间密切的 FDI 往来将会带来制度的国家间相互影响。因此，本文在定义以国家双边 FDI 流量为基础的直接投资距离（见式（12））的基础上，尝试性考察直接投资空间相关国家间制度的相互影响。①

表 16　国际直接投资空间相关国家制度空间集聚效应检验

统计量		PS	VA	GE	RL
GLOBAL Moran MI	Value	-0.145*	-0.132***	-0.158***	-0.129*
GLOBAL Geary GC	Value	1.011**	1.008*	1.014**	1.105***
GLOBAL Getis - Ords	Value	1.421***	1.531***	1.962***	1.976***

观察表 16 可以发现，从 FDI 角度衡量的国际直接投资距离相关国家间制度存在显著的空间聚集效应，并且也表现为低高聚集，即高制度发展水平国家包围低制度水平国家。

表 17　国际直接投资空间相关国家间制度空间溢出效应检验

		PS	VA	GE	RL
空间滞后（λ）	Coefficient P 值	-4.08e-03** 0.04	-3.85e-03** 0.02	-3.43e-03** 0.03	-2.25e-03** 0.04
空间误差（ρ）	Coefficient P 值	5.09e-04 0.52	-8.74e-04* 0.07	-4.86e-03** 0.03	-2.98e-03** 0.01
样本国家数		21	21	21	21
R^2		0.5315	0.5178	0.7073	0.4821
Log likelihood		-2.405	-5.641	-66.584	-60.444

① 本视角的分析在国内仍属空白，由于国家间双边 FDI 流量数据可得性的限制，因此本节金融空间相关国家样本包含国家 21 个。具体国家名称如下：阿根廷（Argentina），澳大利亚（Australia），比利时（Belgium），巴西（Brazil），埃及（Egypt），法国（France），德国（Germany），日本（Japan），墨西哥（Mexico），智利（Chile），新西兰（New Zealand），荷兰（Netherlands），挪威（Norway），西班牙（Spain），瑞典（Sweden），瑞士（Switzerland），英国（United Kingdom），美国（USA），葡萄牙（Portugal），拉脱维亚（Latvia），意大利（Italy），土耳其（Turkey）。

续表

		PS	VA	GE	RL
空间滞后模型检验	$LR_{\lambda=0}$	23.268	72.164	60.316	77.366
	$LR_{\rho=0}$	11.651	9.638	22.836	104.681
	$LR_{\lambda+\rho=0}$	20.772	43.363	51.021	50.454

表17的回归结果表明，国际直接投资距离接近的国家间同样存在显著的高制度国家对低制度国家的空吸效应。跨国公司既是FDI的重要载体，同时也是经济全球化发展的主要形式。近年来发展中国家已经成为跨国公司最为重要的东道国市场，发展中国家吸收的FDI总量已经超过发达国家。以FDI为载体衡量的相关国家间制度呈现低高聚集的特征在一定程度上表明，FDI缩短了发达国家同发展中国家的距离，带来了制度在不同经济发展水平国家间的溢出。但是这种溢出表现为负向效应。一方面，发展中国家间为了吸引更多的发达国家对外直接投资，存在政策竞次的可能，进而对制度发展产生负向影响。一些发达国家夕阳产业，高能耗、高污染企业的跨国直接投资，对劳工制度等东道国具体的政策的正向溢出有限；而这样的企业生产外移有助于发达国家国内环境标准，劳工制度，环境规制等完善，间接的形成国际直接投资距离接近国家间高制度水平国家对低制度水平国家的制度负向影响。同时，经济发展较为落后的国家，FDI进入要求国家金融市场乃至经济进一步开放，有可能增加国家经济发展的脆弱性，甚至成为发达国家金融动荡乃至危机的承接者，增加经济波动引发制度波动的可能性上升。

（五）基于文化空间相关视角的分析

国家文化是一国具有软性约束的非正式制度的重要组成，对一国制度设计、发展具有重要影响。具有相似文化背景的国家制度相互适应性更强，制度模仿更易于发生。同时文化接近也降低了国家间贸易、投资等经济活动的成本，便利了经济往来。双方较为密切的经济往来同样为制度在这类国家间的溢出提供了渠道。因此，继上一部分对国际直接投资空间相关国家间制度溢出的考察后，本部分我们将探讨文化空间相关国家间的制度溢出。①

① 采用GLOBE项目设计国家文化距离并进行考察的研究在国内鲜见。本文研究中GLOBE数据来自贾维丹等人（Javidan et al.，2006），最终匹配后样本内包含国家24个。具体为：阿根廷（Argentina），玻利维亚（Bolivia），巴西（Brazil），加拿大（Canada），中国（China），哥伦比亚（Colombia），哥斯达黎加（Costa Rico），厄瓜多尔（Ecuador），埃及（Egypt），西班牙（Spain），法国（France），英国（United Kingdom），危地马拉（Guatemala），爱尔兰（Ireland），以色列（Israel），意大利（Italy），科威特（Kuwait），墨西哥（Mexico），葡萄牙（Portugal），萨尔瓦多（El Salvador），土耳其（Turkey），美国（USA），委内瑞拉（Venezuela），南非（South Africa）。

式（12）和式（13）是分别基于权力距离（PD）和公共集体主义（SC）两个国家文化特征指标定义的国家间文化距离 1（$discul^1$）和文化距离 2（$discul^2$）。进一步基于这两个国家间文化距离设计了空间权重矩阵 W_7 和 W_8。基于上述定义的文化距离和相关权重矩阵，我们首先考察国家文化距离接近的条件下，国家间制度的空间关联与溢出情况。具体对国家制度空间集聚效应的检验见表 18（对应空间权重矩阵 W_7）和表 19（W_8）。

表 18　文化空间相关国家制度空间集聚效应检验（权力距离角度文化）

统计量		PS	VA	GE	RL
GLOBAL Moran MI	Value	0.099***	0.063***	0.060***	0.093***
GLOBAL Geary GC	Value	1.013***	1.021***	1.002***	0.972***
GLOBAL Getis - Ords	Value	-1.875***	-1.556***	-1.528***	-1.423***

表 19　文化空间相关国家制度空间集聚效应检验（公共集体主义角度）

统计量		PS	VA	GE	RL
GLOBAL Moran MI	Value	0.087***	0.061***	0.057***	0.082***
GLOBAL Geary GC	Value	0.972***	0.997***	1.004***	0.992***
GLOBAL Getis - Ords	Value	-1.885***	-1.541***	-1.512***	-1.118***

观察表 18、表 19 所示检验结果，以文化距离考察的空间相关国家间制度存在显著的集聚现象。进一步我们发现文化空间相关与地理相邻定义的相关国家间制度聚集情况一致，表现为同类集聚。这意味着文化相关国家间制度主要以高高（HH）集聚和低低（LL）集聚为主。这种不同于政治中心、人口、城市群和直接投资相关国家间的制度集聚特征与文化本身的特点有关。如前文所述，文化作为一种具有非强制约束力的软性制度，对国家制度设计及发展具有重要影响。文化相近的国家间制度更容易在发展中趋于相似，故文化相关国家间的制度集聚表现出同类集聚的特征。另一方面，文化本身与地理具有密切关联。文化历经漫长的历史，不断融合发展，最终形成我们现今的文化特征。在这漫长的发展时期，相邻国家间具有一衣带水的特征，在科技交通便利性较低的时期，也能够有较为密切的往来。这种自古开始的交流无疑促进了彼此间文化的互相影响，东亚文化圈或称儒家文化圈即是这样的例子。因此，文化空间相关国家与地理空间相关国家具有一定的重合，两类相关国家的制度集聚特征因此也会有所相似。

基于空间权重矩阵 W_7、W_8 并运用式（2）、式（3）定义的模型，我们对两类文化距离定义下的相关国家间制度溢出情况进行系统考察。具体研究结果见表20（权力距离文化相关国家）和表21（公共集体主义文化相关国家）。

表20　文化空间相关国家间制度空间溢出效应检验（权力距离）

		PS	VA	GE	RL
空间滞后（λ）	Coefficient P值	4.53e-03 ** 0.02	3.17e-03 *** 0.00	9.68e-03 *** 0.00	2.82e-03 *** 0.00
空间误差（ρ）	Coefficient P值	-1.85e-03 * 0.06	-2.96e-03 0.24	-2.57e-03 ** 0.03	-1.86e-04 ** 0.02
样本国家数		24	24	24	24
R^2		0.4174	0.4219	0.6043	0.6065
Log likelihood		-15.315	-21.656	-83.897	-71.071
空间滞后模型检验	$LR_{\lambda=0}$	21.083	38.822	40.457	29.146
	$LR_{\rho=0}$	18.991	17.241	20.702	21.195
	$LR_{\lambda+\rho=0}$	25.564	12.771	31.045	28.322

表21　文化空间相关国家制度空间溢出效应检验（公共集体主义）

		PS	VA	GE	RL
空间滞后（λ）	Coefficient P值	5.68e-03 ** 0.03	2.94e-03 *** 0.00	9.49e-03 *** 0.00	3.79e-03 *** 0.00
空间误差（ρ）	Coefficient P值	-4.12e-03 * 0.08	-1.15e-03 0.11	-2.36e-03 ** 0.04	-1.72e-04 ** 0.03
样本国家数		24	24	24	24
R^2		0.4281	0.4103	0.6148	0.5930
Log likelihood		-16.254	-22.107	-81.925	-70.958
空间滞后模型检验	$LR_{\lambda=0}$	29.329	31.091	39.041	24.031
	$LR_{\rho=0}$	14.315	19.085	16.662	20.133
	$LR_{\lambda+\rho=0}$	22.409	18.352	36.184	29.498

表20、表21的回归从权力距离和公共集体主义两个角度考察文化空间相关国家间的制度溢出。研究结果表明这类国家间存在显著的制度空间溢出，并且这种空间溢出在制度建设的4个不同方面均显著。

结果表明国家间文化距离越接近，两国间的制度溢出也越显著，虽然文化作为一个较为复杂的体系，内容多样，不同方面的侧重点不同，但是文化对制度特别是制度扩散的影响在其不同侧面的表现相近。通过制度的模仿、改进、交流等多种渠道，文化相关国家间制度溢出显著。对制度不同方面溢出的影响也较为接近。具体观察表20、表21可以看出，虽然文化距离1注重考察团体中威权的存在与否，而文化距离2则侧重考察文化的包容性，但是二者接近的国家间均是政府效能（GE）的溢出最为明显。这两种文化距离侧重均较注重从群体中个人的角度考察文化特征。因此这两类距离度量的邻近国家间，关于个人感受，执行效率这一制度建设方面的溢出最为明显。文化越接近国家间制度相互影响越密切，国家间正向的制度溢出越显著。文化距离在国家间制度溢出中作用得到证明。

七、“一带一路”国家制度溢出效应考察

本节关注“一带一路”国家间制度的相互影响。2015年3月，国家发改委、外交部、商务部发布《推动共建丝绸之路经济带和21世纪海上丝绸之路的愿景与行动》，详细剖析了“一带一路”的背景框架和合作机制。在金融危机后，世界经济复苏乏力，发达经济体货币政策走向分化，世界各国的经济发展面临困境，需要新的经济增长点来拉动世界经济；而我国在对内改革和对外开放上都面临新的挑战，为了增强中国在全球经济治理中的话语权，充分利用国际市场，以应对国内经济降速、经济结构调整、出口竞争力下降和内需不足的问题，以及出于能源供给安全方面的考虑，中国提出了“一带一路”倡议。中国提出的“一带一路”经济区域合作，在加强成员间经济合作的同时，成员间良好的制度互动也是保证该合作顺利进行的重要条件。因此，本文从“一带一路”42个成员方间经济城市群距离（式（9）定义）的角度考察其制度互动关系

表22　“一带一路”国家制度空间集聚效应检验（基于经济城市群距离接近）

统计量		PS	VA	GE	RL
GLOBAL Moran MI	Value	0.129 **	0.175 ***	0.162 *	0.133 ***
GLOBAL Geary GC	Value	1.031 **	1.017 **	1.076 **	1.025 **
GLOBAL Getis – Ords	Value	2 996.791 ***	982.789 ***	8 807.221 ***	1 834.553 ***

表22的结果表明，“一带一路”国家间具有紧密的经济关联（经济城市群距离接近）的同时，存在相近制度发展水平国家的显著聚集，即制度发展

表现为高高（GG）或低低（LL）聚集。“一带一路”国家间不仅存在密切的经济往来，同时由于具有深远的历史渊源，相似的发展经历，地理邻近等因素，各国间制度发展水平较为接近。这些国家在今后的合作中基于这种经济制度的双重接近，可以有效地降低开展经济合作的成本，同时可以利用国家间制度的相互溢出，促进国家制度建设共同完善，构建整个区域的制度良性互动。

进一步考察“一带一路”国家间制度的相互影响关系（具体结果见表23）。“一带一路”国家间存在基于经济距离接近的显著的制度相互促进作用，特别是在政治稳定，民主程度以及法制程度方面。这些国家间的基于文化接近、历史相似的良好前提，彼此间经济共同发展的同时，也藉由经济往来促进了国家间制度知识的传播，良好的国家政策特别是经贸政策的传递，带来国家间制度发展的正向溢出。这种制度发展水平的接近与国家间制度的良好互动在基于经济距离接近国家间的全样本考察时并不存在。这说明，“一带一路”国家间的经济合作具有更为显著的制度优势，同时也因为制度间良好互动具有更为充分的合作保障与基于制度共同进步的更为广阔的发展空间。这些都是“一带一路”区域合作发展独特的优势。

表23　“一带一路”国家制度空间溢出效应检验（基于经济城市群距离接近）

		PS	VA	GE	RL
空间滞后（λ）	Coefficient P 值	3.55e−08*** 0.00	1.52e−08* 0.01	2.20e−08 0.31	5.58e−08* 0.09
空间误差（ρ）	Coefficient P 值	6.08e−08 0.52	4.01e−08* 0.07	1.28e−07* 0.07	−6.13e−08 0.12
样本国家数		42	42	42	42
R^2		0.2374	0.4084	0.3211	0.5223
Log likelihood		28.251	25.482	10.769	45.375
空间滞后模型检验	$LR_{\lambda=0}$	52.016	107.081	58.076	117.012
	$LR_{\rho=0}$	18.018	13.075	33.754	232.677
	$LR_{\lambda+\rho=0}$	55.322	64.524	77.079	78.613

当前，“一带一路”建设已取得初步成效。中国不仅倡导建立了包括中国—东盟海上合作基金、亚洲基础设施投资银行（AIIB）和丝路基金等在内的基础设施建设基金，还顺利推进了大湄公河次区域“交通走廊”的建设。中国与周边国家的互联互通建设以及共同开展海上安全合作方面均取得了早

期收获，此外通过政策沟通和协调推进了双边和多边的贸易自由化和投资便利化。然而，由于中国经济发展的不平衡和周边国家发展水平的相对滞后，以及我国在海外投资规则与机制、争端解决能力和国际化人才培训等相关制度与具体措施方面还有待完善，“一带一路”建设也面临着诸多挑战。“一带一路”国家间存在的制度正向溢出作用，是未来继续推进“一带一路”发展的有效着力点。依托于该区域内各国间日益密切的经贸往来、经济合作等，各国间不仅可以将现有实践较为成功的制度建设经验进行传播，更能够以互利共赢为基础，共同设计打造适合区域内各方的制度安排，进一步深化“一带一路”国家的制度建设、经济发展与互利合作。

八、内生性问题的处理

此前我们的研究中使用最大似然法（ML）对同时包含空间自回归（空间滞后）与空间误差项的综合模型进行考察。针对这一综合模型最大似然法估计的结果有效（Kelejian et al.，2013）。本节我们参考尹恒和徐琰超（2011）、朱虹等（2012）、朱翠华和武力超（2013）的研究，使用广义空间两阶段最小二乘法对回归模型进行进一步的估计，以避免内生性对回归结果产生的影响，保证回归结果的稳健。

广义空间两阶段最小二乘法（generalized spatial two-stage least square），简记为GS2SLS。基于前文式（2）、式（3）建立的综合模型，运用假设如式（20）。

$$(I-\lambda W)^{-1}=I+\lambda W+\lambda^2W^2+\cdots \tag{20}$$

我们可以将因变量向量的均值表达为式（21）。

$$E[Y_t]=(I-\lambda W)^{-1}[X_t\beta_1+H\beta_2]=(I+\lambda W+\lambda^2W^2+\cdots)[X_t\beta_1+H\beta_2] \tag{21}$$

空间滞后变量 WY_t 的均值如式（22）。

$$E[WY_t]=W(I+\lambda W+\lambda^2W^2+\cdots)[X_t\beta_1+H\beta_2] \tag{22}$$

因此，在GS2SLS方法的估计中，使用 X_t、H、WX_t 等作为工具变量，对式（2）、式（3）的模型进行估计，这一方法不需要对模型的误差项进行正态或其他分布的假定，就能够得到一致有效的估计量。具体运用GS2SLS对模型进行估计时，包括以下三个步骤。第一步，找到Y的工具变量集合，对式（2）进行无截距项的两阶段最小二乘回归，得到残差；第二步，利用上一步得到的残差进行广义矩估计，得到空间误差项系数的估计值，考虑卡莱吉恩和普拉查（Kelejian & Prucha，1999）的建议，本文选择采用非线性联立方程组估计方法；第三步，对原方程做Cochrane－Orcutt变换，然后进行两阶段最小二乘估计。

我们运用广义空间两阶段最小二乘法对基于空间相邻矩阵构建的模型进行稳健性检验。具体的回归结果如表 24 所示。

表 24　　领土接壤国家间制度空间溢出效应检验[①]（GS2SLS）

		PS	VA	GE	RL
空间滞后（λ）	Coefficient P 值	0.00362 *** 0.00	0.00504 *** 0.00	0.00267 *** 0.00	0.0012 *** 0.00
空间误差（ρ）	Coefficient P 值	-0.0014 *** 0.01	-0.0050 ** 0.02	-0.0033 *** 0.00	-0.0021 ** 0.03
样本国家数		116	116	116	116
R^2		0.5283	0.6479	0.7130	0.6983
Log likelihood		-78.838	-62.112	-92.823	-86.652
Sargan Test	P 值	0.772	0.314	0.358	0.408

对比表 24 与表 4 的回归结果可以发现，两种方法的估计结果中，领土接壤国家间制度空间溢出效应均显著存在。采用空间两阶段最小二乘法与极大似然法的估计结果在统计显著性方面的表现基本一致，而具体各系数的经济显著性方面也基本保持一致，调整的 R^2 有所增加。这表明本文的回归结果在控制了可能存在的内生性问题之后仍然是稳健的。针对工具变量的选择，本文采用 Sargan 检验进行合理性检验，检验结果表明本节选取的工具变量是合适的。

九、结　论

全球制度发展的不平衡性不容小觑。制度发展不平衡，国家间制度水平的相互作用是本文关注的主要方面。本文使用世界范围内国家样本数据，运用同时考虑空间滞后与空间误差的综合模型，研究了全球 116 个国家间制度的空间关联与溢出问题。本文同时考察了以城市化，经济发展水平，区域变量等为代表的国家异质性因素与制度空间溢出的关系。

本文研究表明，空间相关国家间存在制度集聚与制度溢出现象。不同维度空间相关国家间制度集聚与溢出特征不同。领土相互接壤国家间制度水平

① 使用广义空间两阶段最小二乘法对其他形式空间相关国家间制度空间溢出效应的检验结果，如有需要可以联系作者索要。

接近，制度发展相互促进；在其他类型（人口、政治中心、经济、国际直接投资）空间相关国家间，制度水平呈现非同类集聚，中心低制度发展水平国家因制度资源的空吸现象存在，国家制度发展可能受损。

城市化对于国家制度建设存在显著的正向作用。新兴工业化国家城市化水平较低是国家制度水平较经济发展滞后的重要原因。地理、历史原因引致的国家制度发展不均衡首先表现为区域性制度水平趋同。对于地处西欧、东亚等地区的国家间对比研究证明了这一点。同时，历史事件对于国家制度的影响通过转型经济体国家以及前殖民地国家的样本得到证明。本文研究表明不同空间相关国家的异质性因素对国家间制度空间溢出的作用不同。

本文研究结论对于构建新的国际经济秩序，各国进行制度创新与选择具有一定的启示。首先，为了逐步改善国家制度发展失衡的局面，高制度发展水平的国家（主要是发达国家）应该积极对被其环绕的低制度发展水平国家给予帮助，如果低制度水平国家的制度水平始终得不到改善甚至恶化，通过制度的多渠道空间溢出，将对相关发达国家乃至全球制度发展带来不利影响。其次，各国在发展经济改善制度水平时，应该积极鼓励城市群发展，促进经济空间集聚的发展。空间集聚不但能有效促进国家经济发展（刘修岩，2014），对于国家制度改善也具有重要意义。进一步，各国的制度发展虽然会受到相关国家的制度空间溢出影响，但是不能忽略国家层面异质性因素的重要作用，一方面这些因素自身的发展可以促进国家制度水平的改善，同时，制度的空间溢出也会通过这些因素传播，因此各国应该注重自身异质性因素的完善。最后，考虑到地理区域对于制度发展的影响，处于低制度发展水平的国家间应该加强区域政策协调，不仅要从国家层面改善制度水平，更要从整个区域层面进行协调发展，这样才能促进国家制度水平实现有效提升。

在具体的制度建设方面，应该注重某些国家异质性因素对于制度影响的负面效应，如本文考察的宗教因素，此因素对于相邻国家制度建设存在负向溢出，这在一定程度上解释了伊斯兰教国家衍生的恐怖主义对于其周边国家制度破坏性影响继而又在区域乃至全球范围内的制度破坏的蔓延，需寻求全球合作的解决方案。此外在开展区域合作的时候，国家间应考虑从经济制度层面同时考察与区域合作成员间的关系，在经济合作的同时改善成员间制度互动效果，避免成员间制度的负向影响乃至可能存在的制度空吸效应。“一带一路”国家间具有紧密的经济关联（经济城市群距离接近），相互间存在相近制度发展水平国家的显著聚集。国家间的经济合作具有更为显著的制度优势，同时也因为制度间良好互动具有更为充足的保障与基于制度共同进步的更为广泛的发展空间。

参考文献

1. 陈得文、苗建军：《空间集聚与区域经济增长内生性研究——基于

1995～2008年中国省域面板数据分析》，载于《数量经济技术经济研究》2010年第9期。

2. 陈涛涛：《影响中国外商直接投资溢出效应的行业特征》，载于《中国社会科学》2010年第4期。

3. 陈媛媛、李坤望、王海宁：《自由贸易区下进、出口贸易效应的影响因素——基于引力模型的跨国数据分析》，载于《世界经济研究》2010年第6期。

4. 符淼：《外商直接投资技术溢出效应的空间计量分析》，载于《国际经贸探索》2009年第4期。

5. 蒋璐、程兆谦、林锟：《儒家文化圈内的文化差异及其对组织间合作的影响研究》，载于《中国软科学》2007年第7期。

6. 李涛、周业安：《中国地方政府间支出竞争研究——基于中国省级面板数据的经验证据》，载于《管理世界》2009年第2期。

7. 刘满凤、唐厚兴：《基于空间Durbin模型的区域知识溢出效应实证研究》，载于《科技进步与对策》2010年第18期。

8. 刘修岩：《空间效率与区域平衡：对中国省级层面集聚效应的检验》，载于《世界经济》2014年第1期。

9. 骆祖春、高波、赵奉军：《土地财政的标尺竞争机制与空间效应分析》，载于《学海》2011年第1卷。

10. 施炳展：《文化认同与国际贸易》，载于《世界经济》2016年第5期。

11. 孙浦阳、武力超、张伯伟：《空间集聚是否总能促进经济增长：不同假定条件下的思考》，载于《世界经济》2011年第10期。

12. 魏浩、王宸：《中国对外贸易空间集聚效应及其影响因素分析》，载于《数量经济技术经济研究》2011年第11期。

13. 文雁兵：《贸易的制度溢出效应与机制研究》，载于《国际经贸探索》2012年第10期。

14. 易行键、杨碧云：《世界各国居民消费率决定因素的经验检验》，载于《世界经济》2015年第1期。

15. 尹恒、徐琰超：《地市级地区间基本建设公共支出的相互影响》，载于《经济研究》2011年第7期。

16. 尹宗成、陈玉淮：《我国省际研发投入溢出效应的实证分析》，载于《华东经济管理》2013年第11期。

17. 余泳泽、宣烨、沈扬扬：《金融集聚对工业效率提升的空间外溢效应》，载于《世界经济》2013年第2期。

18. 朱翠华、武力超：《地方政府财政竞争策略工具的选择：宏观税负还是公共支出》，载于《财贸经济》2013 年第 10 期。

19. 朱虹、徐琰超、尹恒：《空吸抑或反哺：北京和上海的经济辐射模式比较》，载于《世界经济》2012 年第 1 期。

20. Abreu, M., De Groot, H. L. and Florax, R. J. "Space and growth." *Tinbergen Institute discussion paper* No. 04 – 129/3, 2004.

21. Acemoglu, Daron, Simon Johnson and James A. Robinson. "The Colonial Origins of Comparative Development: An Empirical Investigation," *The American Economic Review*, 2001, 91, pp. 1369 – 1401.

22. Acemoglu, D. and Robinson, J. A. Economic Origins of Dictatorship and Democracy. *Cambridge University Press*, 2005.

23. Acemoglu, D. and Robinson, J. A. "De Facto Political Power and Institutional Persistence." *The American Economic Review*, 2006, pp. 325 – 330.

24. Alesina, A. and Perotti, R. "Income Distribution, Political Instability, and Investment." *European Economic Review*, 1996, 40 (6), pp. 1203 – 1228.

25. Alesina. A, et al. "Fractionalization" *Journal of Economic Growth*, 2003, 8 (2), pp. 155 – 194.

26. Alfaro, L., Chanda, A., Ozcan, S. K. and Sayek, S. "FDI and Economic Growth: The Role of Local Financial Markets". *Journal of International Economics*, 2004, 64 (1), pp. 89 – 112.

27. Alfaro, L., Chanda, A., Ozcan, S. K. and Sayek, S. "Does Foreign Direct Investment Promote Growth? Exploring the Role of Financial Markets on Linkages". *Journal of Development Economics*, 2010, 91 (2), pp. 242 – 256.

28. Anselin, L. *Spatial Econometrics: Methods and Models.* Springer, 1988.

29. Axelrod, R. "The Dissemination of Culture a Model with Local Convergence and Global Polarization." *Journal of Conflict Resolution*, 1997, 41 (2), pp. 203 – 226.

30. Aydogan, N. and Lyon, T. P. "Spatial Proximity and Complementarities in the Trading of Tacit Knowledge." *International Journal of Industrial Organization*, 2004, 22 (8), pp. 1115 – 1135.

31. Ayyagari, M.; Beck, T. and Demirguc – Kunt, A. "Small and Medium Enterprises Across the Globe." *Small Business Economics*, 2007, 29 (4), pp. 415 – 434.

32. Bayoumi, T., G. Fazio, M. Kumar and R. MacDonald, "Fatal Attraction: Using Distance to Measure Contagion in Good Times as well as Bad", *Review of Financial Economics*, 2007, 16 (3), pp. 259 – 273.

33. Beck, T. and Laeven, L. "Institution Building and Growth in Transition

Economies." *Journal of Economic Growth*, 2006, 11 (2), pp. 157 –186.

34. Beck, T.; Demirgüç – Kunt, A.; Laeven, L. and Maksimovic, V. "The Determinants of Financing Obstacles." *Journal of International Money and Finance*, 2006, 25 (6), pp. 932 –952.

35. Beng – Huat, C. " 'Asian – Values' Discourse and the Resurrection of the Social." *Positions*, 1999, 7 (2), pp. 573 –592.

36. Berry, H., M. F. Guillén and N. Zhou, "An Institutional Approach to Cross – National Distance", *Journal of International Business Studies*, 2010, 41 (9), 1460 –1480.

37. Bhagwati, J. N. and Hudec, R. E. Fair Trade and Harmonization: Prerequisites for free trade? *MIT Press*, 1996.

38. Bloom, D. E.; Sachs, J. D.; Collier, P. and Udry, C. "Geography, Demography, and Economic Growth in Africa." *Brookings Papers on Economic Activity*, 1998, pp. 207 –295.

39. Bobonis, G. J. and H. J. Shatz, "Agglomeration, Adjustment, and State Policies in the Location of Foreign Direct Investment in the United States", *The Review of Economics and Statistics*, 2007, 89 (1), 30 –43.

40. Bonaglia, F.; Macedo, J. B. De and Bussolo, M. "How Globalization Improves Governance." *OECD Development Center Working Paper* No. 181, 2001.

41. Bosker, M. and Garretsen, H. "Economic Development and the Geography of Institutions." *Journal of Economic Geography*, 2009, 9 (3), pp. 295 –328.

42. Brueckner, J. K. "Strategic Interaction among Governments: An Overview of Empirical Studies." *International Regional Science Review*, 2003, 26 (2), pp. 175 –188.

43. Cargill, T. F. and Parker, E. "Financial Liberalization in China – Limitations and Lessons of the Japanese Regime." *Journal of the Asia Pacific Economy*, 2001, 6 (1), pp. 1 –21.

44. Cheng, L. K. and Y. K. Kwan, "What are the Determinants of the Location of Foreign Direct Investment? The Chinese Experience", *Journal of International Economics*, 2000, 51 (2), 379 –400.

45. Chun, Allen. "Democracy as Hegemony, Globalization as Indigenization, or the 'Culture' in Taiwanese National Politics." *Journal of Asian and African Studies*, 2000, 35 (1), pp. 7 –27.

46. Crafts, N. and Venables, A. J., 2001. Globalization in History: A Geographical Perspective. *CEPR Discussion Paper*, 3079. Centre for Economic Policy

Research (London).

47. Daronacemoglu, J. and A. Robinson, "The Colonial Origins of Comparative Development: An Empirical Investigation", *The American Economic Review*, 2001, 91 (5), 1369 - 1401.

48. Dinda, S., "Climate Change and Development: Trade Opportunities of Climate Smart Goods and Technologies in Asia", Maastricht School of Maragement Working Paper No. 2011/16.

49. Dinda, S., "Climate Change: An Emerging Trade Opportunity in South Asia", *South Asian Journal of Macroeconomics and Public Finance*, 2014, 3 (2), 221 - 239.

50. Dollar, D. and Kraay, A. "Institutions, Trade, and Growth." *Journal of Monetary Economics*, 2003, 50 (1), pp. 133 - 162.

51. Doppelhofer, G. and R. I. Miller, "Determinants of Long - Term Growth: A Bayesian Averaging of Classical Estimates (BACE) Approach", *The American Economic Review*, 2004, 94 (4), 813 - 835.

52. Dow, D. and A. Karunaratna, "Developing a Multidimensional Instrument to Measure Psychic Distance Stimuli", *Journal of International Business Studies*, 2006, 37 (5), 578 - 602.

53. Easterly, W. and Levine, R. "Africa's Growth Tragedy: Policies and Ethnic Divisions." *The Quarterly Journal of Economics*, 1997, 112 (4), pp. 1203 - 1250.

54. Elkins, Z. and Simmons, B. "The Globalization of Liberalization: Policy Diffusion in the International Political Economy." *American Political Science Review*, 2004, 98, pp. 171 - 190.

55. Fernández - Avilés, G., J. Montero and A. G. Orlov, "Spatial Modeling of Stock Market Comovements", *Finance Research Letters*, 2012, 9 (4), 202 - 212.

56. Fratianni, M. and C. H. Oh, "Expanding RTAs, Trade Flows, and the Multinational Enterprise", *Journal of International Business Studies*, 2009, 40 (7), 1206 - 1227.

57. Fujita, M.; Krugman, P. R. and Venables, A. J. The Spatial Economy: Cities, Regions, and International Trade. *MIT press*, 2001.

58. Fuller, B. and P. Romer, "Urbanization as Opportunity", *World Bank Policy Research Working Paper*, 2014, (6874).

59. Ghemawat, P., "Distance Still Matters", *Harvard Business Review*, 2001, 79 (8), 137 - 147.

60. Glaeser, E. L.; La Porta, R. F.; Lopez-de – Silanes and Shleifer, A. "Do Institutions Cause Growth?" *Journal of Economic Growth*, 2004, 9 (3), pp. 271 – 303.

61. Globerman, S. and Shapiro, D. "Global Foreign Direct Investment Flows: The Role of Governance Infrastructure." *World Development*, 2002, 30 (11), pp. 1899 – 1919.

62. Goff, P. M. "Invisible Borders: Economic Liberalization and National Identity." *International Studies Quarterly*, 2000, 44 (4), pp. 533 – 562.

63. Grilli, E. "EU Trade and Aid Policies towards the LDCs and the CEECs." Ali M. El – Agra (ed.), *Economic Integration Worldwide*, 1997, pp. 135 – 174.

64. Guimaraes, P., O. Figueiredo and D. Woodward, "Agglomeration and the Location of Foreign Direct Investment in Portugal", *Journal of Urban Economics*, 2000, 47 (1), 115 – 135.

65. Guiso, L., Sapienza, P., Zingales, L. "Does Culture Affect Economic Outcomes?" *Journal of Economic Perspectives*, 2006, 20 (2), pp. 23 – 48.

66. Hall, R. E. and Jones, C. I. "Why do Some Countries Produce so much more Output Per Worker than Others?" *The Quarterly Journal of Economics*, 1999, 114 (1), pp. 83 – 116.

67. Head, K. and Mayer, T. *Illusory Border Effects: Distance Mismeasurement Inflates Estimates of Home Bias in Trade.* Vol. 1. Paris: CEPII, 2002.

68. Henderson, V. "The Urbanization Process and Economic Growth: The So-what Question." *Journal of Economic Growth*, 2003, 8 (1), pp. 47 – 71.

69. Hermes, N. and Lensik, R. Foreign Direct Investment, Financial Development and Economic Growth, *Journal of Development Studies.* 2003, 40 (1): 142 – 163.

70. Huang, H. and Y. D. Wei, "Spatial Inequality of Foreign Direct Investment in China: Institutional Change, Agglomeration Economies, and Comparative Advantages", *Applied Geography*, 2015.

71. Javidan M, Stahl G K, Brodbeck F, et al. "Cross-border Transfer of Knowledge: Cultural Lessons from Project GLOBE". *The Academy of Management Executive*, 2005, 19 (2), pp. 59 – 76.

72. Javidan, Mansour, et al. "In the Eye of the Beholder: Cross Cultural Lessons in Leadership from Project GLOBE." *The Academy of Management Perspectives* 20. 1 (2006): 67 – 90.

73. Kaufmann, D. and Kraay, A. "Growth without Governance." *World*

Bank Policy Research Working Paper NO. 2928, 2002.

74. Kaufmann, D. ; Kraay, A. and Mastruzzi, M. "Governance Matters Ⅷ: Aggregate and Individual Governance Indicators 1996 – 2008." *World Bank Policy Research Working Paper* No. 4978, 2009.

75. Keefer, P. and Knack, S. "Political Stability and Economic Stagnation." *IEA Conference Volume Series. Vol.* 119, *The Macmillan Press LTD*, 1998.

76. Kelejian, H. H. ; Murrell, P. and Shepotylo, O. "Spatial Spillovers in the Development of Institutions." *Journal of Development Economics*, 2013, 101, pp. 297 – 315.

77. Knack, S. and Azfar, O. "Trade Intensity, Country Size and Corruption." *Economics of Governance*, 2003, 4 (1), pp. 1 – 18.

78. Kudamatsu, M. "Has Democratization Reduced Infant Mortality In Sub – Saharan Africa? Evidence From Micro Data." *Journal of the European Economic Association*, 2012, 10 (6), 1294 – 1317.

79. La Porta, R. , F. Lopez-de – Silanes, A. Shleifer and R. Vishny, "The Quality of Government", *Journal of Law*, *Economics*, *and Organization*, 1999, 15 (1), 222 – 279.

80. La Porta, R. , F. Lopez-de – Silanes, A. Shleifer and R. W. Vishny, "Legal Determinants of External Finance", *Journal of Finance*, 1997, 1131 – 1150.

81. Leebron, D W. "Lying down with Procrustes: An Analysis of Harmonization Claims." *Fair Trade and Harmonization*: *Prerequisites for Free Trade*, 1996, 1, pp. 41 – 117.

82. LeSage, J. and Pace, R. K. *Introduction to Spatial Econometrics*, CRC Press, Taylor and Frances Group, New York, 2009.

83. López – Bazo, E. , E. Vayá and M. Artís, "Regional Externalities and Growth: Evidence from European Regions", *Journal of Regional Science*, 2004, 44 (1), 43 – 73.

84. Moore, W. H. and Shellman, S. M. "Whither will They Go? A global Study of Refugees' Destinations, 1965 – 1995." *International Studies Quarterly*, 2007, 51 (4), pp. 811 – 834.

85. Mukand, S. and Rodrik, D. "In Search of the Holy Grail: Policy Convergence, Experimentation, and Economic Performance." *NBER Working Paper* No. 9134, 2002.

86. Murdoch, J. C. and Sandler, T. "Economic Growth, Civil Wars, and Spatial Spillovers." *Journal of Conflict Resolution*, 2002, 46 (1), pp. 91 – 110.

87. North, D. C. Institutions, Institutional Change and Economic Performance. *Cambridge University Press*, 1990.

88. Ojala, A. and P. Tyrv? inen, "Market Entry and Priority of Small and Medium - Sized Enterprises in the Software Industry: An empirical Analysis of Cultural Distance, Geographic Distance, and Market Size", *Journal of International Marketing*, 2007, 15 (3), 123 - 149.

89. Olsson, O and Hibbs Jr, D. A. "Biogeography and Long - Run Economic Development." *European Economic Review*, 2005, 49 (4), pp. 909 - 938.

90. Persson, T. and Tabellini, G. "Democracy and Development: The Devil in the Details.", *NBER Working Paper* No. 11993, 2006.

91. Redding, S. and Venables, A. J. "Economic Geography and International Inequality." *Journal of International Economics*, 2004, 62 (1), pp. 53 - 82.

92. Revelli, F. "On Spatial Public Finance Empirics." *International Tax and Public Finance*, 2005, 12 (4), pp. 475 - 492.

93. Rey, S. J. and Montouri, B. D. "US Regional Income Convergence: a Spatial Econometric Perspective." *Regional Studies*, 1999, 33 (2), pp. 143 - 156.

94. Rodriguez, F. and Rodrik, D. "Trade Policy and Economic Growth: a Skeptic's Guide to the Cross - National Evidence." in *NBER Macroeconomics Annual* 2000, Volume 15, MIT Press, 2001, pp. 261 - 338.

95. Rodrik, D. "Trade Policy Reform as Institutional Reform." *Inter - American Development Bank Working Paper*, No. 8750, 2000.

96. Rodrik, D.; Subramanian, A. and Trebbi, F. "Institutions Rule: the Primacy of Institutions Over Geography and Integration in Economic Development." *Journal of Economic Growth*, 2004, 9 (2), pp. 131 - 165.

97. Rogers, E. M. *Diffusion of innovations*. Simon and Schuster, 2010.

98. Rueda Sabater, E., "Corporate Governance: And the Bargaining Power of Developing Countries to Attract Foreign Investment", *Corporate Governance: An International Review*, 2000, 8 (2), 117 - 124.

99. Sapienza, P.; Zingales, L. and Guiso, L. "Does Culture Affect Economic Outcomes?" *NBER Working Paper* No. 11999, 2006.

100. Seldadyo,, H.; Elhorst, J. P. andHaan, J. De "Geography and Governance: Does Space Matter?" *Papers in Regional Science*, 2010, 89 (3), pp. 625 - 640.

101. Stockman, A. C. and Hernandez, D. "Exchange Controls, Capital Controls, and International Financial Markets." *NBER Working Paper* No. 1755,

1989.

102. Wahba, J. and Mohieldin, M. "Liberalizing Trade in Financial Services: the Uruguay Round and the Arab Countries." *World Development*, 1998, 26 (7), pp. 1331 – 1348.

103. Winters, L. A. "Expanding EC Membership and Association Accords: Recent Experience and Future Prospects." *Regional Integration and the World Trading System*, K. Anderson and R. Blackhurst (eds.), Harvester Wheatsheaf, 1993, pp. 104 – 125.

The Study on Institutional Space Correlation and Spillover

——the spatial influence on institution of "B&R" Countries

WU Lichao ZHANG Xinyue LIN Lan

(Department of International Economics and Business,
Xiamen University, 361005)

ZHOU Yongrui

(Graduate School of Chinese Academy of Social Science, 102488)

[**Abstract**] We examine spatial spillovers in institutional development with a model reflecting both spatial autocorrelation and spatial lagged. The countries are defined as spatial related if they have geographical, political-center, economic, foreign direct investment or cultural relationship. We study spatial agglomeration and spillovers among these countries and "the Belt and Road" ("B&R" for short) countries. The "backwash effect" is possible among spatial related countries. Countries with advanced institution attract more institutional resources. The negative effects such as exploiting resources and hindering improvement exist. The positive relationship between urbanization and spatial spillovers in institutional development has been proved. Spillovers in country heterogeneity features which affect institutional development is also proved, which means the heterogeneity features changed in one country would affect the spatial related countries. The study on "B&R" countries shows economic cooperation among these countries has a broad space for development based on institutional progressing together.

[**Key Words**] Spatial-related Institutional Spillover Backwash Effect Spatial Agglomeration

JEL Classifications: C21 057 R12

自贸区建设对外商直接投资的影响

——基于倾向得分匹配和双重差分法

左思明*

【摘　要】自中国（上海）自贸区成立以来，在对外贸易与投资方面取得了一定的成绩。党中央、国务院决定在2014年12月新增设广东、天津、福建3个自由贸易试验区，覆盖了我国东部沿海的华北、华东、华南三大区域的核心经济带，这将在扩大对外开放、促进进出口贸易，推动外商直接投资等方面做出巨大的贡献。基于倾向得分匹配和双重差分模型，本文采用2010~2015年中国31个省份的面板数据检验了自贸区建设对外商直接投资的影响。实证结果表明，自贸区的建立显著地促进了该区域的外资流入，从而肯定了自贸区建设在促进外商直接投资中所起到的关键作用。因此，加强有关部门的监管职能，建立相应的配套制度，降低金融风险对本国市场的冲击，是未来大力发展自贸区建设、保障政策改革顺利实施的重要方法。

【关键词】**自贸区　外商直接投资　倾向得分匹配　双重差分**

中图分类号：**F74**　文献标识码：**A**

一、引　言

2013年9月29日，中国（上海）自由贸易试验区正式成立，该试验区涵盖了上海市外高桥保税区、外高桥保税物流园区、洋山保税港区和上海浦东机场综合保税区等4个海关特殊监管区域，中国首个自由贸易区成立。截至2014年9月，上海自贸区通过制度改革与创新，提高了贸易与投资的效率和便利程度，取得了一系列的新成绩：新设企业10 445家，经营总收入高达

* 左思明，对外经济贸易大学国际经济贸易学院博士研究生，地址：北京市朝阳区惠新东街10号对外经济贸易大学汇忠公寓311（100029），E-mail：simingzuo@163. com。

7 400 亿元，进出口总值突破 5 004 亿元。自上海自贸区成立一年，不仅开启了中国深化改革的新局面，而且形成了一批可复制、可推广的重大改革举措。在上海自贸区良好示范效应的基础之上，2014 年 12 月 12 日，党中央、国务院决定在广东、天津、福建区域设立 3 个自由贸易试验区。其后，各试验区域结合自身经济发展水平和地理位置进一步开放和完善金融市场，扩展外商投资领域等。同时，自贸区发展将在中国的金融、服务、法律、贸易与投资等领域产生重要的战略意义。在自贸试验区建设已取得成效的基础上，对第三批自贸区的选址、建设在 2016 年正逐步落实，并首次设立在内陆地区（辽宁省、浙江省、河南省、湖北省、重庆市、四川省、陕西省）。试图通过长江经济带的建设，建立“国际物流枢纽”，积极对接东盟自贸区，将建设红利更广地惠及中亚、东南亚经济圈。

提供较为宽松的政策环境、简化复杂的入关手续是自贸区促进国际贸易与投资发展的主要方式。对各类投资者来说，制度和政策层面的扶植能够有效地调动其投资生产热情，并促使资本进入市场。目前大量的文献从自贸区的建设创新、改革、作用的角度出发检验自贸区建设是否显著地促进了地区 FDI 规模的增长。与既有文献的研究不同：本文基于 2010～2015 年全国 31 个省份的数据分析，在倾向得分匹配法（PSM）确定处理组（已设立自贸区的省份）与控制组（未设立自贸区的省份）共同趋势的条件下，本文采用双重差分（DID）的方法考察自贸区的建设是否有效地带动了 FDI 的发展，进而为中国自贸区的发展提供相应的实证支持。

二、文献综述

自上海自贸区成立后，自贸区建设过程中的改革创新、影响以及未来发展方向成为国内学者考察的重点。同样地，对政策实施中面临的问题也提出相应的解释、分析，并对未来的趋势做出预测。本文在总结归纳已有文献的基础上，从自贸区建设意义的角度出发阐述相关学者的观点。

田惠敏、熊超（2015）对已设立的自贸区分别进行论述，以物流为导向的上海自贸区将发展成为中国贸易往来的航运中转站，从而将中国的资本引入国际市场，并为推动国际贸易发展做出了重要的贡献。福建、广州自贸区旨在加强两岸间的经济与文化的交流，深化双方间的贸易合作。在充分发挥地理优越性的同时，积极对接新海上丝绸之路的建设。而天津自贸区的建设定位于发展离岸金融和融资租赁，进一步拉动京津冀一带的协同发展。何勤、杨琼（2014）提出了贸易便利化理念并构造了相应的指标测量体系，认为自贸区的建设积极推动了贸易便利化，通过运用引力模型来检验自贸区建设是否对我国贸易产生正向影响，结果表明：贸易便利化是促进贸易进出口总额的主要因素，从而以实证检验的方式肯定了自贸区在带动国际贸易发展中的贡献。岳文、陈飞翔（2014）提出与WTO相比，自由贸易区在自由贸易协定的执行上更具有灵活性和自由度，并认为自贸区的建立将改变国家的贸易流向和贸易条件，带来正向贸易效应。王鹏、郑靖宇（2017）以广州自贸试验区为例，运用反事实的分析方法测算了自由贸易区的设立是如何影响贸易方式转型，结果表明自贸区的优惠政策加快了贸易方式的转型，促进了一般贸易和新型贸易的发展。有关自贸区对贸易规模的考察，国外学者也得出相同的结果。例如杨等（Yang & Martinez - Zarzoso，2014）通过引力模型检验中国—东盟自由贸易区对中国出口的影响，检验结果表明，自贸区的设立显著地促进了各类产品的出口贸易增长。

自贸区对资本流动的影响一直备受学者的关注。杨维新（2014）则从负面清单的角度分析了设立自贸区对国际直接投资的影响。中国在国际分工和产业链层面仍处于劣势，大量高能耗高污染的产业正不断向发展中国家转移。而负面清单管理模式中的相关规定限制了高污染成本的外资企业的进入，这不但优化了外商投资企业的总体水平，改善了投资市场的环境，而且推动了国内相关企业产业的结构升级。陆晓扬（2014）提出在规范的法制环境下，自贸区的落成将吸引外资的流入，加大外资企业对中国市场的投资力度。上海股权托管中心在自贸区内为企业提供了股权交易投融资平台。一方面外资企业通过该融资平台注册后可采用定向增发的方式扩大东道国境内的资本流入；另一方面境内企业也可以通过此方式直接获取外资股权的融资。因而自贸区内资本的境外与境内的双向流动将为外商企业带来更多的投资机遇。项后军、何康（2016）则基于模糊断点回归设计和非线性双重差分模型对自贸区设立的效应进行考察，检验得出其建立对上海地区资本流动有显著正向影响。狄和盖里（Dee & Gali，2003）在引力模型的框架下，分析了自贸区的设立对FDI的影响。姚和汇利（Yao & Whalley，2016）以上海自贸区的设立为例，研究得出自贸试验区中实施的汇率浮动与经济自由化政策将减弱本国对资本市场的控制，加快了资本自由化的进程，验证了其设立对中国资本管制和金融自由化的影响。

以上从增加贸易进出口额、吸引外商直接投资两方面归纳总结了自贸区建设的战略意义。其中大多是笔者从试验区的体制创新，或境外自贸区的比较分析入手，以此剖析国家大力推广自贸区建设所产生的具体影响和意义。但目前，相关学者的研究主要基于理论分析与推导，缺乏相应数据的支持与验证。但第二批自贸区建设的落成至今已有两年的时间，已达到数据两期分析的要求。因此，与既有文献的研究不同，本文试图通过倾向匹配得分法和双重差分的实证方法检验自贸区的建设是否加大了外商资本的流入，从而为相关研究提供实证支持，并完善和补充自贸区建设对外资流入研究的空白。

三、自贸区建设对外商直接投资作用的机理分析

在当前全球化进程不断推进的背景下，跨国企业对全球资源和分工的整合分配的能力越来越重要。因而国际分工的日益精细使海外市场的发展潜力、劳动人员的技术、工资水平、当地对外资投资者的保护力度等均成为跨国企业的选址影响因素。因此，自贸区的建立不但是国家内部发展的战略需要，而且是对接国际贸易与投资新规则的主要方式。自贸区建设为企业投资提供更为国际化、法制化、自由化的投资环境，在其建立对 FDI 的影响分析中，本文从自贸区建设中的改革措施和思路的角度探究了自贸区建设对贸易与投资的影响机理。

（一）实施准入前国民待遇和负面清单管理模式

在“非列即开放”的模式下面向国外投资者全面开放，符合清单领域的各类行业主体可依法平等地进入市场，享受国民待遇。根据“对清单以外领域的国际直接投资项目将由核准制改为备案制（国务院规定对国内投资项目保留核准的除外），外商投资企业合同章程审批将改为备案管理”的相关规定。这将简化外商直接投资的准入手续和审批程序，从而节省企业的时间成本，提高经济和管理效益，吸引更多的外资流入。为更好地顺应国际贸易市场的新规则，2017 年我国对《自由贸易试验区外商投资准入特别管理措施（负面清单）》做出修改，与 2015 年相比，此次负面清单减少 10 个条目，27 项措施，其中主要集中在交通设备制造、保险业务、商务服务等制造业和服务业领域。自贸区负面清单的持续缩减进一步扩大了对外开放的领域，转变了对外开放的形式。随着外资企业不断进入本国市场后，将负面清单管理办法作为私法自治的集中体现和保证，这将有利于降低企业的准入风险，完善市场主体在法律空白领域的风险以及减少法律行为效力的不确定性。而根据负面清单的管理模式和办法，福建自由贸易区不断推出新措施，优化投资环境。例如，“三证合一”和“一照一码”登记制度、“一表申报”制度、推行“一掌通”3A 移动税务平台等多项措施。近年来在各自贸区的实践中肯定了负面清单在外商直接投资中的积极作用，其形成的可复制、可推广的管理办法也逐步在各自贸区推广实施。

（二）金融体制改革

在风险可控的条件下，根据各自贸试验区的特点，推行了相应的金融体

制改革。推进人民币资本项目可兑换，逐步提高资本项下的项目可兑换程度是上海自贸区的主要目标。金融业务的创新和升级在试验区内逐步推广：例如，为金融机构开立自由贸易账户、并实行分账核算制度；享受外汇市场汇率优惠待遇，等等。天津自贸区开展利率市场化和人民币资本项目可兑换试点，推动跨境人民币业务的发展，实现跨境融资自由化。而福建自贸区的建设主要对接台湾地区的贸易、投资项目，并将允许台资金融机构设立合资基金管理公司。以上举措的实施将利于建立规范的金融服务和投资平台，降低区域内的企业交易成本和交易风险，推动国内金融市场走向国际化。此外，通过自贸区的建设推动人民币国际化，可保障国际货物交割资本和现金的正常流动，从而进一步拉动了外资企业资金的流入。

（三）扩大服务业的开放领域，重点加强金融、航运、信息等高端服务产业

通过自贸区的建立着力提高国际性高端服务业的投资比例，推动外资产业的结构优化，从而改善服务业利用外资不足的现象。在金融领域方面，大力发展金融服务并提供公平透明的金融体制将促进跨国企业管理与运营中心的转移，从而促进该自贸区成为新的国际金融中心、国际贸易中心。在航运方面，放宽中外合资运输企业的外资比例，允许设立外商独资国际船舶管理企业等措施不但促进国际间贸易往来的便利，而且在借助优惠政策的同时将试验区建设成国际贸易物流中心。

负面清单的管理办法简化了跨国企业准入手续，降低了市场主体的法律风险；金融政策的改革以及服务业的大力发展，将保障资金流在国际市场中的流动性。因此，上述自贸区建设过程中的举措均为中国的国际贸易与投资提供良好的便利条件和高水平的交易平台，从而肯定了自贸区建设对国际资本流入的积极作用。因此，本文从自贸区建设的战略意义出发，分析了自贸区的建设是否改善了该区域的投资环境，推动 FDI 的流入，并根据政策实施的非随机性的特点，采用倾向得分匹配和双重差分的方法，论证建立自贸区对 FDI 的影响，为其战略意义的分析提供数据、实证支持。

四、变量选择与数据说明

（一）数据来源

本文使用的原始数据均来自《中国统计年鉴》和各省域统计年鉴，部分

数据使用 Wind 数据库进行了补充和完善。该数据对 FDI 相关经济指标进行考察，涉及全国 31 个省份。其中将上海、广东、天津、福建 4 个新设自贸区为处理组，其余省份为控制组，从而构建了 2010 ~ 2015 年的省域面板数据。虽然各自贸区的建立时间不同，但是各项目的实施均在 2013 年后，这为本文的差分计算提供了可行性的时间节点，符合检验的标准。

（二）指标选取

首先，为了消除因指标衡量单位不同所带来的量纲量级的影响，使用对数函数的方法对数据进行标准化处理。其次，在选用铁路公里数、船舶拥有量等数据衡量各区域的基础设施建设水平时，文章使用熵值法对各区域指标赋予权重，从而构建基础设施建设的评价体系。

本文对变量的选取主要分为以下几方面：

1. 被解释变量

本文采用倾向匹配得分和双重差分法检验自贸区设立的影响，因此需要对差分指标进行定义和数据整理。

FDI_{it}：为输出变量，表示第 i 个省级单位的外商直接投资总额。用于考察自贸区的成立是否对外资流入存在正向拉动作用。

2. 解释变量

FTZ_{it}：表示区域是否存在自贸区建设。如果该区域已经设立自贸区，则 FTZ = 1，反之为 0。

$TIME_{it}$：表示区域自贸区建立的时间。TIME 取值为 0、1，其中 1 表示自贸区成立后，0 表示自贸区成立前。

$FTZ_{it} \cdot TIME_{it}$：为核心变量，其回归结果表明自贸区建设对 FDI 的影响。

3. 控制变量

在 PSM 模型的检验中，对控制变量的要求较高，即对既要求其对解释变量（是否建立自贸区）有充分的解释能力，又要求其对被解释变量有影响。综合以上变量的特点和影响因素，本文选取经济发展水平（GDP）、劳动力成本（Wage）、对外开放程度（Opening）、政府干预程度（Finance）、人力资本（Education）、信息化水平（Internet）、基础设施水平（Infrastructure）、货物周转能力（Capacity）指标，寻求未设立自贸区的控制组。具体影响因素的选取和定义如表 1 所示。

表 1　　变量说明及其描述性统计（2010 ~ 2015 年）

变量名称	变量符号	变量定义	单位	均值	标准差
经济发展水平	GDP	国民生产总值	亿元	4.125	0.429

续表

变量名称	变量符号	变量定义	单位	均值	标准差
劳动力成本	Wage	相对工资水平，即平均工资与人均增加值之比 辛永容（2009）、李汉君（2011）	元	4.668	0.119
对外开放程度	Opening	进出口总额与国民生产总值之比	千美元	7.582	0.705
政府干预程度	Finance	各省份的财政支出	亿元	3.490	0.262
人力资本	Education	高校每年的毕业人数表示地区工人的专业技术能力 刘志忠（2009）； 方霞、葛秋颖（2007）	万人	1.062	0.445
信息化水平	Internet	电信业务量和互联网的使用人数 陈建军、陈国亮（2009）； 盛丰（2014）	万人	3.142	0.383
基础设施水平	Infrastructure	铁路公里数、 港口码头泊位数、 民用航空的航线里程	万公里 个 万公里	0.569	0.309
货物周转能力	Capacity	各省份的货物吞吐量	万吨	4.933	0.476

五、实证结果分析

（一）倾向匹配得分法及平衡性检验

对实证部分的考察中，主要涉及两方面因素的变化对 FDI 的影响：一是自贸区设立的省份；二是自贸区设立的时间。两者的交互项系数则是实证检验的重点，即自贸区的设立是否促进了 FDI 的流入。首先，本文采用倾向得分匹配法构造反事实估计，即通过计算倾向得分的方式将两组实验对象的多维度标准降为一维。从而为处理组（已设立自贸区的地区）找到相似的控制组（未设立自贸区的地区）。自贸区的选址多是取决于区域的劳动力成本、对外开放程度、信息化水平等控制变量，因此为了计算各样本成为自贸区的预测概率值，本文使用 Logit 回归方法，其模型如下：

$$\text{logit}(FTZ_{it}=1)=\alpha_0+\alpha_i X_{it}+\varepsilon_i$$

其中，X_{it}为控制变量，α_0 为常数项，ε_i 为误差项，α_i 为解释变量的系数。

logit 的回归结果如表 2 所示，大多数控制变量对自贸区的设立有显著影响，仅有基础设施水平、货物周转能力的影响不显著；其中 R^2 值为 0.8304，表明模型的拟合度较高。

表 2　　影响自贸区设立因素的 logit 回归分析

FTZ	Coef.
GDP	16.857** (2.06)
Wage	-8.486* (-1.95)
Opening	5.317** (2.43)
Finance	-10.795** (-2.13)
Education	-11.418** (-2.19)
Internet	2.563* (1.71)
Infrastructure	2.357 (1.47)
Capacity	-2.478 (-1.48)
样本容量	182
Prob > chi^2	0.0000
Pseudo R^2	0.8304

注：*** $p<0.01$；** $p<0.05$；* $p<0.1$。

在得到各省份的倾向得分后，需检验各个变量在匹配后处理组与控制组的分布是否平衡，即平衡性检验。在外生条件的假设下，要求控制变量在处理组和控制组之间是平衡的，其分布也没有系统性差异。从表 3 的结果可知：多数变量的标准化偏差均大幅缩小，且小于 10%，仅有货物周转能力的偏差为 10.3%，总体可以接受；T 检验的值均大于 10%，其结果不拒绝处理组与控制组无系统差异的原假设，符合后续检验要求。

表 3　　控制变量的平衡性检验

变量	样本	均值				T 检验	
		处理组	控制组	偏差率（%）	偏差降低比例	T 值	P > |t|
GDP	未匹配	4.3798	4.0841	81.9		3.20	0.002
	匹配	4.3212	4.3007	5.7	93.1	0.12	0.910
Wage	未匹配	4.7765	4.6492	105.1		5.16	0.000
	匹配	4.7594	4.7493	8.3	92.1	0.14	0.891

续表

<table>
<tr><td rowspan="2">变量</td><td colspan="5">均值</td><td colspan="2">T 检验</td></tr>
<tr><td>样本</td><td>处理组</td><td>控制组</td><td>偏差率（%）</td><td>偏差降低比例</td><td>T 值</td><td>P > |t|</td></tr>
<tr><td rowspan="2">Opening</td><td>未匹配</td><td>8. 4633</td><td>7. 4489</td><td>18. 9</td><td></td><td>7. 43</td><td>0. 000</td></tr>
<tr><td>匹配</td><td>8. 2990</td><td>8. 3290</td><td>5. 7</td><td>9. 7</td><td>-0. 13</td><td>0. 901</td></tr>
<tr><td rowspan="2">Finance</td><td>未匹配</td><td>3. 5831</td><td>3. 4729</td><td>43. 0</td><td></td><td>1. 92</td><td>0. 057</td></tr>
<tr><td>匹配</td><td>3. 5258</td><td>3. 5049</td><td>8. 2</td><td>81. 0</td><td>0. 14</td><td>0. 892</td></tr>
<tr><td rowspan="2">Education</td><td>未匹配</td><td>1. 1640</td><td>1. 0488</td><td>32. 0</td><td></td><td>1. 17</td><td>0. 242</td></tr>
<tr><td>匹配</td><td>1. 1136</td><td>1. 1403</td><td>-7. 4</td><td>76. 9</td><td>-0. 18</td><td>0. 864</td></tr>
<tr><td rowspan="2">Internet</td><td>未匹配</td><td>3. 3217</td><td>3. 1118</td><td>57. 4</td><td></td><td>2. 51</td><td>0. 013</td></tr>
<tr><td>匹配</td><td>3. 2766</td><td>3. 2697</td><td>1. 9</td><td>96. 7</td><td>0. 04</td><td>0. 970</td></tr>
<tr><td rowspan="2">Infrastructure</td><td>未匹配</td><td>-0. 8595</td><td>-0. 5292</td><td>105. 0</td><td></td><td>-5. 20</td><td>0. 000</td></tr>
<tr><td>匹配</td><td>-0. 8115</td><td>-0. 8399</td><td>9. 0</td><td>91. 4</td><td>0. 20</td><td>0. 842</td></tr>
<tr><td rowspan="2">Capacity</td><td>未匹配</td><td>5. 0008</td><td>4. 9213</td><td>19. 3</td><td></td><td>0. 75</td><td>0. 451</td></tr>
<tr><td>匹配</td><td>4. 9301</td><td>4. 8878</td><td>10. 3</td><td>46. 8</td><td>0. 20</td><td>0. 848</td></tr>
<tr><td>联合检验</td><td colspan="3">Pseudo R^2</td><td colspan="2">LRchi^2 p > chi^2</td><td colspan="2"></td></tr>
<tr><td>未匹配</td><td colspan="3">0. 833</td><td colspan="2">118. 22</td><td colspan="2">0. 0000</td></tr>
<tr><td>匹配</td><td colspan="3">0. 239</td><td colspan="2">4. 65</td><td colspan="2">0. 794</td></tr>
</table>

通过倾向得分匹配方法，可以在最大程度上消除夸大或缩小自贸区建立的选择性偏倚和混杂偏倚。由表 4 可知，在克服样本选择偏误后，使用 PSM 法得到净处理效应，其 ATT 的均值差额为 0. 298245158，且 T 值为 2. 48（大于临界值 1. 96）。这表明与未设立自贸的地区相比，自贸区的建立可以吸引更多的外资资本流入。

表 4　　　　自贸区设立对 FDI 影响的 PSM 检验

变量	FDI	
样本	未匹配	ATT
处理组	6. 34580606	6. 17874343
控制组	5. 41318394	5. 88049827
均值差额	0. 932622127	0. 298245158
标准差	0. 15592574	0. 247604421
T 检验	8. 82	2. 48

（二）估计结果和分析

在政策实施的效应检验中双重差分的方法使用最为广泛。本文在 PSM 检验结果的基础上，采用双重差分法（方程 1），一方面确保数据回归结果的稳健性；另一方面解决可能产生的内生性问题。因此，结合自贸区建设的控制变量，本文将计量模型设定为：

$$FDI_{it} = a_0 + a_1 FTZ_{it} + a_2 TIME_{it} + a_3 FTZ_{it} \times TIME_{it} + a_4 X_{it} + \varepsilon_i$$

其中，a_0 为常数项，ε_i 为误差项，X_{it}为控制变量，a_3 为所考察核心变量的系数。

为了保证回归结果的稳健性，本文采用多种回归方法检验自贸区建设对 FDI 的影响。首先在豪斯曼检验下确定面板的随机效应，使用随机效应模型（方程 2）进行检验。其次，为了降低截面异方差序列相关的可能性，通过 FGLS（方程 3）的估计结果验证双重差分的稳健性。表 5 报告了相应的结果。

表 5　　双重差分的回归结果

解释变量	方程 1	方程 2	方程 3
FIZ * TIME	1.166*** (2.87)	0.383*** (3.12)	0.6089667** (2.29)
GDP	0.474** (2.22)	0.024 (0.13)	0.020 (0.11)
Wage	0.369** (2.14)	0.121** (2.34)	0.102* (1.39)
Opening	1.330*** (7.38)	0.326*** (2.80)	0.472*** (4.51)
Finance	0.085 (0.61)	0.373*** (2.78)	0.738*** (5.08)
Education	0.144* (0.51)	0.243*** (3.75)	0.373*** (4.79)
Internet	0.634*** (3.04)	0.616*** (3.36)	1.293*** (5.97)
Infrastructure	-0.797*** (-3.48)	-0.056 (-0.80)	-0.083 (-1.42)
Capacity	-0.061 (0.21)	0.051 (0.69)	0.258*** (0.32)

注：*** $p<0.01$；** $p<0.05$；* $p<0.1$。

为了确保实证结果的稳健性，本文通过 DID，随机效应模型、FGLS 多种回归方法检验了自贸区的建设对外商直接投资的影响，其实证结果如表 5 所示，核心变量 FTZ · TIME 在给定的显著性水平下与 FDI 呈正向显著，这表明自贸区的建设对外商直接投资的流入存在积极的拉动作用，这与相关学者从理论方面分析的结论一致。一方面将自贸区打造成为国际金融中心、贸易中心，为大宗货物和庞大的现金交易与融资提供有效便捷的交易平台。另一方面，不断深化体制改革提高了政府办事效率，简化了外商企业进入国内市场的准入手续。此外，自贸区为外资企业提供公平、透明的法治环境等举措均在带动 FDI 流入的方面做出巨大的贡献。从控制变量的结果看，劳动力成本、人力资本对外资流入存在正向影响。自贸区正顺应国际直接投资的新趋势，着力发展服务产业，推动产业结构的升级。而服务产业进一步扩大金融、贸易、教育等领域的开放，这要求劳动者具备较高的专业素质。同理，劳动者的工作能力和专业素质决定了工人的工资水平。虽然较高的人力资本会增加跨国企业的海外投资成本，但是判断当地是否存在大量的熟练工人仍是海外选址的重要衡量标准。同时，人力资本的有效提升是经济扩张的基础，这将进一步优化地区生产环境以及推动有效的服务多元化生产，从而吸引外资的进入。其次，对外开放程度均在 1% 的显著水平下通过检验，即开放程度对 FDI 的流入存在正向拉动作用。当前自贸区正积极推广利率市场化和人民币资本项目可兑换试点，推动跨境人民币业务的发展，实现跨境融资自由化，等等。金融体制的国际化改革是扩大对外开放程度的重要体现，贸易、投资的规则制度相对完善、透明，这不但提高了信息的真实性，而且降低了交易风险和交易费用。再者，信息化的发展水平对 FDI 有正向影响。当前我国服务业 FDI 的占比已过半，服务产业成为资本输出的主要方式，其中电子商务、金融业、保险等方面的发展最快。而作为重要的传输媒介，互联网在与母国间的信息往来，资金融通方面发挥了巨大的作用。此外，负面清单管理办法中推行的移动税务平台的发展需以互联网络为依托。因此，信息化水平的发展不但为各项目的顺利实施提供了技术支持，而且为跨国企业的进入提供了信息互通的保障。

六、结论与政策建议

自上海自贸区成立后，已形成可复制、可推广的实践经验。为充分发挥示范带动作用，积极扩大自贸区所带来的经济效益，中国正积极推进自贸区建设的进程。随着第二批、第三批试验区的逐步落成，自贸区建设的意义、作用以及对中国未来经济发展的影响已成为相关学者考察的重点。本文则利用自贸区设立省份和非自贸区省份的数据构造反事实估计，并通过倾向匹配得分和双重差分的实证方法肯定了自贸区的建立对FDI流入的积极影响。然而，在不断推广自贸区建设的过程中，仍然面临众多的困难与挑战。为此，本文提出几点应对措施以规避潜在的风险。

首先，负面清单的管理模式正不断地进行改进与完善，这在一定程度上扩宽了外商投资的口径。市场准入条件的开放程度不断加大，这也将逐步放开外商投资的准入条件。外资大量进入国内市场后所带来的资本的风险冲击是自贸区实践发展所面临的重要挑战。因此，通过制定合理的外资管理制度，降低外资流入产生的不良影响。例如，建立分层级的防火墙制度，确保资金流动环节、市场交易环节正常运行，从而将外资流入所产生的风险在自贸区内部缓冲、分解和消化。在保护措施下，降低风险向国内传导的可能性。另外，为外商提供便利的准入条件，积极与国际通行模式相衔接，这就需要政府在项目审批环节中的公平与透明性，因而要求政府具备一定的监管能力。再者，制定相关的安全审查机制不但确保了外资企业进入后的正常运作，而且加大一定的监管力度将提高政府的办事效率。

其次，自贸区作为金融中心连接了国内与国际间资本的流通，并为资本的融资和集散提供交易平台。因此，通过对自贸区内部的利率和汇率的适当干预，可对试验区内的资金流向及流量进行调节和控制，合理地引导资金流动。但是，国内市场利率、汇率的双轨制会引起国际间的资本套利、投机等行为，从而使大量的资金空转，引发金融市场的动荡。因此，自贸区内外要建立相应的配套制度，将内外资金流动分别进行管理，通过内外的协同效应防止金融套利行为。此外，自贸区应结合自身特点创新相应的监测报告系统，并根据制定的监控指标对潜在金融风险进行追踪、预警和防范。

参考文献

1. 陈建军、陈国亮、黄洁：《新经济地理学视角下的生产性服务业集聚及其影响因素研究——来自中国222个城市的经验证据》，载于《管理世界》2009年第4期。

2. 方霞、葛秋颖：《安徽省吸引FDI影响因素的实证研究》，载于《市场周刊》2007年第12期。

3. 何勤、杨琼：《上海自贸区贸易便利化对贸易流量影响的实证研究》，载于《价格理论与实践》2014年第11期。

4. 陆晓扬：《浅析上海自贸区对我国投资改革的影响》，载于《中国外资》2014年第1期。

5. 李汉君：《我国FDI流入的地区差异与影响因素分析——基于1992～2007年省级面板数据》，载于《国际贸易问题》2011年第3期。

6. 刘志忠:《基于新经济地理学的外资区位选择及变迁研究》,载于《湖南大学》2009 年。

7. 盛丰:《生产性服务业集聚与制造业升级:机制与经验——来自 230 个城市数据的空间计量分析》,载于《产业经济研究》2014 年第 2 期。

8. 田惠敏、熊超、田天:《自贸区建设的战略意义及其发展趋势研究》,载于《中国市场》2015 年第 48 期。

9. 辛永容、陈圻、肖俊哲:《FDI 对中国制造业劳动力成本优势的影响研究——基于劳动生产率视角的分析》,载于《科学学研究》2009 年第 1 期。

10. 杨维新:《上海自由贸易试验区负面清单对国际直接投资的影响分析》,载于《对外经贸实务》2014 年第 5 期。

11. 岳文、陈飞翔:《积极加速我国自由贸易区的建设步伐》,载于《经济学家》2014 年第 1 期。

12. 张蕴萍:《公平竞争审查视野下中国政府规制治理体系的构建》,载于《理论学刊》2017 年第 5 期。

13. Coughlin, C. C. , Terza, J. V. and Arromdee, V. , 1991 "State Characteristics and the Location of Foreign Direct Investment with in the United States", *Review of Economics and Statistics*, 73, pp. 675 – 683.

14. Dee P, Gali J. 2005, "The Trade and Investment Effects of Preferential Trading Arrangements", International Trade in East Asia, NBER – *East Asia Seminar on Economics*, Volume 14, pp. 133 – 176.

15. Yang S, Martinez – Zarzoso I. , 2014, "A Panel Data Analysis of Trade Creation and Trade Diversion Ef – fects: The Case of ASEAN – China Free Trade Area," *China Economic Review* 29, pp. 138 – 151.

16. Yao D, Whalley J. , 2015, "An Evaluation of the Impact of the China (Shanghai) Pilot Free Trade Zone (SPFTZ)," NBER *Working Papers*.

The Impact of the Establishment of Free Trade Zone on the Foreign Direct Investment

——Based on Propensity Score Matching and Difference in Differences Model

ZUO Siming

(University of International Business and Economics, 100029)

[**Abstract**] China (Shanghai) Free Trade Zone has already made an achievement since it established. In December 2014, the government decided to set up Guangdong, Tianjin, Fujian as new FTZs, which cover the north, east, south of Chinese economic region. These measures would expand opening to the outside world, promote the international trade and facilitate the foreign direct investment. Based on the PSM and DID model, this paper emphatically analyzes the influence between FTZ and FDI, by using 31 provinces in China from 2010 to 2015. The empirical result shows that the establishment of FTZ has an positive significant effect on FDI. Therefore, to develop free trade policy reform, the government should strengthen the regulatory functions, set up a corresponding supporting system, to reduce financial risks which are brought by foreign capital.

[**Key Words**] Free Trade Zone　Foreign Direct Investment　PSM model; DID model

JEL Classifications: F2

中国离婚率攀升的影响因素研究

——基于中国284个地级市离婚率数据的空间计量实证分析

程　忠*

【摘　要】进入21世纪以来，中国离婚率不断攀升，引起了社会各界以及学术界的广泛关注。本文利用2005～2013年全国284个地级市的离婚率数据，引入了空间因素，对中国地级市高离婚率的影响因素进行了研究。研究结果表明中国地级市离婚率确实存在较强的空间相关性，在研究时应该将空间因素考虑在内。实证结果显示，人均GDP、网络普及率、城市化程度、人均手机拥有量和失业率都对离婚率的不断攀升有着正向影响，而性别比例、人口出生率和人口密度对于离婚率的影响并不显著。由于东北三省34个地市在全国属于高离婚率地市，本文基于东北三省34个地市进行了稳健性检验，结果显示人均GDP、城市化程度、人均手机拥有量、失业率和性别比例都对东北三省离婚率的攀升有着正向影响，总体结果基本与全国284个地级市离婚率的分析结果一致。本文利用空间计量对于离婚率影响因素从宏观层面进行了研究，首次运用中国地级市的离婚率相关数据进行了实证分析。本文对于探究离婚率不断攀升的深层原因具有一定的参考和借鉴价值，并且基于研究结果提出了对应的政策建议。

【关键词】**城市离婚率　影响因素　空间计量**

中图分类号：**F061.5**　文献标识码：**A**

一、引　言

迄今为止，中国已经基本达成了全面建设小康社会的目标，社会整体经

* 程忠，山东大学经济研究院博士生，地址：山东省济南市山大南路27号山东大学中心校区(250100)，E-mail：sduchengzhong@163.com。

济状况得到了极大的提高，人民的物质生活得到了较大满足，民众也对幸福生活提出了更高的需求，稳定的婚姻家庭关系是幸福生活的重要基础，而中国目前的高离婚率无疑带来了显著的社会问题。自2000年以来，中国的粗离婚率已经由2000年的0.96‰上升到2014年的2.67‰，2014年的粗离婚率已经达到2000年的近3倍，所谓粗离婚率是指在一年内，某地区的离婚数与该地区的人口数量的比值，一般以‰作为单位。而自新中国建立以来，近10年来的离婚率攀升速度远超20世纪。随之而来的各种有关离婚问题的新闻报道也层出不穷，对于中国普通民众来说，离婚率不断攀升的现象已经引发了社会整体的担忧。

从古至今，婚姻是一个永恒的热点话题，婚姻对于人类社会有着极其特殊的意义，而离婚率的攀升，以及其导致的众多家庭的破裂，对于社会的稳定和整个社会经济的和谐健康发展，都有着不利的影响。尼科洛西和约尔（Nicolosi & Yore，2015）研究表明，对于公众人物来说，婚姻状况的变化会使公司CEO更加偏好于风险，不利于公司经营；徐莉萍等（2015）提出高管离婚可能会对公司的财务状况造成负面影响。而对于普通家庭的民众来说，刘瑞明等（2014）提出婚姻破裂会较为显著地提升婚姻双方的犯罪可能性。在中国，离婚的社会报道越来越多，许多公众人物的婚姻破裂往往是婚姻中一方有婚外情或者出轨行为，带来了不良的社会影响。从家庭角度来看，婚姻的破裂不仅影响了孩子的健康成长，而且对于婚姻双方甚至双方的父母来说更多地意味着痛苦。因此离婚问题伴随显著的社会和家庭问题，对于中国的家庭来说，离婚意味的不仅是孤单、贫苦，甚至还是三个家庭两代人的灾难！

离婚率不断攀升的现象，引起了学术界的广泛关注，而针对离婚率影响因素的研究一直是离婚问题研究的重点。西方相关研究起步较早，从20世纪70年代起就有学者开始进行研究。费内龙（Fenelon，1971）认为低社会聚合力使离婚只需承担很小的代价，是造成高离婚率的主要因素；而同样支持社会聚合理论的学者布劳尔特等（Breault et al.，1987）以美国3 111个县的相关数据进行了分析，结果显示社会聚合力对于离婚率有着显著影响。而纳康内兹尼等（Nakonezny et al.，1995）、鲁斯（Ruth，2008）和坂畦等（Sakata et al.，2009）都主张婚姻司法是离婚率攀升的决定因素。此外努利（Nunley，2010）提出收入增长、通货膨胀等经济因素对于离婚率的影响同样不可忽视。近几年，伴随着中国离婚率整体迅速上升的态势，国内对于中国高离婚率的影响因素研究较多，学者们将越来越多的因素纳入了中国高离婚率问题的研究之中，包括城市化水平（汪国华，2007）、互联网普及（李晓敏，2014）、空间因素（李在军，2017）、受教育水平（张会平等，2010）、家庭规模（杨文等，2012）等等。

但总体来看，国内外现有研究仍存在以下三点不足：第一，针对中国的高离婚率问题，许多研究是基于全国层次的简单定性分析，或者针对单独某个地区进行相应探究。而中国幅员辽阔，环境错综复杂，仅从中国整体层面进行研究容易有失偏颇，忽略了中国整体各地区的不平衡发展。现有研究中少有学者从省级层面进行总体离婚率影响因素的研究，而从地级市层面出发的离婚问题的整体研究更尚属空白。第二，近年来已经有少数学者发现应该将空间因素纳入高离婚率的研究中来，但这方面的研究仍较为匮乏。第三，现有研究多采用描述性分析，缺乏一定的数据支撑。

针对现有研究的不足，本文将从地级市层次，将空间因素纳入研究范围之内，对离婚率攀升的影响因素这一问题进行研究。不仅可以从整体把握中国离婚率的影响因素问题，还可以更好地与各地市的空间异质性相结合，从而得到更贴近现实的结论。因此，本文运用空间计量工具，选取了中国地级市的相关数据，对中国高离婚率的影响因素问题进行分析，以期对中国制定抑制离婚率攀升的政策有良好的借鉴意义。

二、中国离婚率演变趋势探究

在国内外研究中，对于离婚率最常用的指标为“粗离婚率”，同时现在中国统计局也经常采用这一统计口径。粗离婚率，通常情况是指在一年内，某地区的离婚数与该地区的人口数量的比值，一般以‰作为单位，本文采取的离婚率计算公式如下：

$$离婚率 = (年内离婚数/年平均人口) \times 1000‰$$

本文所分析的数据是 2005～2013 年的中国 284 个地级市的粗离婚率相关的数据，由于新疆、青海、西藏三省（区）的数据以及贵州云南等省的部分自治市统计尚不完善，数据缺失严重，故本文的分析是基于中国除此三省（区）之外的 284 个地级市的相关数据，年内离婚数由各地市内离婚登记数量计算获得，数据主要来源于《中国民政统计年鉴》《中国城市统计年鉴》以及各地市统计年鉴。

为了更为直观地观察中国地级市的离婚率总体变化趋势，本文将 2005～2013 年间 284 个地级市的离婚率分为如下四个区间：[0，0.7)、[0.7，1.5)、[1.5，3) 和 [3，+∞)，每年不同区间城市的具体数量在图 1 中有所标示。从图 1 中可以看出，相对最高的离婚率区间的城市数量从 2005 年的 1 个增加到了 2013 年的 40 个，而相对最低的离婚率的城市数量从 2005 年的 128 个急速减少到 2013 年的 10 个，第二和第三区间城市数量所占的比例也越来越大。因此不难看出，低离婚率区间的城市数量越来越少，高离婚率区间的城市数量越来越多，总体来说，中国 2005～2013 年 284 个地级市的离婚率呈现不停上升的态势。

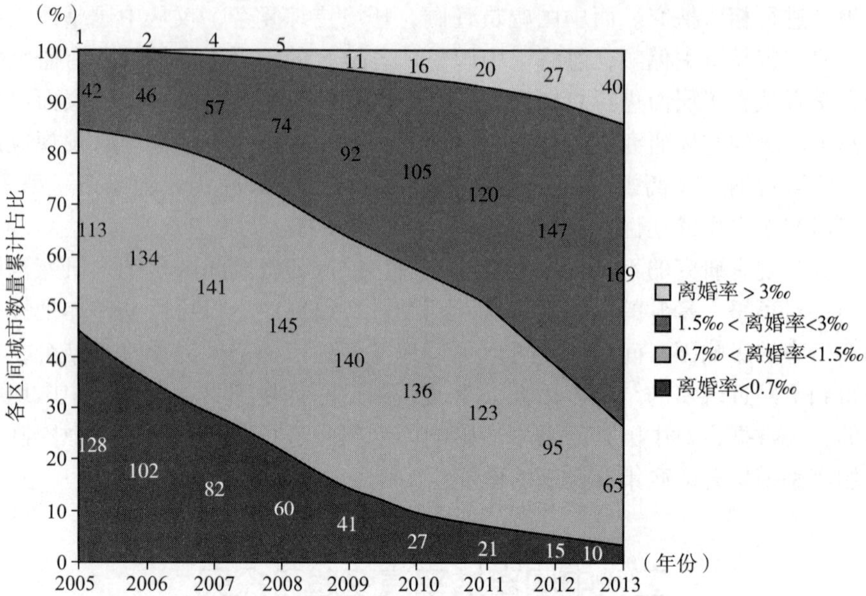

图1　地级市离婚率 2005～2013 年变化

由于部分学者提出，在研究离婚率的影响因素时，应该将空间因素纳入其中。例如苏理云等（2015）指出中国的离婚率一直存在空间聚集现象，在空间上呈现非随机分布；而白彩全等（2015）研究也发现，中国的高离婚率地区逐渐向中部地区延伸并聚集，且东北地区西北地区的离婚率仍然较高。因此，本文接下来将分析中国 2005～2013 年间是否存在一定的离婚率的空间相关性。

东北三省和四川、重庆，都属于高离婚率的城市集聚地区，而东部的城市大多也存在较高离婚率的集聚，相比而言，西部的离婚率高的地区较少且分散。因此从中国 2005～2013 年的地级市离婚率来看，直观上存在一定的空间集聚现象，存在空间相关性的可能较大，在研究中应当将空间因素纳入进来，从而得到更为准确的结论。

三、研究设计与模型和变量的选择

（一）研究设计

由第二部分中可以看出中国 2005～2013 年的地级市离婚率有很大可能存在空间相关性，但在运用空间计量进行实证分析之前，本文必须仍需要通过检验来验证其空间相关性，最后再通过空间计量工具进行对应的分析。

因此本文进行实证研究的主要步骤如下：

（1）设定空间权重矩阵，为后续进行 Moran' I 指数检验做准备。

（2）进行 Moran' I 指数检验，确定离婚率数据是否存在空间相关性。

（3）通过检验后，建立对应的空间计量模型。

（4）在现有研究的基础上选取可能会对高离婚率造成影响的因素纳入研究。

（5）运用 VIF 检验避免选取过多的影响因素造成多重共线性，同时运用 LM 检验进一步对模型进行选择。

（6）运用选择的模型和空间计量工具进行回归分析，并对结果进行解读。

（二）对于空间权重矩阵的设定

首先本文按照研究设计设定空间权重矩阵。由于数据的缺失，本文在选取数据时去除了西藏、新疆和青海三个省、区以及部分数据缺失极为严重的自治市之后，剩余 284 个地级市的相关数据。本文研究中的空间权重矩阵为经过行标准化处理之后的一阶地理邻接矩阵，矩阵中的元素为：

$$W_{ij} = w_{ij} \Big/ \sum_{j=1}^{N} w_{ij}$$

$$(i=1, 2, \cdots, N; \ j=1, 2, \cdots, N; \ N=284) \quad (1)$$

由于空间权重矩阵的设定在本文中是一阶地理邻接矩阵，在矩阵元素的计算中，$w_{ij}=1$，代表的是区域 i 和区域 j 相邻，N=284 代表的是总共 284 个地级市，除此之外的区域 i 和区域 j 之间的关系都可以用 $w_{ij}=0$ 来表示。这里判定其是否相邻的标准为两地市是否存在共同的地理边界，即如果两市接壤，那本文即判定其相邻。

（三）全国 284 地级市离婚率数据的 Moran' I 指数检验

建立好空间权重矩阵后，为了确定其是否应该用空间计量作为工具进行分析，本文将检验地级市离婚率数据是否具有空间关联性，如果有显著的空间关联性，则应该采用空间计量作为实证工具。本文采取比较通用的 Moran' I 指数对 2005 ~ 2013 年 284 个地级市的离婚率进行检验，其判断标准为：Moran' I 指数越显著，绝对值越接近 1，则认为其空间相关性越强。

Moran' I 指数的计算公式为：

$$\text{Moran' I} = \frac{\sum_{i=1}^{N}\sum_{j=1}^{N} W_{ij}(Y_i - \bar{Y})(Y_j - \bar{Y})}{S^2 \sum_{i=1}^{N}\sum_{j=1}^{N} W_{ij}} \quad (2)$$

其中 $S^2 = \sum_{j=1}^{N}(Y_j - \overline{Y})$

在上式中，Y_j 表示地区 j 的离婚率。本文利用 2005 ~2013 年间中国 284 地级市的数据进行了 Moran' I 指数检验，其检验结果如表 1 所示，同时本文为了更直观地关注其空间相关性的发展趋势，绘制了 Moran' I 指数的折线图如图 3 所示。从表 1 和图 2 中可以看出，2005 ~2013 年的 Moran' I 指数均在 0.4 以上并且有逐渐增大的趋势，同时其统计量均在 1% 水平上显著。因此可以说明，2005 ~2013 年的地级市离婚率的确存在显著的空间集聚现象，因此在研究其影响因素时应当运用空间计量工具进行研究，从而将空间因素纳入研究之中。

表 1　Moran' I 指数检验结果

年份	Moran' I 指数	E（I）	统计量 Z 值
2005	0.463 ***	-0.004	11.709
2006	0.438 ***	-0.004	11.066
2007	0.495 ***	-0.004	12.501
2008	0.561 ***	-0.004	14.134
2009	0.556 ***	-0.004	14.007
2010	0.569 ***	-0.004	14.343
2011	0.612 ***	-0.004	15.423
2012	0.613 ***	-0.004	15.432
2013	0.627 ***	-0.004	15.789

注：*** 表示在 1% 统计水平上显著。

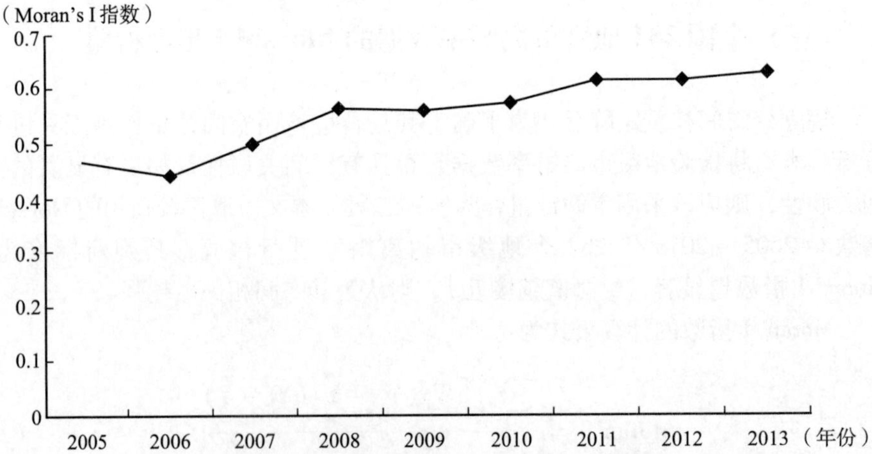

图 2　Moran' I 指数检验结果折线图

（四）空间计量模型

由于地级市的离婚率的确存在一定的空间集聚性，因此选用合适的空间计量模型来进行实证分析更为合适，空间计量模型可根据由自变量来测度空间依赖性和由误差项来测度空间依赖性分为空间自回归（SAR）模型和空间误差模型（SEM）模型两种。

SAR 模型其数学表达式为：

$$Y = \rho WY + \beta X + \varepsilon \tag{3}$$

其中，ρ 为空间回归关系系数，WY 为空间滞后因变量，W 是 n·n 的空间权重矩阵，X 为自变量。

SEM 模型其数学表达式为：

$$Y = \beta X + \varepsilon \tag{4}$$

$$\varepsilon = \lambda W\varepsilon + \mu \tag{5}$$

其中，λ 为空间回归关系系数。

针对 SAR 和 SEM 模型，本文中选择使用 MLE 方法进行估计，运用 MATLAB 中的空间计量相关工具包进行实证分析。

（五）影响因素的选择

本文针对中国离婚率提升的影响因素，结合中国的现实情况，并基于现有文献的相关研究，主要选取以下的影响因素来进行分析。

1. 地区经济水平

经济水平对于婚姻稳定程度的影响较为普遍地受到学术界的关注，例如高成骅（2015）提出经济因素对高离婚率有显著影响。其机制主要是高经济水平往往伴随着更多样化的经济、消费活动，伴随着更加复杂多样的社会关系，从而对婚姻稳定性造成攻击，本文猜想经济水平的提升可能会对离婚率造成正向影响，用人均 GDP 测度地区经济水平。

2. 城市化水平

徐安琪等（2002）、郭磊（2016）和李雨潼等（2011）都提出城市化水平的上升会显著提高该地区的离婚率，郭永昌等（2014）提出由于农村结婚年龄更早、城市社会聚合力比村镇更低，中国乡村离婚年龄高峰来得比城镇更早，同时城市比城镇高峰来得更晚一些，离婚存在一定的城乡差异。本文猜想城市化水平越高，离婚率也会越高，用城区人口数量占总人口比例来测度城市化水平。

3. 互联网普及程度

自 2000 年以来，互联网在中国越发普及，对中国普通民众的生活造成了巨大的冲击，网络聊天工具的兴起与网络中纷繁信息的传播，都无疑对中国民众的传统婚姻观造成了冲击。一些学者例如戴得曼（Dedman，2002）、李晓敏（2014）都提出互联网普及率的上升会提高离婚率。本文猜想互联网普及程度上升会促进离婚率的攀升，用城市中的互联网用户数除以总人口来测度互联网普及程度。

4. 手机拥有情况

鲁建坤等（2015）提出大众传媒会影响婚姻稳定性，而本文认为，随着手机的更新换代以及价格的下降，手机越发普及，很多人拥有多部手机。同时手机上网更加便利，手机聊天也拥有更好的隐蔽性甚至便利性，为不忠诚的行为提供了生长的土壤，给传统的婚姻关系造成不良影响。因此猜想手机的普及也会造成离婚率的上升，用城市中手机用户数除以总人口来测度手机的拥有情况。

5. 失业情况

莫玮俏等（2015）和高梦滔（2011）都指出就业情况会影响婚姻的稳定性，失业可能造成家庭的矛盾与不和谐。因此本文猜想失业率越高的城市，可能会有越高的离婚率，用城市的失业率来测度失业情况。

6. 性别因素

很多相关的研究提出性别因素在婚姻稳定性中起着不可忽视的作用，郭永昌等（2014）指出中国 1990 ~ 2000 年期间，15 岁以上女性的离婚率远高于男性；而谭远发等（2014）也指出男性人口的结构变动对于离婚率攀升的贡献大于女性，他们均认为性别失衡使家庭内部男女地位不平等，从而可能造成家庭内部的不和谐。因此本文猜测一个地区的性别比例可能会影响离婚率，用性别比例来测度性别因素。

7. 新生儿的影响

孩子是家庭的纽带，人们普遍认为孩子可以使家庭关系更加融洽，并能提升婚姻的稳定性，林莞娟等（2014）发现有新生儿的家庭有更低的离婚风险。许琪等（2013）指出婚前生育的夫妻离婚率更高；而子女数量越多，离婚率越低，可子女数量的边际收益递减。本文也猜想，新生儿的出生应该会显著地降低家庭的离婚率，用新生儿出生率来测度新生儿因素。

8. 人口因素

汪国华（2007）提出随着人口流动性的增强，使熟人社会正在向陌生人社会转变，降低了社会聚合力，促使了离婚率的提高。由于人口密度大的地区，也会伴随着人口的大量流动，因此本文猜想人口密度上升伴随着离婚率的上升，用人口密度来测度人口因素。

各变量相关数据均来源于《中国民政统计年鉴》《中国城市统计年鉴》《中国城市建设统计年鉴》《中国统计年鉴》以及各地市统计年鉴。表 3 给出了以上影响因素测度变量的统计性描述，包括其英文名称、中文含义、描述、均值等统计性指标。出于数据之间数级差距略大，在后续实证分析中，所有数据均取对数。

表 3　　主要回归变量的描述性统计

变量	描述	均值	标准差	最小值	最大值
Divor（离婚率）	粗离婚率（‰）	1.408	0.8	0.005	5.219
Pgdp（人均 GDP）	单位（元）	29 693.7	23 407.9	2 396	256 877
Urban（城市化程度）	城区人口数除以总人口（%）	21.428	17.001	1.056	100
Internet（互联网普及率）	互联网用户数除以总人口（%）	8.954	7.761	0.288	73.516
Telephone（人均手机拥有数量）	手机用户数除以人口数	0.594	0.343	0.068	2.457
Unemploy（失业率）	单位（‰）	5.826	3.578	0.645	32.357
Sex（性别比例）	男性人数除以女性人数（%）	105.693	3.818	85.449	121.118
Density（城市人口密度）	城市人口除以土地面积	432.187	359.272	4.7	3 381
Birth（出生率）	年出生人口除以总人口（‰）	11.698	4.249	2.245	35.409

（六）VIF 检验和 LM 检验结果分析

本文希望更为系统地研究高离婚率的影响因素，因此选取了较多的影响因素，可能会造成多重共线性。为了避免多重共线性的不良后果，本文进行了 VIF 检验，来确定是否解释变量之间存在一定的多重共线性。一般来说，VIF 值越大，则其多重共线性越加严重，而如果解释变量中最大的 VIF 超过 10，则其有较为明显的多重共线性。本文相关解释变量的 VIF 检验的结果如表 4 所示。表 4 中的 8 个解释变量，其 VIF 值最大为 3.68，平均 VIF 值为 2.25，VIF 值均明显小于 10，可以基本排除本文的实证分析中受到多重共线性影响的可能性。

表 4　　VIF 检验结果

变量	VIF	1/VIF
telephone	3.68	0.271
pgdp	3.07	0.326
internet	2.64	0.379

续表

变量	VIF	1/VIF
urban	2.51	0.399
unemploy	1.89	0.528
birth	1.53	0.653
sex	1.43	0.701
density	1.25	0.801
Mean VIF	2.25	

接下来，本文针对如何选择空间计量模型，针对其固定效应模型 SAR 和 SEM 模型之间的选择，进行了 LM 检验。具体包括了四个检验：LMLAG、LMEER、Robust LMLAG 和 Robust LMEER。其选择标准是，比较 LMLAG 和 LMEER，如果 LMLAG 大于 LMEER 且 LMLAG 更为显著，选择 SAR 模型，对于 R－LMLAG 和 R－LMEER，也是类似，如果 R－LMLAG 比 R－LMEER 大且更为显著，则选择 SAR 模型。

本文进行 LM 检验的结果如表 5 所示，关注经典 LM 检验的结果即 LMLAG 和 LMEER 可知：在给定的四个模型中都接受有空间滞后效应和空间误差效应同时存在。关注稳健 LM 检验的结果：从空间固定效应看，R－LMLAG 比 R－LMEER 更为显著，因此在空间固定效应模型时，应该选择 SAR 模型。在时间固定效应模型中，尽管 R－LMLAG 和 R－LMEER 都比较显著，但是 R－LMEER 小于 R－LMLAG，此时应该选择 SAR 模型。在空间和时间双向固定效应模型中，R－LMLAG 不显著而 R－LMEER 在 10% 水平显著，因此在双向固定效应模型时，应该选择 SEM 模型略优于 SAR 模型。当然，作为对比，本文在后面也会列出相关的 SEM 模型的对应结果加以对比和相互印证。

表 5　　LM 检验结果

	混合面板	空间固定效应	时间固定效应	空间和时间固定效应
lnpgdp	0.078***	0.326***	0.055*	0.163***
lnurban	−0.105***	0.098***	−0.024	0.125***
lninternet	0.347***	0.135***	0.294***	0.112***
lntelephone	0.060	0.209***	−0.152***	0.163***
lnunemploy	0.463***	0.047***	0.461***	0.053***
lnsex	0.039	−0.252	0.007	0.052

续表

	混合面板	空间固定效应	时间固定效应	空间和时间固定效应
lnbirth	0.022	0.016	-0.123***	0.014
lndensity	-0.038	0.074	-0.024***	-0.020
Interpret	-1.688			
R-squared	0.475	0.693	0.390	0.0856
LMLAG	1 381.991***	271.628***	1 194.577***	199.192***
R-LMLAG	126.724***	29.602***	102.438***	2.553
LMERR	1 397.854***	243.919***	1 179.508***	200.440***
R-LMERR	142.587***	1.892	87.370***	3.801*

注：*代表10%统计水平显著，**代表5%统计水平显著，***代表1%统计水平显著。

总体来说，根据本文中选择的284个地级市的2005~2013年的9年的离婚率的相关数据看，出于选择的地区数量远大于时间长度，在这种情况下，如果在固定效应模型中，更应该注意空间固定效应，而时间固定效应相比较应该加以忽略。从表5的R-squared中也可以看出，对比于其他模型，刻画效果最好的也是空间固定效应模型。

关注LM检验中的混合面板的回归结果可知，空间固定效应模型总体对离婚率影响因素的刻画效果更好，由于地级市离婚率应该存在一定的空间效应，的确更适合用空间计量进行研究。因此，在空间固定效应模型、时间固定效应模型和时空固定效应模型这三种固定效应模型和混合面板模型中，更应该选择空间固定效应模型进行地级市离婚率影响因素的探究。

四、实证结果分析

由于地市离婚率数据通过了Moran I检验，则中国的地级市离婚率2005~2013年的确存在空间集聚现象，选择用空间计量工具进行实证分析。同时根据LM检验的结果，采用SAR模型的空间固定效应模型，利用MATLAB中的相关程序进行了实证检验，本文主要关注此模型的实证结果，同时利用其他模型的实证检验结果进行了对比分析。

实证检验结果如表6所示，首先关注模型（1）和模型（2），可以看出，同简单的OLS回归相比，空间计量的结果不只变量的显著性发生了变化，同时系数的大小和方向也有所改变，并且R-squared和corr-squared显著增大，模型的拟合更好。例如手机拥有情况对于离婚率的影响变为显著的正向影响，而城市化对于离婚率的影响也由负向影响转变为更贴近现实的正向影响。同时关注模型（2）~（5），可知不论是 SAR 模型的 W ∗ dep. var 还是 SEM 模型中的 spat. aut.，其结果均显著，则中国地级市的离婚率的确存在一定的空间集聚现象，同时临近地区的离婚率上升会对该地区的离婚率上升有显著的正向影响。因此可以看出，空间计量工具总体刻画效果明显优于 OLS，可以更好地探究高离婚率的影响因素。

表 6　　　　全国范围内 284 个地级市的实证分析结果

变量	（1）OLS 模型	（2）SAR 空间固定	（3）SAR 空间固定	（4）SEM 空间固定	（5）SAR 双向固定
lnpgdp	0. 078 *** （2. 538）	0. 177 *** （5. 656）	0. 179 *** （5. 774）	0. 314 *** （9. 619）	0. 139 *** （3. 231）
lnurban	−0. 105 *** （−5. 053）	0. 114 *** （3. 655）	0. 114 *** （3. 638）	0. 104 ** （3. 307）	0. 120 *** （3. 760）
lninternet	0. 3466 *** （13. 442）	0. 0995 *** （6. 430）	0. 1013 *** （6. 610）	0. 0974 *** （6. 217）	0. 0946 *** （6. 035）
lntelephone	0. 060 （1. 559）	0. 165 *** （6. 137）	0. 166 *** （6. 207）	0. 259 *** （8. 838）	0. 154 *** （5. 415）
lnunemploy	0. 463 *** （20. 122）	0. 045 *** （2. 521）	0. 045 *** （2. 546）	0. 031 * （1. 778）	0. 047 *** （2. 647）
lnsex	0. 039 （0. 121）	−0. 074 （−0. 242）			
lnbirth	0. 023 （0. 647）	0. 019 （0. 070）			
lndensity	−0. 039 （−3. 372）	−0. 013 （−0. 101）			
Interpret	−1. 688 （−1. 111）				
W ∗ dep. var		0. 335 *** （14. 362）	0. 330 *** （14. 124）		0. 308 *** （12. 548）
Spat. aut.				0. 343 *** （13. 928）	
R-squared	0. 4745	0. 924	0. 923	0. 914	0. 924
Corr-squared	0. 473	0. 697	0. 697	0. 692	0. 084
Log-likelihood		654. 449	653. 832	640. 613	674. 110
Sigma^2	0. 233	0. 038	0. 038	0. 038	0. 038

注：∗∗∗、∗∗、∗分别代表 1%、5%、10% 统计水平上显著

对于地区经济水平、城市化水平、网络普及程度、手机拥有情况以及失业率这几个影响因素来说，从表6的模型（2）~（5）可以明显看出，其均对离婚率有显著的正向影响，即意味着人均GDP、城市人口比重、网络普及率、人均手机拥有数以及失业率的上升或增加都会较为显著的提高离婚率。

从上述这几个显著的影响因素的回归系数来看，由于前面的LM检验表明，最适合采用SAR空间固定模型，故本文主要关注模型（3）的变量回归系数。由模型（3）的结果可知，人均GDP上升1%，则离婚率提高0.179‰；城市化程度上升1%，则离婚率提高0.114‰；互联网普及率上升1%，则离婚率提高0.101‰；人均手机拥有量提高1%，则离婚率提高0.166‰；失业率提高1%，则离婚率上升0.045‰。以上几个影响因素的显著性也验证了本文选取影响因素时的猜想。

但同时表6的结果显示，新生儿的出生率、性别比例、人口密度对于全国范围内地市的离婚率并没有显著的影响。从新生儿的出生率来看，新生儿的出生率增加，并不能显著降低离婚率，本文猜想可能是由于很多离婚的夫妇尚且没有孩子，而由于数据的限制，笔者无法对其加以控制，因此新生儿对于离婚率的影响后续可以利用微观家庭的有关数据进行进一步的分析。从性别比例来看，其影响并不显著，意味着性别比例在我国总体仍处于较为均衡的状态，其变动并不会对整体离婚率造成显著的影响。而人口密度对于离婚率的影响并不显著，表明人口密度并不能通过降低社会聚合力来对离婚率造成冲击，也可能是社会聚合力的降低并不能很好地解释中国的高离婚率现象。

综合来看，全国284个地级市的2005~2013年的数据实证分析结果表明，从全国整体层次来看，地区经济水平、城市化水平、网络普及程度、手机拥有情况以及失业率这几个影响因素对于离婚率的上升有着显著的正向影响，而新生儿的出生率、性别比例、人口密度对于离婚率的上升影响并不显著。

五、基于东北三省的稳健性检验

为了保证实证分析结果的稳健性，本文后续基于东北三省的相关数据进行了实证分析，以此作为稳健性检验，来验证前文实证结果的稳健性。现有文献中，高成骅（2015）和李雨潼等（2011）都发现了东北地区的离婚率偏高的现实。然而现有的文献针对东北地区的研究，缺乏科学的计量实证分析，缺乏数据的支撑，多为简单的定性分析。本文在数据的搜集过程中，发现东北三省的34个城市大多都处于当年高离婚率的区间中，笔者对每年的相关数据进行分析之后发现，每年离婚率最高的前60个城市当中，东北三省都占据了超过25个。

因此将东北三省的高离婚率单独拿出来进行研究也有很强的现实意义，

本文对东北三省2005～2013年的34个地级市离婚率的数据进行探究，可以作为一个子样本进行稳健性检验，同时与前面全国284个地级市的离婚率的实证分析结果进行比较印证，从而可以更好地研究是否有一些因素对中国的离婚率上升有一定的促进作用。

首先出于稳妥考虑，本文对东北三省的34个地市的离婚率依旧进行了Moran' I检验，其检验结果如表7和图3所示。从表7和图3可以看出，总体来看，东北三省的Moran' I指数一直大于0.3，且整体上升趋势明显，甚至2013年Moran' I指数已经大于0.6，因此东北三省的离婚率同全国一样，存在较为显著的空间集聚性，在研究其高离婚率的影响因素时，应该考虑空间因素。

表7　　　　Moran' I指数检验结果

年份	Moran' I指数	E（I）	统计量Z值
2005	0.420***	-0.03	4.021
2006	0.366***	-0.03	3.502
2007	0.291***	-0.03	2.860
2008	0.438***	-0.03	4.150
2009	0.325***	-0.03	3.153
2010	0.320***	-0.03	3.113
2011	0.345***	-0.03	3.588
2012	0.504***	-0.03	4.720
2013	0.620***	-0.03	5.787

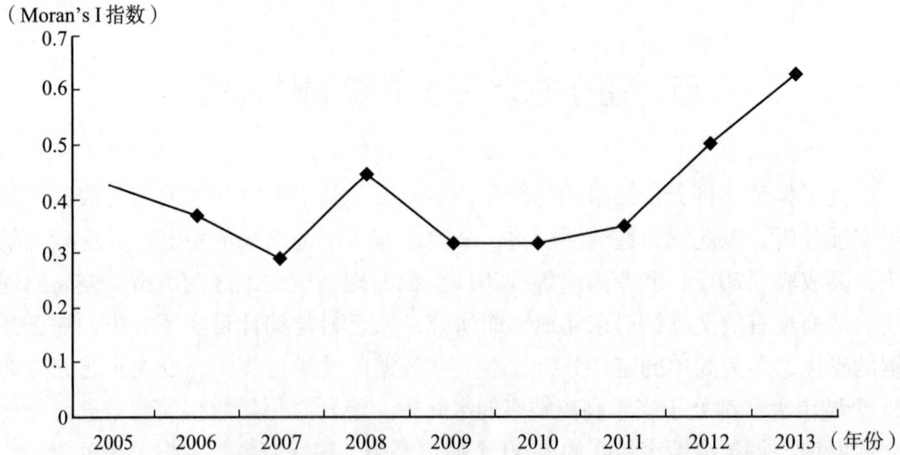

图3　Moran' I指数检验结果折线图

经过上面的 Moran' I 指数检验，本文依旧将使用针对全国的空间计量对东北 34 地市的离婚率的影响因素进行探究，其结果如表 8 所示。从表 8 中各个模型的 W * dep. var 可以看出，东北三省的高离婚率城市也存在显著的空间集聚性，临近城市的高离婚率会促进该城市离婚率的上升。

根据表 8 中模型（1）~（5）的结果可以看出，对于人均 GDP、城市化程度、人均手机拥有量、失业率这几个因素，得出了与全国分析相一致的结果，即东北的离婚率也会随人均 GDP、城市化程度、人均手机拥有量和失业率的提高而上升。因此，总体来说人均 GDP、城市化程度、人均手机拥有量、失业率和性别比例对于离婚率的影响十分显著，并且结论稳健。

从人口密度和新生儿出生率这两个影响因素来看，也与全国 284 个地级市结果相一致，其对于离婚率的影响并不显著，结论稳健。

但同时，对于高离婚率的东北三省的 34 个地市来说，其实证分析结果仍然有与全国存在差异的地方，网络普及率对于东北地区城市的离婚率的影响不再显著，同时发现了一个在东北地区较为显著的独特影响因素是性别比例。性别比例每提升 1% 则离婚率提升 5.46‰，性别比例的变动将会引起较大的离婚率的变化，可以看出在东北地区，如果男性比例升高，则会显著提升离婚率。这与全国区域的研究存在一定的差异，性别比例这一影响因素在高离婚率的东北地区十分显著，同时性别比例的变化也将引起离婚率的较大变动。这可能是由于东北地区独特的文化和社会背景所致，一方面，东北人的文化娱乐生活一直十分丰富，可能受到的来自于网络普及的冲击更小，包括小品、二人转等多种曲艺形式十分流行；另一方面，性别比例的显著性变化，说明了东北三省的婚姻内男女地位与全国相比存在一定的差异，这也是受其特殊的文化社会背景所致。李雨潼（2011）和高成骅（2015）也发现了东北三省性别比例对于高离婚率的显著影响，而高成骅将其归因于东北三省的女性受教育程度在全国相对较高，性别比例的进一步提高将促进女性地位提升，使受过良好教育的女性更容易在婚姻无望时选择离婚。

表 8　　　　东北三省 34 个地市的实证回归结果

变量	（1）SAR 空间固定	（2）SAR 空间固定	（3）SAR 空间固定	（4）SAR 空间固定	（5）SAR 空间固定
lnpgdp	0.165*** (2.926)	0.210*** (3.566)	0.202*** (3.460)	0.211*** (3.94)	0.218*** (4.05)
lnurban	0.300** (1.931)	0.285* (1.854)	0.280* (1.834)	0.297** (2.007)	0.302** (2.020)
lninternet	0.015 (0.447)	0.014 (0.431)	0.013 (0.418)		

续表

变量	(1) SAR 空间固定	(2) SAR 空间固定	(3) SAR 空间固定	(4) SAR 空间固定	(5) SAR 空间固定
lntelephone	0.111** (2.120)	0.131** (2.512)	0.126** (2.418)	0.128** (2.479)	0.133*** (2.565)
lnunemploy	0.072** (2.034)	0.090** (2.490)	0.080** (2.278)	0.079** (2.247)	0.088** (2.444)
lnsex		5.468** (2.433)	5.418** (2.429)	5.448** (2.444)	5.507** (2.454)
lnbirth		-0.013 (-0.151)			-0.018 (-0.202)
lndensity		0.375 (0.862)			0.367 (0.844)
W * dep. var	0.528*** (9.923)	0.528*** (9.961)	0.549*** (10.645)	0.553*** (10.789)	0.534*** (10.157)
R-squared	0.880	0.883	0.883	0.883	0.883
corr-squared	0.704	0.707	0.703	0.703	0.707
Log-likelihood	172.825	176.112	176.106	175.861	176.300
sigma^2	0.019	0.019	0.019	0.019	0.019

注：***、**、*分别代表1%、5%、10%统计水平上显著。

因此，针对东北三省的实证研究表明，总体来看，不论是针对全国区域还是东北三省来说，人均 GDP、城市化程度、人均手机拥有量、失业率都对离婚率的上升有着显著的正向影响，而性别比例对于东北三省的离婚率的上升也有显著的正向影响，此外网络普及程度、人口密度和新生儿出生率对于东北三省的离婚率的上升没有显著的影响。

六、结论与建议

本文利用 2005~2013 年全国 284 个地级市的离婚率的面板数据，考虑了空间因素，将空间计量引入到离婚率影响因素的研究中，利用空间计量从宏观层面对中国 284 个地级市的离婚率的影响因素做了实证探究。其研究主要发现如下：第一，中国地级市离婚率的确存在一定的空间集聚现象，而引入空间因素可以更好地进行实证方面的数据分析；第二，中国地级市离婚率处于逐年上升的态势中，较高离婚率的地市也越来越多；第三，对于全国地级市的离婚率的迅速攀升，人均 GDP、网络普及率、人均手机拥有量、失业率、城市化程度都对地级市的离婚率具有显著的正向影响，对于东北三省来说，人均 GDP、人均手机拥有量、失业率、城市化程度都对地级市离婚率有着显著的正向影响；第四，新生儿出生率和人口密度对于全国地级市和东北三省的地级市离婚率影响都不显著；第五，性别比例对于东北三省的高离婚率有着显著的正向影响，但是对于全国层次来看，其影响并不显著；第六，网络普及程度对于全国层次的离婚率的攀升有着显著影响，但是对于东北三省的高离婚率现象影响并不显著。

总体来说，本文的主要贡献是第一次运用全国地级市的离婚率数据，针对离婚率的影响因素进行实证分析，并且将空间因素引入到离婚率影响因素的研究中，运用空间计量进行了实证分析，得到了稳健的结论。当然，本文也存在一定的欠缺，第一是针对地级市离婚率，选择了宏观层面的数据分析，从微观层面进行研究是未来的方向；第二是针对全国的地级市探究由于西藏、青海、新疆三个省、区的地市数据缺失严重，研究中将三省、区剔除，因此本文的研究针对的是全国绝大多数地市。

总体上来说，根据研究的主要发现，提出如下的政策建议：由于地区经济水平及性别比等都对离婚率有着正向影响，因此想要稳定离婚率防止其连年攀升，政府应当适当引导人口流动，对于城市的人口流动加以一定的限制，避免城市的人口过度集中；对于经济水平较高的地区和城市，由于文化娱乐活动的多样化等造成的婚姻关系破裂更多，应考虑加强宣传教育，提倡构建和谐家庭，丰富家庭内部精神文化生活，整治违规娱乐场所等。

城市化程度等对于离婚率的正向影响也体现了由于经济发展等给人们带来的思想上与经济上的开放，对于婚姻稳定性的不利影响，因此与近年国家高速的经济发展带来的富裕的物质生活相比，各地政府应注重引导人民群众构建和谐的精神生活，开展更多的精神文明教育与更为高雅的娱乐活动，丰富人民精神文化生活；由于网络普及度和手机平均拥有量对于离婚率的正向影响，网络文化和信息的冲击显著影响了中国民众婚姻的稳定性，对此，国家应该确立舆论导向，优化网络环境，摒弃垃圾信息，相关部门应该引导净化网络聊天的灰色地带，减轻网络普及对于婚姻稳定性的影响。由于性别比例也对离婚率有较为显著的影响，因此在生男生女的生育宣传中，各地市也应该加强宣传教育，削弱各类重男轻女的封建思想，保持平衡的性别比例。

最后也应该注意到，不论是经济的发展，还是其他各因素的影响，归根结底是人们社会观念和婚姻观念受到了一定的冲击，产生了变化，因此国家对于精神文明的建设势在必行，国家对于传统文化的教育也应当加强，这才是从根本上遏制离婚率上升最主要的手段。

参考文献

1. 白彩全、陈昶、丁一帆、吴启焰:《中国省域离婚率的时空格局及趋同演变研究》,载于《测绘科学》2015 年第 11 期。

2. 高成骅:《东北地区离婚率影响因素研究》,吉林大学 2015 年硕士论文。

3. 高梦滔:《农村离婚率与外出就业:基于中国 2003 ~ 2009 年村庄面板数据的研究》,载于《世界经济》2011 年第 10 期。

4. 郭磊:《当前黑龙江省离婚现状及其影响因素探究》,载于《社科纵横》2016 年第 1 期。

5. 郭永昌、丁金宏:《中国离婚人口性别比:时期变化与空间差异》,载于《南方人口》2014 年第 4 期。

6. 李晓敏:《互联网普及对离婚率的影响》,载于《中国人口科学》2014 年第 3 期。

7. 李雨潼、杨竹:《东北地区离婚率特征分析及原因思考》,载于《人口学刊》2011 年第 3 期。

8. 李在军、刘帅宾、马志飞、宋伟轩:《中国省域离婚率的空间异质性分析》,载于《地理科学进展》2017 年第 10 期。

9. 林莞娟、赵耀辉:《"重男轻女" 降低女性福利吗? 离婚与抚养压力》,载于《经济学 (季刊)》2015 年第 1 期。

10. 刘瑞明、毛颖:《中国转型时期的离婚与犯罪——法律经济学的解释和验证》,载于《世界经济文汇》2014 年第 5 期。

11. 鲁建坤、范良聪、罗卫东:《大众传媒对婚姻稳定性的影响研究》,载于《人口研究》2015 年第 2 期。

12. 莫玮俏、史晋川:《农村人口流动对离婚率的影响》,载于《中国人口科学》2015 年第 5 期。

13. 苏理云、柳洋、彭相武:《中国各省离婚率的空间聚集及时空格局演变分析》,载于《人口研究》2015 年第 6 期。

14. 谭远发、宋寅书:《人口结构变动对粗离婚率攀升的影响研究》,载于《人口学刊》2015 年第 2 期。

15. 徐安琪、叶文振:《中国离婚率的地区差异分析》,载于《人口研究》2002 年第 4 期。

16. 徐莉萍、赖丹丹、辛宇:《不可承受之重:公司高管婚变的经济后果研究》,载于《管理世界》2015 年第 5 期。

17. 许琪、于健宁、邱泽奇:《子女因素对离婚风险的影响》,载于《社会学研究》2013 年第 4 期。

18. 汪国华：《从熟人社会到陌生人社会：城市离婚率趋高的社会学透视》，载于《北京科技大学学报（社会科学版）》2007 年第 1 期。

19. 杨文、孙蚌珠、王学龙：《中国农村家庭脆弱性的测量与分解》，载于《经济研究》2012 年第 4 期。

20. 张会平、曾洁雯：《城市女性的相对收入水平及受教育程度差异对婚姻质量的影响》，载于《中国临床心理学杂志》2010 年第 5 期。

21. 张蕴萍、陈言、张明明：《中国货币政策对城乡收入结构的非对称影响》，载于《学习与探索》2017 年第 10 期。

22. Breault K D, Kposowa A J., 1987, "Explaining Divorce in the United States a Study of 3111 Counties", *Journal of Marriage and the Family*, pp. 549 – 558.

23. Fenelon B., 1971, "State Variations in United States Divorce Rates", *Journal of Marriage and the Family*, pp. 321 – 327.

24. Nakonezny P A, Shull R D, Rodgers J L., 1995, "The Effect of No-fault Divorce Law on the Divorce Rate across the 50 states and its Relation to Income, Education, and Religiosity", *Journal of Marriage and the Family*, pp. 477 – 488.

25. Nicolosi G, Yore A S., 2015, " 'I do': does marital status affect how much CEOs 'do'?", *Financial Review*, Vol. 1, pp. 57 – 88.

26. Nunley J M, 2010, "Inflation and Other Aggregate Determinants of the Trend in US Divorce Rates since the 1960s", *Applied Economics*, Vol. 26, pp. 3367 – 3381.

27. Ruth R N, around America A., 2008, "The Determinants of Divorce Rates: An Econometric Study", *Marietta College Economics*, pp. 421.

28. Sakata K, McKenzie C R., 2009, "The Impact of Divorce Precedents on the Japanese Divorce Rate", *Mathematics and Computers in Simulation*, Vol. 9, pp. 2917 – 2926.

Influencing Factors of Rising Divorce Rate in China

——Spatial Empirical Analysis of 284 Cities' Divorce Rate in China

CHENG Zhong

(Center for Economic Research, Shandong University, Jinan 250100)

[**Abstract**] Since the 21st century, rising divorce rate in China have caused the extensive concerns of the society and academic circles. This paper uses divorce rate data of 284 cities in China from 2005 to 2013, introduces the spatial factors, to research the influencing factors of high divorce rate in China. Research result shows that there is indeed a strong spatial correlation between cities' divorce rate, we should take into consideration of the spatial factor in this paper. Empirical analysis results shows that the per capita GDP, the per capita mobile phones, the popularizing rate of Internet, the urbanization level and the unemployment rate have positive influences on the divorce rate rising, but the sex ratio, the birth rate and the population density have no significant influences on the divorce rate rising. Due to the fact that 34 cities of three northeastern provinces belong to the high divorce rate cities, this paper conducts the robustness test based on these 34 cities, and this robustness test result shows that the per capita GDP, the urbanization level, the per capita mobile phone, the unemployment rate and the sex ratio have positive effects on the rising divorce rate, and it is basically consistent with the analysis results of 284 cities' rising divorce rate. This paper uses spatial econometric tool to research influence factors of rising divorce rate from the macroeconomic perspective, and it is the first paper to research this problem by using Chinese cities' data to conduct empirical analysis. It is of reference significance and value to explore the reasons of the rising divorce rate, and puts forward the corresponding policy recommendations based on the study results.

[**Key Words**] Cities' Divorce Rate Influencing Factors Spatial Econometric

JEL Classification: J12 R19

制度、行为、增长与治理

——首届中国制度经济学论坛综述

白彩全[*]

2017年12月9日至10日，由山东大学经济研究院和《制度经济学研究》编辑部共同主办的首届中国制度经济学论坛在山东大学隆重召开。来自中国社会科学院、清华大学、北京大学、浙江大学、复旦大学、武汉大学、中国人民大学、中山大学、国防科技大学、西北大学、辽宁大学、中央财经大学、南京农业大学、贵州大学、内蒙古大学、河南大学、深圳大学、华南农业大学、山西财经大学、江西财经大学、南京审计大学、安徽师范大学、青岛科技大学和山东大学等单位的100余位专家学者参加了本届论坛，《经济研究》《世界经济》《经济学动态》《数量经济技术经济研究》和《制度经济学研究》等学术期刊的代表莅临论坛。论坛开幕式由山东大学经济研究院院长黄少安教授主持，山东大学党务常委副书记李建军和山东大学经济研究院黄少安教授分别致辞。

本次论坛采用“主旨报告”“分会场专题报告”和“座谈会”三种形式进行了学术交流。按照论坛安排，12月9日上午和12月10日上午各有两场主旨报告，在四场主旨报告环节，张宇燕、周黎安、郭熙保、潘士远、徐现祥、寇宗来等十多位著名专家、长江学者、优秀青年学者做了主题报告；12月9日下午为“分会场专题报告”环节，本次论坛共设置了制度与增长、制度与行为和制度与治理三个分会场，来自各高校和科研单位的学者们围绕这三个主题进行了报告和讨论；12月9日晚上为座谈会环节，山东大学经济研究院副院长黄凯南教授主持了本次座谈会，在座谈会上，专家学者们围绕本次座谈会的主题“如何深化和拓展制度经济学研究”展开了广泛深入的讨论，各学术期刊的代表也对办刊经验等事项进行了交流。12月10日上午主旨报告结束后，举行了本届论坛的闭幕式。闭幕式由《经济研究》编辑部唐寿宁研究员主持，首先，各分会场召集人对本会场的学术研讨情况作了报告，接着，山东大学经济研究院院长黄少安教授作了总结发言并宣布论坛闭幕。

---

* 白彩全，山东大学经济研究院博士研究生，地址：山东省济南市山大南路27号山东大学经济研究院（250100），E-mail：baicaiquan0815@163.com。

本文分别按照制度与增长、制度与行为以及制度与治理三个主题对会议研讨进行综述。

一、制度与增长

自改革开放以来，中国的经济建设取得了快速的发展，如何对中国的经济增长进行解释也成为经济学者们研究的热点话题。对此，长江学者特聘教授、北京大学光华管理学院周黎安教授做了题为"'官场＋市场'与中国增长故事"的报告，他首先阐述了中国经济增长之谜，并引出"如何讲述中国的增长故事"和"支撑中国高速增长的'中国特色'的政经制度是什么"这两个问题。接着，他在分析中国民营企业与地方政府的关系以及政治锦标赛的基础上，提出了"官场＋市场"的中国特色政经互动模式。他指出，"官场＋市场"模式既有助于"把事做对"，也有助于"防止政府做坏事"和"做对的事"，而"官场＋市场"的一个直接经验证据就是"层层加码"现象。在此基础上，他分析了官场竞争与市场竞争各种组合下的政企合作，并从"官场＋市场"的角度对林毅夫教授和张维迎教授关于中国产业政策的争论进行了回应，最后，他对"官场＋市场"的作用边界和理论贡献进行了分析。而复旦大学寇宗来教授在其题为"企业家精神与中国经济增长"的报告中用另一种全新的视角对中国的经济增长进行了解释，他认为，沿着熊彼特经济发展理论的逻辑，可将中国经济增长理解为创新的结果，这种创新不仅包括技术创新，更重要的是发现具有盈利机会的商业模式，而实现这种创新则需要两种类型的企业家，即政治企业家和市场企业家的分工协作，其中，市场企业家负责项目试错，政治企业家负责行政庇护，这种协作构成了中国特色的政商关系，它解决了机会发现过程中的激励问题，即解决了"第一个吃螃蟹"的问题，与此同时，一些具有中国特色的制度安排则有效制约了这种政商关系所带来的负面效应，从而最终促进了中国的经济增长。除此之外，还有学者从文化传统等非正式制度的视角对中国的经济增长进行了解释。长江学者特聘教授、南京审计大学杨春雷教授做了题为"物以类聚作为合作促进机制在儒家思想传统中的体现"的报告，他首先指出，按照韦伯的观点，儒教和新教在精神上的差异导致资本主义和工业革命不可能发生在中国，同时，福山（1995）的信任假说也认为，儒家文化中，信任主要发生在血缘圈子内，对陌生人的信任缺乏会阻碍经济发展，但现实却不是如此，中国及东亚儒家文化圈出现了数十年的经济"发展奇迹"，这又该如何解释呢？对此，他对物以类聚机制构建模型并进行实验验证后指出，物以类聚机制之有效性，没有地域文化物种限制，成功的社会组织体系各有独自互补的配套制度和文化元素，尽管没有韦伯的新教指令式道德宣教，中国传统有不同体系选择，同样可以解决合作信任问题。河南大学经济学院院长宋丙涛教授做了题为“精英南迁、文化传承与经济发展：非正式制度与经济发展关系的公共经济学分析”的报告，他首先结合中国的非正式制度，从生存型公共产品和发展型公共产品两个方面分析了公共产品的需求结构，接着，通过统计分析近30年间中国南北方的GDP总量和人均GDP平均水平后发现，对于GDP平均水平而言，南方总是高于北方，而对于人均GDP平均水平而言，1988年之前北方高于南方，之后则南方高于北方，且1988年南方超过北方后，在1992~2001年间差距呈显著扩大趋势，而最近几年的差距则变化较小。对此，宋教授认为，在提供公共产品的过程中，儒家文化和法家体制都不可或缺，但前者更倾向于内部治理，能促进公司公共经济制度的出现，而后者则仅有利于国防，当御外时，北方文化更有效，当发展时，南方保留下的儒家文化更有效。在最近这30余年间，国防压力较小，南方精英选择的儒家和非正式制度使其公共经济能力得以发挥，从而使南方经济取得了迅速发展。青岛科技大学经济与管理学院副院长杨友才教授做了题为“信任与中国经济增长——基于空间溢出效应的实证研究”的报告，他首先运用微观数据实证得出，个人收入既受到个人信任水平的影响，同时也受到外部信任环境的影响，继而，他又通过宏观数据结合空间计量模型研究发现，相较于空间地理矩阵，在空间矩阵中引入信任因素后，无论是考虑直接效应、空间溢出效应抑或是累积效应，实际固定资产投资和创新水平对经济增长均产生显著正向影响。

众所周知，全球各国的经济发展水平存在着巨大的差异性，对此，学者们从地理因素和制度因素的角度进行了大量解释。针对该问题，山东大学经济研究院博士研究生白彩全在其题为“气温、人口增长与贫困”的报告中介绍了他和黄少安教授的最新合作成果，他们从人口增长和劳动效率的视角来研究气温对经济增长的影响，并对赤道周边热带国家较为贫困而温带国家较为富裕的原因提供了一种新的解释。白彩全认为，气温通过生育行为和劳动效率两个渠道影响经济增长：一方面，气温通过生育行为影响经济增长。赤道周边热带国家终年气温较高，土地复种指数较高，粮食作物大都是一年三熟或以上，树木为常绿类，终年有水果等食物可以食用，食物较容易获取，同时，终年较高的气温使当地居民对衣物等的需求较低，食物较容易获取与衣物等生活必需品的低需求降低了婴儿的养育成本，使女性结婚生育较早且生育数量较多，从而影响了经济发展水平。另一方面，气温通过劳动效率影响经济增长。赤道周边热带国家常年高温使当地的人们容易疲倦，精神不振，无法很好地工作，从而需要较长的休息时间，这也降低了人们的劳动效率和科研创新能力，从而抑制了经济增长。在上述两种影响渠道中，白彩全重点报告了第一种作用机制，他运用全球跨国数据和回归方法对该影响机制进行了实证检验，并通过内生性检验和稳健性检验进一步证明了该影响机制的可靠性，此外，他还对该影响机制在临海国与内陆国、农业国与工业国以及面积大国与面积小国间的异质性进行了探讨。

资源的合理配置能显著促进经济增长，而制度建设在资源配置过程中发挥着重要的作用。中山大学岭南学院经济学系系主任徐现祥教授做了题为“官员身份认同与资源再配置”的报告，他认为，官员身份认同将同时带来再分配效应和再配置效应，并在引资竞争模型中引入身份认同，证明了再配置效应的存在性，同时，利用官员辖区外的家乡县样本对再配置效应进行了识别，发现成为家乡县后制造业投资和制造业企业数量增长，制造业企业进入率提高、退出率下降，省内非家乡县则呈现反方向变化，且成为家乡县后资源流入不是由第三方因素导致的。习近平总书记在十九大报告中已经指出，中国特色社会主义进入新时代，我国社会主要矛盾已经转化为人民日益增长的美好生活需要和不平衡不充分的发展之间的矛盾，那么，资源错配对社会主义新时代主要矛盾有何影响呢？对此，浙江大学经济学院副院长潘士远教授做了题为“资源错配与社会主义新时代主要矛盾”的报告，他将消费性需求支出划分为必需品和非必需品，并将生产端与需求端进行匹配，在此基础上研究了产业内的资源错配和产业间的供需错配问题，定量分析了各类扭曲对福利改进的影响，并分别探讨了“产业内和产业间错配的改进”的贡献比例，研究结果显示，扭曲会恶化社会主要矛盾，具体体现在供需错配上，这不利于社会主义新时代下的经济发展，若取消信贷约束、去除补贴、提高国企的生产效率，社会福利将会得到大幅度的提升，且产业间资源错配的改进在提升社会福利中起着主导作用。

公共支出与社会福利对经济增长的影响作用是经济学研究的重要内容之一。山东大学经济研究院陈言老师做了题为“福利刚性、公共支出结构与福利陷阱”的报告，他首先指出，公共福利支出具有易升不易降的刚性特征，而福利刚性则会引起福利陷阱，即政府为了维持短期福利水平的不下降，从而牺牲长期经济增长和长期福利水平。接着，他在内生增长模型中引入“福利刚性”，研究了公共支出结构和福利刚性对经济增长的影响，发现较强的福利支出刚性会降低长期经济增长率，公共福利支出占比与经济增长率之间表现出非单调关系，随着公共支出结构和福利刚性的变化，两者或呈现负向关系或呈现倒U型关系，面板估计模型的实证检验结果也证实，公共福利支出与经济增长确实呈现非单调关系。此外，陈言还对最优公共福利支出规模进行了测算。

法经济学和产权问题一直是制度经济学研究的两个重要内容。随着法经济学分析方法的发展，汉德公式标准应运而生，其被认为是过失认定标准的进化，但其仍然存在着量化困境。为此，燕山大学的徐昀和王森炎在假定原始汉德公式具有准确概率 N 之基础上，提出了包括四个命题的“修正的汉德公式”，以期在一定程度上解决此困境。农村土地“三权分置”改革是中国农村改革中的一项重大举措，也是学者们研究的热点话题，其中，南京农业大学吴一恒、徐砾和马贤磊从产权公共域视角出发，运用产权公共域理论，对“三权分置”制度实施的潜在风险及其可能的解决途径进行了研究。华南农业大学仇童伟和罗必良实证研究发现，农村劳动力转移激励了家庭参与农业服务市场，并降低了家庭在农业中的劳动投入，同时，农地产权结构细分强化了劳动力转移对农业服务市场的激励效应。

关于腐败对经济增长的影响作用，国内外学者们展开了一系列研究，但实证研究结论并未达成一致。自党的十八大以来，随着中国反腐力度的加大，该问题也吸引了众多国内学者的关注，已有大量研究证实，反腐有利于中国经济的长远健康发展，然而，反腐对经济增长的短期影响究竟如何呢？此方面的研究较为稀缺。鉴于此，山东大学魏建和中国农业发展银行山东省分行李青峰实证研究了城市“一把手”官员落马对辖区经济和投资增长的影响作用，结果表明，“一把手”官员落马在短期内显著地抑制了城市经济和投资增长，同时，相较于对经济增长的抑制效应而言，“一把手”官员落马对投资增长的抑制效应则更为显著。此外，他们还考察了官员的正常交流、调任或退休引致的官员更替对城市经济和投资增长的影响，发现对前者具有微弱的正向效应，而对后者则具有显著的正向效应。

区划调整、高铁开通等政策的执行如何影响地区经济增长？这也是学者们研究的重要议题。山东大学纪小乐、魏建和李欣泽将扩大市辖区划分为切块扩大、县改区、混合扩大几种类型，实证研究了区划调整的经济效应，发现扩大市辖区对当地的经济发展具有显著的促进作用，且这种正向效应随时间的推进而递减，同时，不同类型的区划调整对经济发展的影响表现出一定的差异性，其中，多种方式相混合的区划调整显著促进了城市经济发展，而单纯的撤县设区对经济增长的影响则不显著，此外，扩大市辖区的调整在中部地区城市表现出显著的正向效应，且对非中心城市的作用显著。山东大学李欣泽、纪小乐和国务院发展研究中心周灵灵实证研究了高铁开通对企业资源再配置的影响，发现就整体而言，高铁开通促进了资本要素流动，优化了资本要素在企业间的配置状况，从而提高了企业生产率，然而，高铁开通对企业产品市场扭曲没有显著影响，此外，高铁开通对企业资本要素配置的影响表现出区位异质性与行业异质性。

江西省社会科学院龙晓柏对中美战略性贸易合作格局衍变的影响机制和效应关系进行了研究，发现自改革开放以来，中美战略性贸易合作衍变呈现波动上升态势，两国贸易规模增长的形成机制既受到两国内生贸易禀赋条件的影响，也受到后发新兴国的后发贸易优势的影响。

二、制度与行为

中老年人健康以及家庭养老中的个体行为研究一直是经济学领域的重要议题。山东大学韩婷婷和陈言运用中国健康与养老追踪调查数据，研究了社会经济地位对中老年人健康状况的影响，研究发现，对于中老年人而言，社会经济地位越高，其自评健康水平、行动能力和心理健康水平也相应越高，且社会经济地位对中老年人自评健康水平、行动能力和心理健康水平的影响作用在男性与女性以及中年人和老年人之间具有一定的差异性。山东大学王素素和孙涛同样运用该数据研究了成年子女性别和教育投入对家庭养老中居住距离、心理情感距离和经济支持距离的影响作用，研究表明，在居住距离和是否同住方面，女性较男性更疏离于原生家庭，但是受教育程度的提升有助于缩短其与原生家庭的地理距离，此外，在看望父母、与父母联系方面，受教育程度的提升显著降低了男性在该方面的频率，而提高了女性在该方面的频率，子女与父母经济距离方面则没有显著的性别差异。

宗教信仰、文化习俗等非正式制度能影响人们的生育观念和生育行为。中央财经大学经济学院王海港教授在其题为“基督教信仰对中国家庭生育率的影响”的报告中，检验了单纯的宗教观念对生育的影响并发现了生育观提高家庭生育率的证据。他首先对中外基督教的生育观进行了阐述，继而通过实证研究发现，在严格计划生育之前，基督教信仰对中国家庭生育率并无显著影响，在严格计划生育之后，基督教信仰对家庭生育率的正向作用并非是由于计划生育的宽松所导致的，夫妻双方都是基督徒或至少有一方在生育前受洗礼、虔诚或者为家庭教会的家庭才有显著更高的生育二胎以上的概率，基督教信仰家庭的生育意愿比无宗教信仰的家庭更强。根据研究结论，王教授认为政府应该及时扫除中小学教科书中对计划生育、控制人口政策的宣传，适当增加鼓励生育的内容。

农业市场中制度对行为的影响效应研究也是学者们关注的重要问题。长江学者特聘教授、华南农业大学国家农业制度与发展研究院院长罗必良教授做了题为“合约不完全与剩余权安排”的报告，针对哈特提出的不完全合约中那些没有被界定的权利应该赋予缔约方中更有能力的人这一说法，他认为，假如能够将剩余控制权界定给缔约中的某一方，不完全合约似乎就变成了完全合约，这无疑就成为了一个悖论。在此基础上，他以农地流转为例进行分析并指出，对于农地租约而言，并非如哈特（1988）所说是一个简单的“剩余控制权”分配问题，而是涉及剩余控制权与剩余索取权的结构性安排问题，同时，产权安排也不是一成不变的，剩余控制权与剩余索取权，应依缔约主体特征及其情景而进行相机处理与结构性匹配。贵州大学哲学社会科学研究院常务副院长洪名勇教授做了题为“农地流转：空间格局与空间依赖性”的报告，他对农地流转的空间演化规律及其内在机制进行了探索，发现农地流转空间格局呈现不断演变的态势，且不同空间农地流转存在空间依赖性，同时，农地流转在空间上具有溢出效应。浙江中医药大学孙艳香从微观和宏观两个角度研究了我国农药技术市场上的“逆选择”行为，结果显示，农户个体特征、家庭特征、对生物农药的认知以及农产品安全意识等因素均会影响到农产品生产技术市场上的“逆选择”行为。山东大学魏鲁彬运用组织分析的视角，从理解农村集体经济组织与农户的关系出发，分析了所有权的本质内容，并揭示了农村土地产权安排的结构以及土地集体所有权、土地承包权和土地经营权之间的关系，为分析家庭承包框架下的土地所有权分享和推动土地产权改革的实施提供了理论基础。辽宁大学张广辉和方达在对农地“三权分置”中三种权利进行分析的基础上，将新型农业经营主体划分为专业大户与家庭农场、农民合作社、农业企业三大类型，分析了这三类新型农业经营主体在培育过程中所面临的困境，并从资金、制度和人才三个方面提出了解决对策。

公共物品供给和政府治理中的行为特征也是学者们研究的重要内容。山东大学海晶晶运用实验经济学的方法对公共物品供给中自愿供给机制和领导者机制的作用效果进行了对比分析，并研究了榜样式领导与承诺式领导对公共物品贡献与收益水平的影响。山东大学侯麟科、北京大学刘明兴和澳大利亚西澳大学陶郁以社会治安综合治理（维稳）工作为例，分析了中国基层党政机构中实际权力的运转逻辑，研究了体制内约束和体制外约束对地方领导执行政策的作用差异，他们将基层实际权力运转归纳为本地干部和交叠权威两类约束机制，并运用该双重约束机制对信访发生的“非平衡性”、分布的“异质性”以及处理方式的“非一致性”进行了解释。

制度变迁对企业行为具有重要的影响作用。山东大学王凤荣、郑文风和李亚飞从理论和实证两个方面研究了政府创新补助对“两高一剩”企业创新行为的影响，发现政府创新补助与“两高一剩”企业创新呈倒U型关系，但对成熟企业或无政府背景企业，政府补助有挤入效应，而对资本密集型企业或市场化程度较高地区的企业，政府补助则有挤出效应。

天津商业大学王永光分析了诺贝尔经济学奖得主布坎南教授关于经济学最大化范式的批评观点，他首先指出，根据布坎南的看法，经济学理论有两大范式，即“配置—极大化范式”和“交换—协调范式”，通常也被称为“极大化范式”和“交易范式”，布坎南明确表示自己反对最大化范式，接着从“社会或国家对最大化目标选择的追求”“最大化社会总价值或社会总效用”“国家（政府）在社会总效用最大化选择中的主体地位”等问题入手对布坎南教授关于经济学最大化范式的批评观点进行了详细阐述。

三、制度与治理

近年来，全球治理问题成为众多政府官员和学者关注的热点话题，而在参与全球治理的过程中，制度建设问题至关重要。中国社会科学院世界经济与政治研究所所长张宇燕研究员做了题为“全球治理几个问题的思考”的报告，他首先指出，中国改革开放40年取得的成就与制度变迁有着很大的关系，习近平总书记多次提到中国要积极参与全球治理，因此，如何运用制度经济学理论研究全球治理值得深入思考；接着，他阐述了“治理”“治理均衡”等全球治理研究中运用的几个概念，并对目前全球治理中存在的一些困难进行了分析。

政府在社会治理中集权与分权的演变规律一直是经济学家、政治学家和社会学家研究的重要问题。针对该问题，浙江大学社会学研究所所长曹正汉教授做了题为“中国的集权与分权：风险论的解释”的报告，有别于钱颖一教授等学者提出的“中国特色的经济联邦制”和周黎安教授提出的“属地管理与行政逐级发包”，曹教授认为，对当代中国，需要从三个维度上来理解集权与分权的关系，即对人的控制与管理（人的维度）、对资源的控制与开发（资源的维度）和对公共产品的供给（事的维度），在这三个维度上，中央集权与地方分权的关系有所差异，不能统一概括为“属地管理和行政逐级发包”，在此基础上，曹教授还运用他和其他一些学者发展的“风险论”观点对上述三个维度的不同特征进行了解释，即从中央政府需要降低统治风险的角度同时解释中央集权与地方分权的原因，此外，曹教授还运用“风险论”的观点对秦以后治理体制的演变过程作出了逻辑一致的解释。

产权清晰对公共治理效果至关重要。江西财经大学经济学院袁庆明教授在其题为“产权清晰、交易费用与效率增进——以广州垃圾收费制度和公车制度改革为例”的报告中指出，产权清晰的本质就是在产权主体明确的情况下，一项资产在其运行过程中能够做到主体拥有的权责利的高度一致，并保证资产价值的不断保值和增值。接着，袁教授以广州垃圾收费制度改革为例来说明归属于自然人的产权不一定是清晰的，并运用公车制度改革的案例证实，清晰的产权有利于提高消费效率和制度效率。

制度建设在企业治理中有着重要的作用。邯郸市社会科学研究所路志川在分析企业边界理论的基础上，提出了企业边界三态说，即企业职能边界、企业规模边界和企业运营边界，并对三种边界的内涵、特性、决定因素、变动区间、调节机制、价值取向及其选择进行了详细的分析和比较。国防科技大学鞠晓生、中国人民大学赵奇锋和国防科技大学谭琦研究了创新型企业理论提出的战略控制、组织整合和财务承诺等治理条件对企业创新的影响，实证结果显示，了解技术前沿的企业决策者能够显著促进企业创新，企业员工分享企业价值增值、企业晋升模式、企业决策权集中对创新产出的影响在不同类型的企业中表现出差异性，因此，研究表明，企业治理结构相似但创新绩效差异悬殊的原因可能源于企业实施战略控制、组织整合和财务承诺方式上的差异性。

良好的制度对于解决三农问题至关重要。清华大学国情研究院副院长兼清华大学中国农村研究院副院长王亚华教授做了题为“振兴乡村公共事物的制度分析与系统治理”的报告，他首先讲述了其跟随奥斯特罗姆教授的访学经历，接着主要展示了其团队在推动公共事物治理学科发展方面所取得的成果，重点介绍了其团队在制度分析与发展（IAD）框架再评估、中国农村公共事务治理、中国农村集体行动和乡村振兴系统治理等方面的研究成果。武汉大学经济发展研究中心主任郭熙保教授做了题为“农民工市民化与农地制度改革”的报告，他认为，要想破解农民工市民化的难题，就要在需求侧和供给侧同时进行改革，其中，对于供给侧而言，现有农村土地制度的束缚成了改革中的难点，而集体成员动态化可以有效地解决该难题，其具体思路是，在市民化过程中，当农民工在城镇落户后，可依法自愿有偿转让承包地，同时，也有一些集体外成员有意经营本集体的土地，可允许他们承接在城镇落户的老集体成员退出的承包地，并让他们加入村集体，变为集体中的新成员，同时在该集体落户。浙江大学王大哲、钱文荣和华东理工大学潘春阳研究了征地对农民收入和幸福感的影响作用及其影响机制，发现征地显著提高了农民的个人非农收入却显著降低了农民的主观幸福感，且非农收入的提高是由于被征地农民为了生存被迫进入非农劳动力市场所致，同时，现有征地补偿制度不仅损害了农民的土地财产权益，也没有充分考虑到被征地农民的就业转型和长远生活保障，从而降低了被征地农民的主观幸福体验，因此，我国在今后的征地制度改革中，必须同时兼顾征地效率、被征地农民的合法权益和长远生计。辽宁大学张广辉和王浩宇研究发现，农村土地“三权分置”能有效地提高土地利用效率和农民收入，同时对我国的新型城镇化建设也具有促进作用。

海洋制度对海洋经济发展和海洋安全影响深远，因此，研究海洋治理中的制度建设具有重要的理论和现实意义。山东大学李增刚对国际海洋制度的起源与变迁进行了研究，发现人口增长和技术进步推动的资源相对价值提升是资源产权制度界定的前提，国际制度是在既定的国际秩序下各国家博弈的结果，国际海洋制度的生成与变迁体现了各国家名义上的权利平等和事实上的权利不平等。内蒙古大学杨理对公海渔业的经济租消散问题进行了研究，发现开放利用并不必然导致经济租消散，当开放进入的均衡捕捞努力量小于最大可持续产量时，开放进入不会导致经济租消散，尽管市场在公共自然资源配置中具有明显的相对优势，然而当存在交易费用时，只对少数利益相关者赋予产权也会增加经济租消散。

城市建设用地相关问题也受到了学者们的关注。安徽师范大学余吉祥和南京大学沈坤荣研究了城市建设用地指标配给的激励机制及其对住宅用地价格的影响，实证结果显示，中国的城市建设用地指标配给支持了“财政激励假说”而否定了“城市化激励假说”，同时，单一财政激励的指标配给模式无法保证吸引大量人口流入的大城市获得充足的土地总量指标供给和应有的居住用地供给，从而使住宅用地价格上涨。

兰州财经大学和甘肃省委党校聂佃忠、甘肃省委党校马应超、兰州大学冯龙飞和中央财经大学尹志峰研究了居民收入与道德水平之间的关系并对我国的道德基尼系数进行了测算，研究发现，经济社会转型期下我国目前道德基尼系数大于0.445，超过了0.4的警戒线，因而，今后必须高度关注公民道德问题。

青岛银行刘晓曙对中国明斯基时刻的问题进行了研究，他首先介绍了明斯基时刻触发的内部条件和外部条件，并对明斯基金融不稳定假说的主要观点进行了阐述，在此基础上，通过对中国经济走势的多方面分析，认为中国式明斯基时刻问题产生在经济下行期，当前中国发生明斯基时刻的可能性在减小，但是在个别领域仍存在诱发明斯基时刻的不安定因素。

四、总　结

本次论坛的宗旨就是推动制度经济学及其相关问题的研究，吸引了国内众多专家学者的参与，成果丰硕，研讨深入。“论坛”为制度经济学研究搭建了自由而严肃的学术交流平台。黄少安教授总结为：倡导有学理、有经验事实支撑的学术研究和基于学理和经验事实的建设性对策研究；寻求制度经济学研究的拓展和深化，更多地研究制度与人的行为、制度与经济增长和发展、制度与公司治理和公共治理（包括全球治理）；从事微观经济学、宏观经济学、发展经济学和计量经济学的学者，在研究与制度相关的问题时，都可以加入到制度经济学研究的队伍中。

后　　记

《制度经济学研究》已经入选中国社会科学引文索引（CSSCI）来源集刊，加入中国学术期刊网全文数据库（www. cnki. net）、中国台湾·华艺数位股份有限公司中文电子期刊服务数据库（www. ceps. com. tw），成为中国人民大学书报资料中心、《中国社会科学文摘》等收录来源书刊。为进一步规范《制度经济学研究》的稿件格式，要求所有来稿必须符合以下体例：

1. 除海外学者外，稿件一律使用中文。应将打印稿一式三份寄至：山东省济南市山大南路27号山东大学经济研究院（中心）《制度经济学研究》编辑部，邮编：250100；或者通过电子邮件发送至：zdjjxyj@ 126. com 或者 casslzg@ 126. com。

2. 稿件第一页应包含以下信息：（1）文章标题；（2）作者姓名、单位以及通信地址、电话和电子邮箱；（3）感谢语（如果有的话）。

3. 稿件的第二页应提供以下信息：（1）文章标题；（2）200 字左右的文章摘要；（3）三个中文关键词；（4）中图分类号；（5）文献标识码；（6）文章的英文标题；（7）200 字左右的英文摘要；（8）三个 JEL（Journal of Economic Literature）分类号。（注："中图分类号"、"文献标识码"、"JEL 分类号" 可以直接从 http：//www. cer. sdu. edu. cn 中 "制度经济学" 栏目中查询）。

4. 稿件一律用 Microsoft Word 软件编辑。文章正文的标题、表格、图、等式必须分别连续编号；注释一律采用脚注，不得采用尾注，并请采用自动格式，按页编号；大标题居中，用中文数字一、二、三等编号，字体为四号、加粗、宋体；小标题左对齐，用中文数字（一）、（二）、（三）等编号，字体为五号、加粗、宋体；正文字体采用五号、宋体；其他编号一律使用阿拉伯数字；正文行距为单倍行距，页边距采用自动格式（上下各为2. 54 厘米；左右各为3. 17 厘米）。

5. 正文中的外国人名、地名翻译成中文。在文章中第一次出现时，在中文译名后用括号标出外文，以后再出现时直接采用中文，参考文献除外。

6. 文章的参考文献必须一律放在结尾处，按照先中文文献、后英文文献根据作者姓名的汉语拼音（或英文字母）顺序排列。以下为参考体例：

1. 黄少安：《关于制度变迁的三个假说及其验证》，载于《中国社会科学》2000 年第4 期。

2. 张军：《"双轨制" 经济学：中国的经济改革（1978 ~ 1992）》，上海三联书店、上海人民出版社 1997 年版。

3. Alchian, Armen A., 1950, "Uncertainty, Evolution, and Economic Theory", *Journal of Political Economy*, Vol. 58, No. 3, June, pp. 211 – 221.

4. Tullock, Gordon, 1998, *On Voting: A Public Choice Approach*, Northampton, MA: Edward Elgar Publishing, Inc.

7. 译文须注明原文出处，是否取得原文作者授权（投稿时同时提供作者或原出版单位的授权许可）；译文可以不提供中英文摘要，参考文献不必译成中文。

8. 《制度经济学研究》不采用已经发表过的学术成果；稿件一经发表，未经允许不得转载或在其他地方再次发表。所有稿件自发出后三个月若无回音，请自行处理，恕不退稿；作者也可以在稿件发出两个月之后，通过 E-mail 或电话询问审稿信息，联系电话：0531 – 88364050。

山东大学经济研究院
2017 年 7 月